中国物理教育研究丛书

郭玉英　主编

陈青华　杨榕楠　杨继林　姜水根　编著

中学物理教学中的哲学思考

ZHONGXUE WULI JIAOXUE ZHONG DE
ZHEXUE SIKAO

GEP 广西教育出版社
南宁

图书在版编目（C I P）数据

中学物理教学中的哲学思考 / 陈青华等编著. -- 南宁 : 广西教育出版社，2021.1（2024.11 重印）
（中国物理教育研究丛书 / 郭玉英主编）
ISBN 978-7-5435-8857-8

Ⅰ. ①中… Ⅱ. ①陈… Ⅲ. ①中学物理课-教学研究
Ⅳ. ①G633.72

中国版本图书馆 CIP 数据核字(2020)第 240820 号

策　　划：黄力平
组稿编辑：黄力平
责任编辑：潘　安　陈亚菲　张振华
装帧设计：刘相文
责任校对：杨红斌　何　云　卢佳慧
责任技编：蒋　媛
封面题字：李　雁

出 版 人：石立民
出版发行：广西教育出版社
地　　址：广西南宁市鲤湾路 8 号　邮政编码：530022
电　　话：0771-5865797
本社网址：http://www.gxeph.com
电子信箱：gxeph@vip.163.com
印　　刷：广西民族印刷包装集团有限公司
开　　本：787 mm×1092 mm　1/16
印　　张：17.75
字　　数：255 千字
版　　次：2021 年 1 月第 1 版
印　　次：2024 年 11 月第 3 次印刷
书　　号：ISBN 978-7-5435-8857-8
定　　价：43.00 元

序

20世纪90年代,广西教育出版社出版了《学科现代教育理论书系·物理》,由我的导师阎金铎教授担任主编,在物理教育领域产生了重要影响,已经成为本学科专业发展的里程碑。二十多年过去了，随着新世纪中国基础教育课程改革的全面推进，物理教育研究呈现出前所未有的繁荣景象,涌现出丰富的研究成果。当2014年该社提出要我组织编写一套《中国物理教育研究丛书》，汇集新时期的标志性成果时，我认为这是一个现实与历史意义兼具的重要选题，同时也感到是一个非常艰巨的任务，责任重大。

我国的物理教育有研究与教学紧密结合的优良传统，许多优秀的中学物理教师和教研员植根于教学实践开展研究，积累了大量本土化、原创性的研究成果，展示出物理教育的中国特色。近十几年来，随着研究生教育的发展，物理教育的国际交流不断拓展和深化，越来越多的年轻学者借鉴国际科学教育研究的经验和方法，针对我国物理教育实践中的问题，开展了多角度、多层次的具体深入的实证研究，如围绕新课程倡导的科学探究和探究教学的研究，针对物理学科核心概念和关键能力展开的学习进阶研究，促进学生发展的课堂教学模式的研究，关于物理课程和教材的深入研究和国际比较研究,关于物理教育测量和评价的研究，物理教育与信息技术整合的研究，针对物理教师观念的研究等。研究内容涵盖了课程与教学论的各个分支领域，研究对象从课程教材到课堂、学生、教师、试题，研究视角从哲学到物理、心理、技术，研究方法从思辨到定量、实证，呈现出多元化和多样化的研究取向，拓宽了物理教育研究的视野和范围，为我国物理教育理论和中学物理教学实践提供了研究基础和方法论指导。

本丛书的选题力图涵盖上述诸方面的主要研究成果，简要介绍如下。

在来自一线教师和教研员的研究成果中，包含了从哲学层面到物理课堂教学操作层面的四本著作。《中学物理教学中的哲学思考》呈现了中学物理教师的哲学思考。作者从物理与哲学的关系入手，结合中学物理教学的具体内容，论述了哲学的洞见与物理教学实践密不可分，将中学物理教学上升到哲学高度。在实验教学方面，毕生从事高中物理实验教学与研究的专家撰写了《高中物理实验教学研究》，从科学技术发展和教育理念进步的角度，突出了以学生为主体的教育理念和学科素养在实验中的表现及培养的途径，重点探讨了高中物理实验教学的目标、内容和方法策略方面的热点问题。在课堂教学实践层面，《中学物理习题教学研究》凝聚了中学物理特级教师的经验和智慧，从习题和试题的不同功能出发，以大量的题例阐述了习题和试题的编写要领，论述了优化习题教学的各种途径，提出了科学实施习题教学的策略，把习题教学的目标落实到提高学生解决问题的素养上来。《中学物理教学疑难问题研究》则来自基层教研工作者，从一线教学实际和物理教师的需求出发，对新课程实施过程中遇到的多方面的具体疑难问题进行了深入分析和探讨。

丛书围绕新课程实施以来物理教育研究领域关注的重点——科学探究和探究教学呈现了三个不同视角的研究成果。《科学探究能力模型与培养研究》系统介绍了国际科学教育领域对科学探究能力及其培养的研究和实践，构建了基于知识和技能的科学探究能力结构模型，结合案例论述了在中学物理教学中如何利用探究式教学法培养学生的科学探究能力。《促进认知发展的物理探究教学研究》聚焦目前中学物理探究教学中亟待解决的核心问题，从物理学科自身特点出发，构建了促进认知发展的探究教学模型，并对实施该探究教学模型的教学策略进行了探讨。《中学物理教师的探究教学观研究》则聚焦教师观念和行为，基于对探究教学的理论探讨，提出了教师探究教学观的分析框架与研究方法，从语言表达和教学行为两个层面研究了物理教师的探究教学观现状及其影响因素。

围绕学科核心概念展开的对学生认知和能力发展的研究是近几年的研究热点，学习进阶是将学生核心素养的发展与课程、教材和评价紧密联系在一起的桥梁，是具有发展潜力的新兴研究领域，丛书呈现了其中四方面的最新研究成果。《高中物理概念学习进阶及其教学应用研究》针对我国概念教学中存在的问题，构建了核心概念统领下的物理概念层次结构模型和概念学习进阶模型，以静电场核心概念为例进行了实证检验，并应用于教师培训。中学物理中的能量概念既是物理学科的核心概念，又是与社会发展和技术进步密切相关的共通概念，对于学生的发展至关重要。《中学物理能量学习进阶研究》构建了以学生为中心、具有实证有效性的“能量”进阶框架，并以此对学生“能量”概念的认知状态和发展情况进行了刻画和阐释，针对如何帮助学生提升“能量”概念的认知水平给出了相关建议。《中学物理课程中科学解释学习进阶及其教学应用》结合科学哲学的相关理论，提出了科学解释的“现象—理论—资料—推理”框架，确立了学习进阶的二维进阶模式及其进阶变量，通过跨年级测试建构了科学解释的学习进阶，并结合能量学习进阶进行了准教学实验研究。《基于学习进阶的中学物理教学设计研究》将物理概念和能力学习进阶的研究成果与现代教学设计理论相结合，建立了教学设计模型，结合大量中学物理教学案例，论述了如何基于学习进阶的研究成果开展以学生为中心的教学设计，从而促进学生物理核心素养的进阶发展。

关于课程和教材的研究呈现了两方面的研究成果，分别体现了不同的研究范围和方法。《高中物理量子理论课程研究》聚焦中学物理中的量子内容，从课程角度开展研究。采用理论和实证研究相结合的方法，对高中物理课程中量子理论的地位与教育价值、课程发展历程与现状进行了系统深入的探讨。《初中物理教材难度国际比较》选取中国、美国、俄罗斯、英国、法国、德国、日本、韩国、新加坡和澳大利亚十个国家的初中物理主流教材为比较对象，对教材的难度、广度、平均深度进行了比较研究，并分别比较了教材中的实验内容、例题和习题及拓展内容情况，分析了教材特点并提出了教材建设的启示与建议。

学生物理核心素养的测评一直是本领域关注的重要问题，特别是像高考、中考这样的高利害考试的有效性已经成为全社会关心的热点。《大学入学物理考试内容效度研究》对大学入学物理考试的内容效度进行了多方面的定量研究。一方面以高中物理课程标准为效标，研究比较和评估了我国（包括台湾和香港地区）大学入学考试物理试卷的内容效度；另一方面从比较我国的高考物理考试与美国 AP 物理考试、英国 A-Level 物理考试出发，研究评估了我国大学入学物理考试的内容效度，提出了对我国现行高考制度的改革建议。

《中学物理教学与信息技术整合研究》展示了跨领域的研究视角，凸显了现代技术特色。在“数据探究”理论指导下，探讨了信息技术与中学物理教学深度融合的基本概念、理论等问题。同时还根据物理学科教学的特点，选取了几何画板软件、物理虚拟仿真实验软件、Camtasia视频制作软件、Front Page网页制作软件等，用案例说明了信息技术在物理教学中的实际应用。

大学物理教学研究是我国物理教育研究领域中正在发展的研究方向，关于心智模型和建模教学的研究也是新的研究热点。《基于心智模型进阶的物理建模教学研究》介绍了国内外关于模型与学习进阶、建模与建模教学的相关研究。在此基础上整合心智模型、学习进阶和建模教学的研究，结合我国物理教学的实际，从教学要素和学生心智模型进阶两个维度建构了基于学生心智模型进阶的导引式建模教学模式，并以大学物理“静电学”为例展开实践研究。其研究内容和方法对中学物理教学与研究均有参考价值。

十几位学者参与了本套丛书的编著工作。他们有的是长期从事物理教育研究和中学物理教学的专家，凝聚毕生研究之学术精华；有的是具备海外学习经历的年轻学者，用现代科学教育研究方法研究我国的实际问题。其中多数作者为本领域的博士。作者们都为丛书的出版付出了艰辛的劳动。本丛书从策划、编辑到出版面世，离不开时任广西教育出版社副总编黄力平编审、编辑部主任黄敏娴副编审和各书责任编辑的积极参与和付出辛劳，也离不开不少同行的关心和帮助，其中参阅引用了大量相关的研究成果，均已在参考文献中列出，在此一并表示感谢！期望本丛书的出版有助于物理教育研究领域的繁荣与发展，也期望这些研究成果能够在物理教育实践中得到进一步的检验、修正和完善。

郭玉英

2016年11月于北师大

前　言

哲学有用吗？哲学因不牵涉人们直接的现实利益，成为一个冷门的学科。但是人们在忙碌之余，在片刻的静思中，又觉得哲学似乎有用，它可以指导我们生活中的行为，使我们找到生活和工作的方向，带领我们走出迷茫。

哲学的本质是对人类认知及实践活动的深层次的思考。正是因为有了这种思考，科学才摆脱了认知的表面化，科学研究才取得了巨大的成就。物理学的发展得益于人们对自然的冷静思考，得益于哲学思想对物理学研究的指导作用。科学活动所取得的成果反过来丰富了哲学思考所需要的材料，科学上的重大成果启发了新的哲学思想：牛顿力学、电磁理论、相对论和量子力学以及现代宇宙学等理论所取得的成就，一次又一次地促使人们从新的视角来理解这个世界。

在现代物理学家面前，这个物质世界的很多现象均可进行解读：灿烂的星空，雨后的彩虹，物质的属性，人们都能做出科学的解释；元素的由来，恒星的归宿，宇宙的命运，人们也能用理论进行推演。诸如物质的组成、事物运动的形式、自然的统一性以及宇宙的演化等古老的哲学问题，已被物理学几近完美地解决。

中学生所学的内容，是物理学的基础，也是物理学的核心和精华。学习物理，就是学习人类认识自然的成功经验。牛顿力学成功地解释了力和运动的关系；能量守恒定律打通了各学科之间的壁垒，使人们可以对事物的各种不同的运动进行统一的量度；电磁学的发展不但丰富并深化了物理学理论，而且使人类生活走向了电气化；还有热学、光学、原子物理学的研究等，无论在揭示自然的本质上，还是在科学研究的方法上，都取得了非凡的成就。现在的中学教育，并不局限于经典物理学的范围，在相对论、量子力学甚至宇宙学方面也进行了介绍，以培养学生的科学素养。在这些理论的建立过程中，不仅有对科学真理的探索，而且还有对善和美的追求。

如果我们不是用一种历史的眼光，不是从学科发展的角度看一门学科，这门学科就会变得狭隘，学生的学习也会走向偏颇。物理学也一样，如果只是把物理学的既有结论教给学生，让他们知道这个知识点是这样的，那个知识点是那样的，学生学起物理来就会东鳞西爪，知道有公式而不知道有物理。更有甚者，物理教学以题为纲，每天只是做题目、讲题目，更是违反了物理教学的本义。学物理而不学物理之本，讲物理而不讲物理之美，那就失去了学习物理的意义。

要教好或者要学好高中物理，有时候还得跳出物理来看物理。无论是在概念的建立上，还是在实际问题的解决上，都离不开发自人类理性的一种更高级的指导。从这个视角来看待“哲学有什么用”这个问题，便会有新的认识：缺少哲学因素的物理知识是不深刻的，缺少哲学思维的物理教学是不完整的。哲学家有言：无用之用大用也。

作者

2020 年 12 月

目录

第一章　物理学和哲学的关系

古希腊的自然哲学是人类对自然的最初的理性探索，现代物理学也以自然为研究对象，研究自然的组成和运动的规律。从牛顿的巨著《自然哲学的数学原理》的书名就可以看出，物理学实际上是自然哲学的进一步发展，是数学化了的自然哲学。我们不妨把包括物理、化学、生物等学科在内的现代科学看作是以观测和实验为基础，数学化、体系化了的自然哲学。物理学规律总是指向自然，往往比较具体，而哲学规律则指向世间万象，显得更为一般、更为抽象。物理学规律并不独立于哲学规律，哲学规律也从不排斥物理学规律，两者是相互促进、共同发展的。

第一节　物理学源于哲学

一、古希腊的自然哲学

在世界的三大哲学中，中国哲学讲究“天人合一”，以天事喻人事，关注人与自然关系的和谐发展；印度哲学“超凡脱俗”，“洞悉”人生苦难，关注人的内心世界；古希腊哲学追求理性，追索事物的本原，关注自然的起因。自然哲学是古希腊独有的一种哲学，这种哲学以自然为研究对象，试图从总体上和根本上说明万物生成和运转的原理。

古希腊第一位自然哲学家是泰勒斯，他提出的哲学命题是“水是万物本原，万物又复归于水”。对这个命题，亚里士多德是这样评价的：泰勒斯说“水是万物的本原”，大概他从这些事实得其命意，如一切种子皆滋生于润湿，一切事物皆营养于润湿，而水实为润湿之源；他也可以从这样的事实得其命意，如由湿生热，更由湿来保持热度的现象。亚里士多德的评价告诉我们，哲学命题并不是哲学家空想出来的，而是源于他们对这个世界的观察和思考。

泰勒斯作为“西方哲学之父”，开启了古希腊人对自然的理性探索之路。后继的自然哲学家们纷纷提出自己对自然本原的理解。毕达哥拉斯认为万物的本原是“数”，万物按照一定的数量、比例构成和谐的秩序。他研究数学的目的并不在于应用，而是为了探索自然的奥秘。赫拉克利特认为这个世界是一团火，这团永恒的活火按一定尺度燃烧，一定尺度熄灭。他认为“变动不居”才是这个世界的本质，在这个世界中，“万物皆流，无物常驻”，对此他有一句脍炙人口的名言：人不能两次踏进同一条河流。恩培多克勒认为本原有四种——土、水、火、气，每一种都是永恒的，但是它们可以以不同的比例混合起来，它们被爱结合起来，又被斗争分离开来，这样便产生了我们在世界上所发现的种种变化着的复杂物质。

古希腊的自然哲学对世界本原的探讨可谓精彩纷呈，不同流派的观点既有争论的一面，又有调和的一面。赫拉克利特承认世界是变化的，并且认为变化才是世界的本质。而巴门尼德却认为世界的存在只能被设想为不动，变化是世界的假象。他提出认识世界有两条路，一条是真理之路，一条是意见之路。他的目的就是要把人们关注的目光从纷繁杂乱、变动不居的现象引向常住单一的本质，因为只有常住不变的东西才是理性认识的对象，不变的东西才是真的。德谟克里特提出了原子论，认为原子是不生不灭的，是构成世界的基石；原子又是运动的，不同原子的排列组合构成世间万物。原子论既保持了世界本原的不变性，又利用原子的运动和组合巧妙地解释了世界万物，代表了古希腊自然哲学的最高成就。

古希腊自然哲学家们提出了对这个世界各种各样的看法，不同的哲学家揭露了世界不同的方面。有的哲学家把这个世界的本原归结为物质，认为世界的本原是“水”或“气”等；有的哲学家把世界的本原归结为物体的形式，认为世界的本原是“数”或“理念”。赫拉克利特重视运动的一面，巴门尼德则重视事物保持自我的一面。亚里士多德对古希腊的自然哲学进行了总结，他认为事物的产生和运动变化不能仅仅归因于某个方面，而应同时有四种原因，即：

（1）质料因，即构成事物的材料。就好比造房屋的砖瓦。

（2）形式因，即构成事物的样式和原型。桌子之所以为桌子，是因为它有桌子的形式。

（3）动力因，即推动质料变成形式的力量。青铜不能自成像，木材不能自成床，一个物体之所以成为这一物体，必然是有力量推动它成为这一物体。

（4）目的因，即事物产生和运动变化所追求的目的。就好比建房屋是为了居住，造床是为了睡觉。

亚里士多德的“四因说”中，质料因、形式因、动力因是他对以前自然哲学的总结，目的因是他的独创。亚里士多德用目的因来解释自然，在他看来，自然界中物质的运动就是要奔向它的目的。重物下降，轻物上升，这是自然的运动，而其他形式的运动则需要力来维持。他说：“自然是一种原因，并且就是目的因。”

亚里士多德以后，古希腊自然哲学渐趋衰微，科学的发展逐渐兴盛起来，但古希腊自然哲学对后世哲学和科学的发展产生了无比深刻的影响。古希腊的自然哲学不同于古代神话看待和研究世界的方式，它是用新的理性的眼光看待世界，思考世界的原因和秩序，这标志着人类思想的一大进步。古希腊自然哲学家不仅是最早的哲学家，也是第一批自然科学家，当今科学精神的普及很大程度上得益于古希腊自然哲学，西方哲学绵延不断的理性主义传统在一定意义上也得益于古希腊自然哲学这个充盈的源头。

二、古希腊的科学

古希腊的科学可分为数学、天文学和物理学。

首先来看古希腊的数学。要了解古希腊数学发展的特点，我们不妨先来界定两个概念，一个是“数”，另一个是“量”。数，就是1，2，3，…，其特点是明晰、精确、离散，俗话说“一是一，二是二”，说的就是数的确定性，即表达事物的数既简单又明确，如1个苹果、2元钱等。量就是大小、长短、高低、远近、深浅等，量是在对比中产生的，量具有连续性。量的表达比较复杂，一般是借用数来表示两个量之间的关系。

古希腊的几何学知识最早源于古埃及。泰勒斯有丰富的几何学知识，据说他在埃及时曾利用日影及比例关系算出金字塔的高度。他在数学方面最重要的贡献是开始了命题的证明。泰勒斯得到的命题有：

（1）圆被任一直径所平分。

（2）等腰三角形底角相等。

（3）两直线相交，对顶角相等。

……

这些命题是很简单的，可是泰勒斯并不满足于“知其然”，还要穷究“其所以然”。证明命题是古希腊几何学的基本精神，泰勒斯则是古希腊几何学的先驱。

泰勒斯的命题中所涉及的量的关系，要么相等，要么相似，并不涉及量与量之间的一般关系，也就是说，这时的几何学与数没什么关系。毕达哥拉斯认为数是万物的本原，在他看来，任何两个长度之比，总可以表示为整数比。也就是说，在毕达哥拉斯看来，量是可以用数来精确表达的。毕达哥拉斯在研究几何图形时，发现了直角三角形边长之间的一个重要关系，而中国古代数学家也发现了它，并称之为勾股定理（西方称为毕达哥拉斯定理）。勾股定理深刻地揭示了量与量之间的一种内在的联系，成为几何学最重要的基础。

勾股定理的发现直接引发了人类历史上的第一次“数学危机”。在此之前人们相信，同类的两个量之间的关系，总可以用整数或整数之比来表示，但勾股定理表明，即使是最常见的等腰直角三角形，其直角边与斜边之间的关系（即 $1:\sqrt{2}$ ），也没法用整数比表示。这一结果导致了无理数的发现，无理数即无限不循环小数，无法用整数比来表示。这一发现使古希腊人对数的研究不再热衷，人们转而研究他们认为更具有真理性和普遍性的量，即人们更相信几何学了，所以代数在古希腊的发展比较有限。

人们发现了很多几何学命题，也找到了这些命题之间的一些关系，即很多命题不是独立的，可以由其他命题经过推导而得到。亚里士多德通过对逻辑的研究，提出了公理化方法。公理化方法就是依照某门学科所提供的理论知识从尽可能少的原始概念（基本概念）和一组不证自明的命题出发，利用逻辑规则演绎出其他一系列命题，构成理论系统。

欧几里得的《几何原本》是用公理化方法建立起演绎体系的最早典范。过去所积累下来的数学知识是零碎的，可以比作砖瓦木石，只有借助逻辑方法，把这些知识组织起来，加以分类、比较，揭露彼此的内在联系，并将其整理在一个严密的系统之中，才能建成宏伟的大厦。《几何原本》体现了这种精神，它不仅对数学的发展产生深远的影响，对后世科学的发展也起到巨大的作用。

除了欧几里得几何，古希腊的数学对后世产生巨大影响的还有芝诺的四个运动悖论，安提丰的微分思想，智者派的三大问题，阿基米德对圆、球、一些曲线和曲面的研究，阿波罗尼奥斯对圆锥曲线的完美研究，等等。

然后，我们再来看古希腊的天文学。古希腊的天文学取得的成就也是令人惊叹的。近代科学革命是从天文学开始的，这是因为相比于其他学科，天文学在当时发展得最成熟、最完善，最接近于现代科学。

古希腊最早的天文学知识主要源于古巴比伦。泰勒斯有着丰富的天文学知识，根据史料记载，泰勒斯曾经预言了一次日食，并因此制止了一场战争。阿那克西曼德是泰勒斯的学生，他发现所有天体环绕北极星运转，所以他将天空绘成一个完整球体，天球的概念首次进入天文学领域。毕达哥拉斯首先提出了地球是球形的设想。他主张用数学来解释宇宙，认为在所有立体图形中，球形是最美好的，宇宙的外形应该是球形的，宇宙中包括地球在内的所有天体都应该是球形的。这种伴随着自然研究的美学思想，后来成为科学家们研究自然的强大动力。研究自然，不是为了别的，而是为了去发现它的壮丽，去发现它的美，这是很多科学家从事科学的信念。

使天文学研究更上一层楼的是柏拉图。虽然柏拉图对天文学本身没有什么具体的贡献，但是他率先建立起天体运动的几何模型。柏拉图深受毕达哥拉斯的影响，认为所有天体的运动，包括行星的运动，都是完美的匀速圆周运动。柏拉图假设了天体运动的模型，有了这一假设，人们研究天体运动时，除了日复一日地观测，还可以在纸上作几何图形。这样一来，天文学就成了一门具有理论体系的科学。

但柏拉图的假设一提出来就受到了严峻的挑战，这是因为行星在天球上的运动与其他天体有很大的不同。柏拉图和他的学生欧多克斯发现，水星和金星从不远离太阳，它们可以跑到太阳的前面或者落在太阳的后面，但从来不会跑到某个固定长度之外。更令人疑惑的是，行星不仅不能在天球上匀速运动，有时还会在天球上出现逆行现象，如图 1-1。行星的运动具有“令人迷惑的复杂性”。

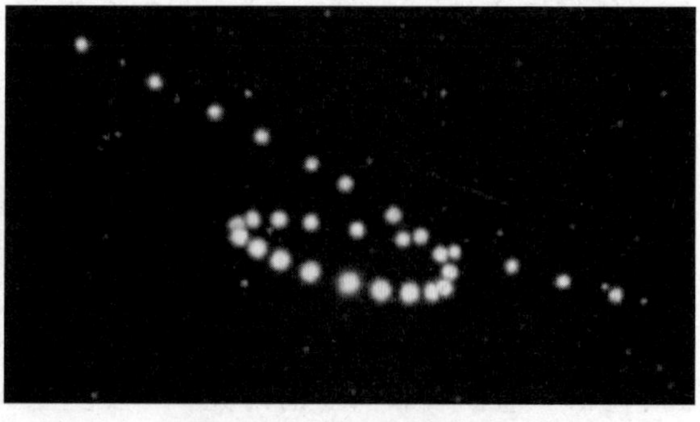

图 1-1　行星的逆行

行星的运动要比匀速圆周运动复杂得多，并不符合柏拉图的假设。欧多克斯在柏拉图假设的基础上提出了解决方案，解决了行星的实际运动与完美的圆周运动之间的矛盾，从而“拯救了现象”，使柏拉图的假设得以保留，使理论推导的结果仍能与观测大致相符。

相比柏拉图，亚里士多德则比较重视实证。对大地是球形这一假说，他提出了几个证据：地平线上看到帆船的桅杆，北极星北高南低，月食时的明暗分界线呈圆弧形等。

更令人称奇的是地理学家埃拉托色尼根据大地是球形这一假说，巧妙地测量出地球的周长。

如图 1–2 所示，埃拉托色尼选择同一经线上的两地：塞伊尼（今天的阿斯旺）和亚历山大。在塞伊尼有一口深井，夏至日那天太阳光可直射井底。在亚历山大，埃拉托色尼根据影子的长度测出了一座很高的直立的方尖塔和太阳光射线之间的角度，这一角度为 7.2°。根据几何知识，只要再测出从塞伊尼到亚历山大的距离，就可以求得地球周长。

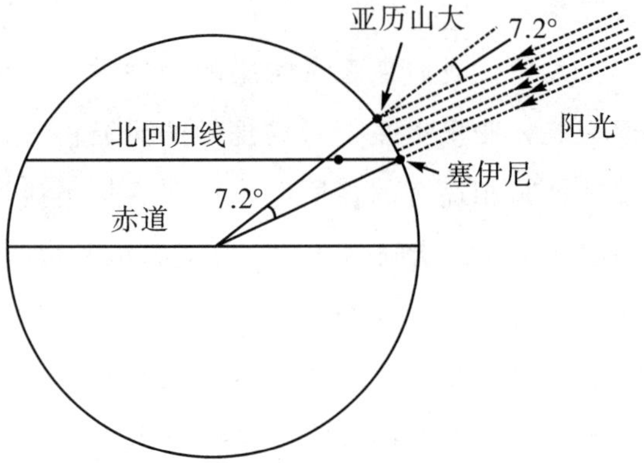

图 1–2　埃拉托色尼测量地球周长

值得一提的是，在古希腊的时候，阿里斯塔克就提出了日心说。阿里斯塔克认为当月相为上弦月或下弦月时，连接地球、月球和太阳的直线将形成直角三角形，如图 1–3 所示。若能测量太阳至地球与地球至月球这两条线所形成的角度 α，就能计算出这三个天体的相对距离。通过一系列的测量和计算，阿里斯塔克发现太阳其实要比地球还要大，他认为一个小的物体绕一个大的物体运动显然要比一个大的物体绕一个小的物体运动来得合理。他还指出，太阳离地球非常远，以至于当地球绕太阳运动时，在地球上无法观测到太阳与地球距离的变化。

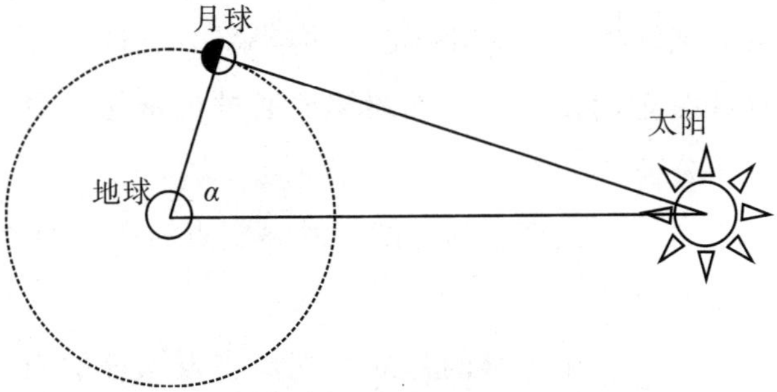

图 1–3　阿里斯塔克测量日地距离

喜帕恰斯是古希腊最伟大的天文学家，他对天文学的最大功绩是创立了三角学和球面三角学，这是天文学最重要的基础。同时他还做了大量精确的观测，为后人的天文学研究打下了坚实的基础。还要特别提出，托勒密是古希腊天文学的集大成者，他的伟大著作《天文学大成》是对古希腊天文学的总结，后人正是通过托勒密的著作才得以了解古希腊天文学的伟大成就。

最后，我们来看古希腊的物理学。这里所说的物理学，与亚里士多德无关，亚里士多德对物理学的研究不重视量，只重视质，这与现代科学精神是相违背的，所以我们在这里不讨论亚里士多德。这里讨论的物理学，主要是指阿基米德建立起来的静力学。

阿基米德是人类历史上最伟大的科学家之一，他的静力学成果跟辉煌的古希腊天文学相比，确实显得微不足道，但他的静力学的主要意义并不在成果上，而在它的科学规范上。阿基米德是用公理化方法建立起他的物理学的，用的正是现代的方法，可以说牛顿以来物理学的发展是按照阿基米德所给出的规范进行的。那么阿基米德是如何建立起一门科学的规范呢？我们来看一下他的杠杆原理。

阿基米德在《论平面图形的平衡》一书中最早提出了杠杆原理。他首先把杠杆实际应用中的一些经验知识当作“不证自明的公理”，然后从这些公理出发，运用几何学，通过严密的逻辑论证，得出了杠杆原理。这些公理是：

（1）在无重量的杆的两端离支点相等的距离处挂上相等的重量，它们将平衡。

（2）在无重量的杆的两端离支点相等的距离处挂上不相等的重量，重的一端将下倾。

（3）在无重量的杆的两端离支点不相等的距离处挂上相等重量，距离远的一端将下倾。

（4）一个重物的作用可以用几个均匀分布的重物的作用来代替，只要重心的位置保持不变。相反，几个均匀分布的重物可以用一个悬挂在它们的重心处的重物来代替。

（5）相似图形的重心以相似的方式分布。

正是从这些公理出发，在重心理论的基础上，阿基米德发现了杠杆原理，即“两重物平衡时，它们离支点的距离与重量成反比”。

我们现在还在学习欧几里得的几何和阿基米德的静力学，这些学问永远也不会过时，也不会被淘汰。

三、近代科学的诞生

在公元前2世纪，科学的雏形已然形成，产生了欧几里得的几何、阿波罗尼奥斯的圆锥曲线论、阿基米德对曲线和曲面的研究理论及对力学的研究理论、喜帕恰斯的球面三角学等，为科学发展奠定了基础的理论。

但是历史的发展并不是一帆风顺的，古希腊文明最大的继承者古罗马，很好地吸收和改造了古希腊社会的制度和艺术，却没能延续科学和哲学的繁荣。

11世纪起，欧洲人尤其是意大利人从东罗马帝国获得了大量的古希腊文献，到12世纪，大学在欧洲开始兴盛，大学的学术思想相对宽松，这使得古希腊的思想逐渐进入欧洲人的视野。13世纪，哲学家罗吉尔·培根就提出要把自然界作为哲学研究的主要对象，并强调知识最根本的来源是经验。文艺复兴的先驱但丁认为，古希腊、罗马时代是人性较完善的时代，中世纪将人性压制是违背自然的。欧洲人对古希腊文明的重视，使欧洲文明获得飞速发展。

文艺复兴后，整个欧洲继承了古希腊哲学的思维方式，重新把世界当作研究对象。随着思想逐渐解放，一些有识之士不再以圣经和亚里士多德的著作为研读对象和知识来源，而提出要直接面向大自然，通过观察和实验来谋求知识。达·芬奇指出：“科学如果不是从实验中产生，并以一种清晰实验结束，便是毫无用处的，充满谬误的，因为实验乃是确实性之母。”达·芬奇身体力行，做了各种实验：解剖尸体，绘制心脏瓣膜图，制作人眼视觉模型，还为教堂修建过一部升降机，设计过纺织机、飞行器、降落伞、潜水艇等。

波兰天文学家哥白尼从当牧师开始就在自己供职的教堂里建了一座小观测台，用自己制造的观测仪器长年累月地进行观测，并在观察记录的基础上，积累、整理天文资料。哥白尼潜心研究宇宙结构、天体在天球上的视运动、年的长度和地球的运动要素、月亮运动理论、内外行星的运动、行星轨道与黄道的交角等。后来哥白尼发表《天体运行论》，提出了日心说，极大地冲击了神学体系，从而拉开了近代科学革命的序幕。

弗朗西斯·培根极力倡导科学方法的改革，他强调知识是从观察开始的，知识的目的在于应用，提出“知识就是力量”。他在《新工具》一书中号召人们采用实验调查法。他认为知识并不是我们推论中的已知条件，而是要从条件中归纳得出结论性的东西，更确切地说是我们要达到目的的结论。人们要了解世界，就必须先去观察世界。他指出首先要收集事实，然后再用归纳推理手段从这些事实中得出结论。科学归纳法从此成为科学研究的基本方法之一。

法国科学家笛卡儿深信数学方法是一种知识的工具，通过它可以揭示世界运动的规律。他引入了坐标系，建立了解析几何学，用代数方程来表示曲线，给数学研究带来了变革，为自然科学特别是力学研究提供了迫切需要的数学工具。笛卡儿提出的方法论使他成为西方近代哲学的始祖，他所创立的以数学为基础的演绎法，以唯理论为根据，从自明的直观公理出发，运用数学的逻辑演绎，推出结论。这种数学演绎法成为科学研究的又一基本方法。数学演绎法和弗朗西斯·培根所提倡的科学归纳法结合起来，为科学研究提供了强大的支柱。

开普勒总结第谷·布拉赫的观测数据，提出了行星运动的椭圆轨道，进而提出行星运动的三大定律，一举解决了行星运动的问题。伽利略通过斜面实验，提出了惯性原理；通过对自由落体的研究，提出了一套以实验和逻辑推理为核心的新的科学研究方法，开创了新的物理学。牛顿则在前人的基础上，提出了运动学三大定律和万有引力定律，创立了牛顿力学。从此近代科学走上了迅速发展的道路。

第二节　物理学与自然哲学的不同

一、自然哲学的特点

自然哲学的目标是很宏伟的，古希腊的自然哲学家们试图一举解决世界的本原、事物的本质等问题。他们排除了神学，从事物的内部找原因，设想了很多种本原，提出了很多解释自然的方案；他们指出了自然的多样性和统一性，指出了自然是运动变化的；他们认识到自然的运动遵循一定的规律。可以说，古希腊人提出了朴素、正确的自然观，只不过他们的方案大巧而不工、疏阔而不细、直观而不严谨。

古希腊的自然哲学代表了人类对自然的最初探索，正如儿童在认识事物时经常用想象来补充对事物的理解一样，自然哲学家们在利用他们的原理解释自然现象的时候，也经常要靠猜想来辅助。

泰勒斯认为万物的本原是水，但万物是如何由水构成的则不得而知了。阿那克西曼德比达尔文早23个世纪提出演化论，他提出包括人类在内，所有的陆地动物都是从类似鱼的祖先演化而来的，这在当时是非常先进的进化论思想。但是对于进化的具体机制，阿那克西曼德就只能做一些猜想，他认为最早的生命形态是在原始的温暖与潮湿的互动下自发产生的，第一批生物在类似树皮的外壳保护下，栖息于海底。毕达哥拉斯主张万物由数产生，按照特定的比例构成和谐的秩序。他认为10是一个完美的数，因此认为天体必有10种，包括太阳、月亮、地球、对地、恒星及除地球以外的其他五颗行星，这些天体按成比例的距离围绕中心火运转。对地与地球在同一轨道上，但与地球相对，总是居于中心火的另一侧，所以在地球上的人观测不到对地。

阿那克萨哥拉认为万物的本原是种子，种子具有各种形式、颜色和气味，它们的结合构成了世界上千差万别的事物，如头发是由头发的种子构成的，血是由血的种子构成的，金子是由金子的种子构成的。阿那克萨哥拉把万物的本原都组合到一个实际的物体中，这样解释事物时就方便了，尤其是我们吃了食物，食物在人体内就会转化为身体的各个组成部分。但他终究不能很清楚地说明，头发是由头发的种子构成的，还是由各种种子组合而成的。阿那克萨哥拉给不出事物生长变化的具体机制。

德谟克里特提出的原子论认为宇宙的一切事物都是由在虚空中运动着的原子构成的，原子在数量上是无限的，在形式上是多样的。在原子的下落运动中，较快和较大的原子撞击着较小的原子，产生侧向运动和旋转运动，从而形成万物并发生变化。一切物体的不同，都是由于构成它们的原子在数量、形状和排列上的不同。德谟克里特根据这样的理论还提出了天体演化学说，即在一部分原子由于碰撞等原因形成一个原始旋涡的运动中，较大的原子被赶到旋涡的中心，较小的原子被赶到外围。中心的大原子相互聚集形成球状结合体，即地球，较小的水、气、火原子，则在空间中产生一种环绕地球的旋转运动。地球外面的原子由于旋转而变得干燥，最后燃烧起来，变成各个天体。这是非常接近于宇宙生成的一幅图像。但是他对原子的认识完全是思辨的，既没有引用具体的事例来增加经验感知，也没有设计出可靠的实验来验证他的结论。

巴门尼德更进一步，把人类的认知抽象到纯粹思辨。他认为存在是一，存在是不动，而我们观察到的事物的运动为假象。他提出只有能为理性所理解的“一”或“不动”才是真的，而不能为理性所理解的“运动”必是假的。他的学生芝诺还用四个有关运动的悖论论证了运动的不可能性。

在柏拉图的理念中，自然是用几何学设计创造的。柏拉图设想宇宙开头有两种直角三角形，一种是正方形的一半，另一种是等边三角形的一半。由这些三角形能合理地产生四种正多面体，此即组成四种元素的微粒：火微粒是正四面体，气微粒是正八面体，水微粒是正二十面体，土微粒是立方体。第五种正多面体是由正五边形组成的十二面体，是组成天上物质的第五种元素，叫作以太。整个宇宙是一个圆球，因为圆球是对称和完善的，所以球面上的任何一点都是一样的。宇宙也是活的、运动的，有一个灵魂充溢全部空间。宇宙的运动是一种环形运动，因为圆周运动是最完善的，不需要手或脚来推动。四大元素在宇宙内的数量是这样的：火对气的比例等于气对水的比例和水对土的比例。万物都可以用一个数目来定名，这个数目就是它们所含元素的比例。柏拉图的自然观重视一些特定的形状和数字，用完美性来解释自然的存在，可以说是科学美学思想的源头，也可视作是神秘主义的摇篮。

可见，早期的古希腊自然哲学仅以观察到的现象为基础，以思辨为工具来研究自然，并没有对自然进行测量。到亚里士多德那里，对自然的思辨已达到了相当完美的地步。亚里士多德对事物的形成提出了“四因说”，即要从质料、形式、动力和目的四个方面，才能完整地说明一个事物形成的原因。亚里士多德终结了古希腊的自然哲学。亚里士多德以后，科学的发展取代了自然哲学的发展。

重思辨、轻实践是古希腊自然哲学的一大特点。古希腊自然哲学的不足也是它的优点，正是古希腊哲学家那种毫无顾忌、天马行空的想象，为后世的各种哲学流派和科学观念提供了起点。恩格斯指出：“在希腊哲学的多种多样的形式中，几乎可以发现以后的所有看法的胚胎、萌芽。因此，理论自然科学想要追溯它的今天的一般原理的形成和发展，也不得不回到希腊人那里去。”

到近代科学诞生前，古希腊的自然哲学对自然的看法一直是西方世界对自然世界的主流看法。他们对自然的认识一是源于亚里士多德的著作；二是源于德谟克里特的原子论思想，这一思想为伊壁鸠鲁所继承，随卢克莱修的《物性论》流传后世。

二、物理学的基础

亚里士多德对学科进行分类，不同的学科各有其研究对象和研究方法，于是各门学科就从自然哲学中分化出来。亚里士多德时期是古希腊学术的一个转折：在那以前，哲学家们力求提出一个完整的世界体系；在那以后，古希腊学者们放弃提出完整体系的意图，转入研究具体问题。如本章第一节所述，古希腊后来发展了数学、天文学和静力学，这为近代物理学的发展提供了良好的基础。

在认识自然的时候，很多人一开始便迷失在自然的变动不居中。赫拉克利特也承认，运动变化的世界难以把握，而怀疑论者更是怀疑人类是否真的能够认识自然。认识自然，首先要处理运动的问题，因为一切事物的发展变化都与运动有关。一个物体怎么运动？为何这样运动？回答这些问题是人类理性认识自然的必经之路。亚里士多德对运动极为重视，他的理论虽然有重大的缺陷，但他对运动的思辨却不乏有益的观点，他对运动的分类为后人指出了研究自然的基本方向。他指出，所有运动当中，机械运动（即物体位置的变化）最为基本，而近代物理学首先就是从研究机械运动的力学开始发展起来的。事实上，现代物理学的各个分支研究的都是各种不同的运动：热学研究热运动，电磁学研究电磁运动，天文学研究天体运动，等等。

对运动的研究，亚里士多德只关心质的分析，关心动因分析。他把运动分为两类：一类是自然运动，即轻者上浮，重者下沉，物体下落是因为物体要奔向它的天然处所；另一类是强迫运动，即物体被推动者推动，如马车、射出的箭等，它们的运动是因为有推动者推动。伽利略找到了正确地处理运动的方法，他提出，对于自然，不追问事物原因，只做客观精确的描述。描述运动看上去要比寻找运动的原因简单一些，却没人做过这件事，因而物理学发展停滞不前。对比天文学我们可以发现，正因为天文学有了精密的观测，所以早在古希腊就发展得比较成熟，到了哥白尼、开普勒的时代，随着科学观测的日益精密，天文学理论得到了很好的发展。而对一般物体运动的研究，则始于伽利略，从伽利略对自由落体的研究开始。

每一门学科都得有自己的体系，那么科学的体系应该是怎样的呢？亚里士多德首先提出了公理化思想，他明确指出，“并非一切知识都是证明的知识，相反，直接前提的知识是独立于证明的”。这种“独立于证明”的“直接前提的知识”就是不证自明的命题，我们称之为公理。几何学在欧几里得手里实现了公理化，静力学在阿基米德手里实现了公理化。那么关于运动的研究，是否也可以实现公理化呢？

科学的目的在于找出自然界事物运动的规律。事物的运动不是独立的、毫无章法的，而是有一种规律潜在里面。自然哲学家们已经指出了这些规律的一些基本特征，如规律的不变性，运动是变与不变的统一。发现了这些规律，也就揭示了自然的奥秘。问题是，我们在各种事物的运动中如何找出线索？几何学的命题并不是相互独立的，而是有关联的，那么事物的运动也不是独立的，也存在关联。自然哲学已经对事物的运动做了大量研究，接下来就是要对运动进行量化。量化就是数学化，数学可以成为研究自然的工具，并且是最有效的工具。因为几何学发展得最早，也最成熟，已经有了公理化体系，所以近代科学发展初期，人们都采用几何学的方法来研究自然。伽利略是这样做的，牛顿也是这样做的。后来随着科学的发展，数学也随之发展，数学与物理的关系更加密切。到了现代，每个物理学家都必然是一个数学家了。

再好的理论，如果与实际不符，也是会被淘汰的。理论必须联系实际，建立在实践上，才有坚实的基础。亚里士多德在对生物学进行研究时，因为拥有丰富的第一手资料，所以取得了丰富的成果。人们对天文学的研究，天文观测是最基本的手段。第谷的天文学观测数据无法用哥白尼的行星运动的圆轨道来拟合，于是开普勒提出椭圆轨道，成功地解决了行星运动的问题，使理论与观测数据一致。

实验和观测对物理学发展来说，是必不可少的。实验既为科学理论提供推理的前提，以保证其可靠性，又为理论提供验证其是否正确的方法。阿基米德在理论上推导出球体积公式后，还用实验测量得到球体积与半径的关系。阿基米德这样做是为了验证他得到的结论是否正确，比如圆锥的体积，为同底等高的圆柱的体积的三分之一，可以用水来测量圆锥的体积是否真是圆柱的体积的三分之一。这种理论与实践相统一的方法对科学来说是非常重要的。

三、物理理论的构建

亚里士多德对物理学的研究失败了，最主要的原因是没有建立起科学的概念体系。概念是一门学科的最根本的特征，对运动来说，速度、加速度等就是最基本的概念。伽利略的成功，在于他创造性地建立起了“加速度”这一概念。

科学概念不同于日常生活用语，它需要严格、确切的定义。物体的运动用速度来描述，那么速度这一概念就需要有一个确切的不致混淆的定义。速度被用来描述物体运动的快慢，细分之下，还有平均速度、瞬时速度、平均速率、瞬时速率等概念。日常生活中，经常把众多不同的概念混为一谈，这样容易把问题搞复杂。概念清晰是建立科学理论的基础，不懂得区分相似相近的概念，这样容易在推理中出错。

加速度这一概念的建立为现代物理学的发展奠定了基础。加速度是描述物体速度变化快慢的物理量。速度不仅有大小，而且有方向，速度的方向发生了变化，速度就发生变化。有了加速度这一概念，运动就可以简单地分为匀速直线运动和变速运动，前者速度不变化，加速度为零，后者速度发生变化，加速度不为零。

匀速直线运动是最简单的运动，科学研究往往从简单的事物开始。伽利略通过斜面实验成功地解释了物体的匀速直线运动，即物体做匀速直线运动不需要有外力推动，而是靠物体的惯性就能保持。这为研究运动奠定了最为重要的一块基石。

物体做匀速直线运动是不需要外力的，当运动发生变化时，则需要有力的作用。那么，研究物体的各种运动，就变成研究物体间相互作用对运动的影响。事实上，自然界的一切物体的运动都与相互作用有关。厘清运动与相互作用之间的关系是理解、把握这个世界的最重要的一个抓手。

牛顿站在巨人的肩膀上，成功地解释了力和运动的关系，成为人类历史上首屈一指的科学家。牛顿首先基于伽利略发现的惯性定律提出了牛顿第一定律，然后用牛顿第二定律给出了物体的加速度和力的定量关系，还用牛顿第三定律指出了物体间相互作用的基本规律。这三大定律，为力学理论奠定了基础，牛顿就在这上面建起了牛顿力学体系。

在牛顿的方案里，自然的体系变得很简单。一方面，我们可以根据事物的运动，推出自然界各种力的性质；另一方面，我们又可以根据这些力的性质，来推演事物的运动。这就是牛顿认识自然的方案。牛顿通过对开普勒发现的行星运动定律的研究，通过对苹果落地这一事件的深入思考，成功地把行星的运动、月亮的运动、自由落体运动统一为一种力——万有引力作用的结果，并用万有引力解释了彗星的运动轨迹，解释了潮汐现象。天体的运动、钱塘江大潮这些看起来毫不相干的运动，到了牛顿这里，都成了一种统一力作用下的运动，都可以用相同的原理来说明，科学理论的伟大力量得到了充分的展示，科学从此走上了独立发展之路。

当然，牛顿的方案并不是解决有关自然运动问题的唯一方案。笛卡儿给出了另一方案，即运用动量守恒的思想来解决问题。他把宇宙理解为一台动量守恒的机器，用质量和速率的乘积表示动量，这一方案失败了，但经惠更斯修正后（把质量和速度的乘积作为动量），动量确实成了一个守恒量。莱布尼茨也有运动量守恒的思想，不过他的守恒量与笛卡儿的不同。莱布尼茨根据物体在自由落体中下落的速度的平方正比于下落高度这一事实，提出质量跟速度平方的乘积为一守恒量，他将其称为“活力”。根据莱布尼茨的方案，当物体上升时，“活力”就转化为“死力”，当物体下降时，“死力”又转化为“活力”，在这种转化中，某种量是守恒的。可以说莱布尼茨有了能量守恒思想的萌芽。对守恒量的追寻是人类探索自然、建立理论的非常重要的方法。人们在电学中，发现了电荷守恒；在热学中，发现了能量守恒；在粒子物理中，发现了重子数守恒……

无论是牛顿的方案还是笛卡儿等人的方案，都离不开对物理量的严格界定。以此类推，热学首先解决的是温度、热量、热平衡等科学概念，当人们发现热力学第一定律、第二定律、第三定律之后，热学体系就建立起来了。电磁学中，首先有电量、电流、电场强度、电势、磁感应强度、磁通量等概念，之后库仑定律、欧姆定律、毕奥－萨伐尔定律、法拉第电磁感应定律等定律被发现，这些定律建立起来后，电磁学体系就建立起来了。

现代科学理论的建立与古希腊自然哲学的建立完全不同，它们不再建立在纯粹的思辨之上，而是都有实验基础。这些理论的基本概念都是建立在实验观测基础上的。这些理论都成功地运用了数学，用数学作为最主要的推理工具，只要理论的前提是可靠的，就能保证其推论正确。到了现代，在自然的绝大部分领域，自然哲学已被科学所取代。人类对自然的认识，只留下了少数诸如宇宙起源、生命起源和智慧起源等问题可供人们去思辨。

第三节 物理学中的哲学思想

一、物理学中的辩证思想

自然界本身是辩证的，人们对自然的认识也是辩证的。辩证法有三大规律，即对立统一、量变与质变、否定之否定。

老子是春秋时期的思想家，他以“道”解释宇宙万物的演变，认为“道”是统治宇宙中一切运动的法则。老子曾说：“反者，道之动。”这里的“反”有反复、相反的意思，就是说自然事物总有相反相成的辩证规律，比如我们平常走路，想要向前运动，必须向后施力，从而获得向前的反作用力。老子还说：“道法自然。”这个“自然”可从三个角度去理解：（1）事物按自己固有的规律运动；（2）这些规律不以人的意志为转移，并且人也是自然的产物；（3）自然本身是我们在认识自然时最好的导师。自然的最基本特性就是对立统一，是辩证法最活生生的演绎。

图 1–4

运动是相对于静止而言的，要讲清楚运动，就得先弄清楚静止。在物理学中，我们研究运动时，要先引入参考系，参考系就是假定不动的物体。如果参考系不合理，对运动的研究就会陷入泥潭，而选择合适的参考系，通常可以方便简洁地解决问题。物理规律不会因参考系的变换而发生变化，利用这一规则，惠更斯巧妙地得出了两个物体做对心碰撞的规律。惠更斯的推导如图 1–4 所示，想象有一个人站在速度为 u 的船上，手中吊着两个球，两球分别以速度 v 从相反方向做对心碰撞。船上的人以船为参考系，所看到的是两球分别以速度 v 反弹。若把这一结果转换一下，即岸上的人以岸为参考系，两球则以速度（$v+u$）和（$v-u$）相撞，又以（$v-u$）和（$v+u$）反弹。所以惠更斯便自然而然地得出结论：两个相同的球以不同的速度做对心碰撞，彼此将会交换速度。

运动就是变化，在变化中也存在着不变。比如在匀速直线运动中，物体的位置不断地变化，但相等的时间内位置变化相同，物体的位移与所用时间的比值是不变的，即速度是不变的，所以匀速直线运动是速度不变的运动。同理，在匀变速运动中加速度是不变的。在交变电流中，虽然电流的瞬时值是时刻变化的，但只要确定了电流的峰值、频率和初相位等不变量，则任意时刻的电流大小就可以确定。人们就是通过这些不变量来理解和把握自然的。自然界虽然千变万化，但是在这千变万化中总存在着一些不变量，人们可以通过对这些不变量的研究，达到以不变应万变的目的，比如能量守恒定律，讲的就是变与不变的对立统一。

物理学经常从对立的角度来表达物理规律，即采用一种否定的表述，从相反的角度来说明某个规律。能量守恒定律表述为能量的不增不减，热力学第二定律的表述之一为不可能把热从低温物体传到高温物体而不产生其他影响，热力学第三定律表述为绝对零度永不能到达，等等。这些定律，讲的是种种不可能，即事物的运动受自然规律的制约。牛顿第二定律表明，力是使物体运动状态发生变化的原因，而物体的质量则是阻碍运动变化的因素。同样，在楞次定律中，磁通量的变化是产生感应电流的原因，而感应电流产生的磁场又阻碍磁通量发生变化。在数学证明中，反证法也是一种绝妙的方法。人们用反证法证明 $\sqrt{2}$ 为无理数，伽利略用反证法证明在自由落体运动中，重物未必比轻物下落得快。这就是相反相成，存在于事物内部的对立统一。

辩证地认识事物的量和质的变化是令人深思的。质和量都是物质不可缺少的规定性，但质和量是有根本区别的。质的规定性是使某一物质成为这一物质而不是别的物质，如果某物质失掉它的质，则该物质便失去其所以成为该物质的本因。而量的规定性则不同，同一物质或状态可以具有不同的量，在一定的范围内量的增减不会影响质的规定性。物质世界的变化发展都存在量变和质变两种情况。

我们在实验中观察水的温度从 20℃上升到 50℃，这是水温的量变；卫星的发射速度从 8 km/s 增大到 9 km/s，这是发射卫星的速度的量变。在这些量变中，客观物质的质是相对稳定的，水还是液态的水，卫星还是绕地球飞行的卫星。但是当量变超出一定的限度，就会引起质变，旧的质归于消灭，新的质出现，这就是由量变到质变的转化：标准大气压下，水温上升到100℃就由液态水变为气态水；卫星的发射速度超过11.2 km/s，卫星就挣脱地球引力而成为绕太阳运动的“行星”。

量变的积累会引起质变，但在一定界限内量变不会导致质变，这个界限就是“度”。黑格尔曾经用一个农夫的故事来说明量变的限度：有一个农夫，他看见他的驴驮着东西轻松地行走，就将一根根稻草逐渐压在它的身上，不断增加它的负担，直到最后，这头驴担负不起压在它身上的重量而倒下了。这压垮驴的就是我们通常所说的最后一根稻草。

度是事物变化发展中的各种关节点、转折点。科学就是要研究具体事物的变化，所关注的是各种转化的具体机理以及实现的条件。很多物理理论都有一定的适用条件，这个条件就是度，如库仑定律只适用于两个点电荷之间的相互作用，牛顿运动定律只适用于宏观低速领域。超出了度来运用这些物理规律，就会犯错误。

质变的重要性是不言而喻的，而量变是质变的基础。我们研究量变与质变的具体关系时，发现存在着两类质变，即渐变型质变和突变型质变。在古代，人们非常重视渐变型的质变，老子说“千里之行，始于足下”，可见持续的微小积累会产生巨大的影响。而物理学则更多地关注突变型的质变，如水的沸点、透镜的焦点、铀核的临界体积等，这些量变到质变的转折点都是非常明显的。

事物发展的本质就是新事物对旧事物的扬弃，而随着时间的推移，原来的新事物又变成了旧事物，又要被更新的事物所扬弃。物理理论的发展也是充满曲折的。在光学研究中，牛顿把光看作是一种粒子，惠更斯则认为光是在以太中传播的波。当托马斯·杨发现了光的干涉现象后，又恢复了光的波动理论，当麦克斯韦预言光是电磁波并为赫兹的实验证实时，波动说似乎取得了完全的胜利。有趣的是，赫兹在发现电磁波的同时也发现了光电效应，爱因斯坦因提出光子的概念而成功地解释了光电效应。显然，根据既有的实验，波动性无法否定粒子性，粒子性也无法否定波动性，光具有波粒二象性。从光的微粒说到光的波动说，从光的电磁理论到光的量子理论，光学的发展道路十分曲折，而这种曲折性，正是人们认识自然的辩证过程的体现，生动地演绎了辩证法中的“否定之否定”的规律。

二、物理模型与思想实验

在柏拉图的理论中，存在两个世界：一个是感官世界，是由我们的感官感知的不断变化的世界，这个世界是不真实的；另一个是理念世界，是由我们通过理性认识的，绝对的、永恒不变的世界，这个世界由一些永恒不变的理念构成，这才是唯一真实的世界。感官世界只是理念世界的影像。

现代科学的理论，尤其是发展成熟的理论，都是典型的理念论。比如，力学中质点这个理想化的模型，化学中的分子结构，生物学中的 DNA 双螺旋结构，地理学中的板块构造学说等，都有一套理论模型。柏拉图的理念论与现代科学的理论模型是很接近的。理念论之所以值得我们重视，首先，是因为我们从柏拉图的理论中看到了他关于个别和一般的关系的思想。柏拉图所说的共相，是从一个个个别的事物中抽取共同的要素，通过理性的思维，达到对事物普遍性的概括和认识。其次，我们从柏拉图的理论中看到了他关于现象和本质的关系的思想。他所说的感官世界是理念世界的影像，就是要我们透过现象看本质。现象显露在事物的外部，是表面的，能为我们的感官直接感知；而本质则蕴藏在事物的内部，是我们的感官不能直接感知的，要靠理性的思考才能把握。

人们的认识过程，是从个别到一般，再从一般到个别的过程，我们研究物理学也先有一个抽象过程，再有一个回归的过程。抽象过程是一种纯粹化的过程，在物理学中被称为理想化方法，正如马克思所说：“物理学家是在自然过程表现得最确实、最少受干扰的地方考察自然过程的，或者，如有可能，是在保证过程以其纯粹形态进行的条件下从事实验的。”质点的概念就是从具体的物体中抽象出来的：人们从车的运动、石块的下落、船的航行等现象中研究机械运动，在研究问题时发现车、石块、船等的大小和形状并不重要，可以忽略，这样就可以把它们看成质点，这是从个别到一般的过程。许多实际物体的运动都可以用质点的运动来表示，它反映了这类运动物体的共性。物理学中类似的模型还有很多，如刚体、弹簧振子、单摆、点电荷、点光源等；还有一些是运动模型，如匀速直线运动、匀速圆周运动、正弦式交变电流、简谐波等。物理科学对事物的个别和一般的关系的研究要比柏拉图的理论更丰富，并且与柏拉图的理论相反，物理模型是从感性世界出发经人类理性抽象得到的。

人类对物理现象与本质的相互关系的把握越来越得心应手，于是逐渐发展出一种研究客观世界的方法——模型方法。这一方法在研究物质的微观结构时起到了独特的作用。根据物理现象提出物质的微观模型，这样的模型不仅具有解释功能，还具有预见功能。随着实践的发展，模型不断接受检验，不断得到修改和完善。比如原子结构，根据它的电中性和光谱，人们提出了枣糕模型；根据 α 粒子散射实验，人们又提出原子的行星模型；为了解释原子的稳定性与氢光谱的规律，人们提出了玻尔模型。所有的这些模型，都只存在于人们的观念中，都是人类理性的杰作，是人们把握世界本质和认识事物规律的基础，无论将来科学怎么发展，我们终究无法直接看到原子的结构。

牛顿在设想物体绕地运行时画了一张草图（如图 1–5 所示）。他指出，若从高山上水平抛出一个物体，当速度不够大的时候，物体落在地面上比较近的地方，速度越大，落点就越远，当速度达到一定的程度，物体就可能环绕地球运动而不落回到地面上。牛顿的草图是一个思想实验，它指出了实验发展的一种预见性，这在牛顿时代是一种可能性，在今天变成了现实。

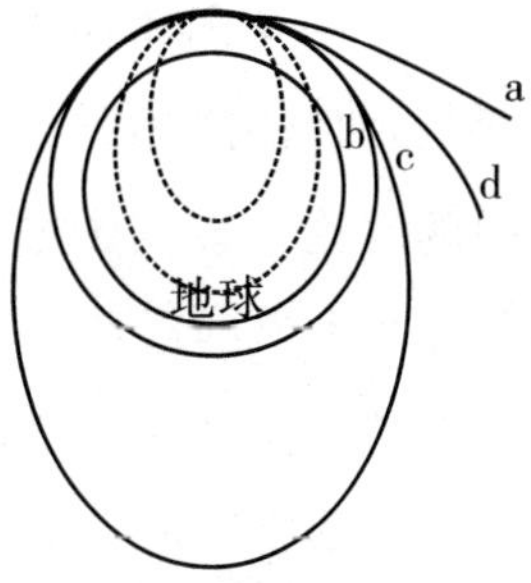

图 1–5

物理发展史上有一些思想实验，给物理学甚至是哲学带来了深远的影响。法国著名的数学家、物理学家拉普拉斯基于对牛顿力学的无比信任，提出对于宇宙这种有规律的运动，如果存在一个智慧的精灵，它完全可以根据此刻宇宙中所有物体的位置、速度推断出它们未来的运动。对这个智慧精灵来说，未来没有什么是不确定的，一切都可以通过现在的状态计算出来。这个智慧的精灵被称为“拉普拉斯妖”。“拉普拉斯妖”模型是决定论世界观的典型代表。

英国物理学家麦克斯韦在 1871 年做了如下设想：有一个假想的精灵，该精灵有极高的智慧，可以追踪每个分子的行踪，并能辨别出它们各自的速度。如图 1-6 所示，一个大容器分为 A 和 B 两部分，在分界处有一个小孔。容器内充有温度均匀的空气，从微观上看，容器内的所有气体分子的运动并不均匀，依然存在着运动速度较大的分子和速度较小的分子。现在派一个精灵把守在小孔处，它能打开或关闭小孔，让速度较大的分子从 A 跑向 B，而速度较小的分子不能过去；同样，B 中的速度较小的分子只能从 B 跑向 A，而速度较大的分子不能过去，只能待在 B 中。这样，B 的温度将升高，A 的温度将降低，冷热气体就分开了。这个精灵就被称为“麦克斯韦妖”。“麦克斯韦妖”工作的结果使得冷的气体越来越冷，热的气体越来越热，使热力学第二定律不再成立。

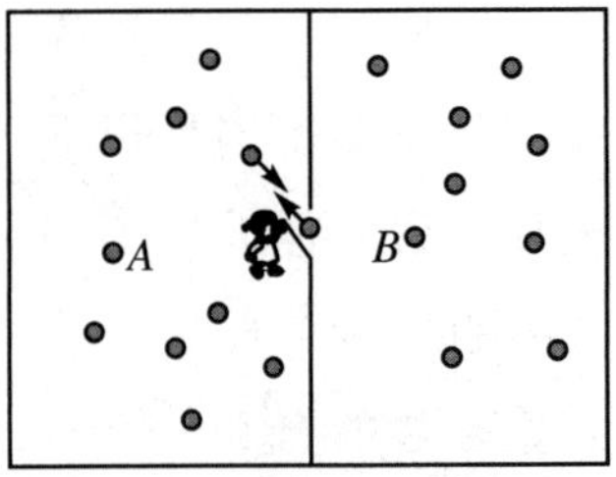

图 1-6

1961 年冬天，美国气象学家洛伦茨用计算机做天气仿真运算。为了省事，他在输入数据时，省略了某一天的一个数据小数部分的后 3 位数字，让计算机运行，自己则离开了实验室去喝咖啡。一个小时后他回到实验室，计算机仿真系统已经计算出了之后两个月的天气数据。洛伦茨一看结果，不禁吃了一惊：虽然输入的这条数据整数部分完全一样，只是小数点后为 0.506，而非完整的 0.506127，新的计算结果却与原先的结果大相径庭。洛伦茨的计算表明，这个微小的偏差每隔四天就会翻一番，直至新旧数据之间的相似性完全丧失。最初小小的差异，最终却造成两次计算结果完全不同，这就是天气系统中著名的“蝴蝶效应”：初始条件一点微小的偏差，经过不断放大，对其未来状态会造成极其巨大的影响。这个效应可借用一个生动的比喻：亚马孙河流域的一只蝴蝶扇动几下翅膀，过几周会在太平洋引发一场大风暴。

蝴蝶效应构建了这样一个模型：我们的世界是一个混沌系统，局部一个微小的变化，就可能会产生无法预测的意外结果，即所谓“差之毫厘，失之千里”。蝴蝶效应指明了人类无法准确地计算出宇宙的将来，这样就从根本上否定了“拉普拉斯妖”。

按照量子力学的解释，粒子所处的状态只能用概率来描述。在没有观察或者测量之前，一个粒子的状态是不确定的，一旦在观察或者测量的时候，粒子的状态就会确定下来，这被称为“波函数的坍缩”。

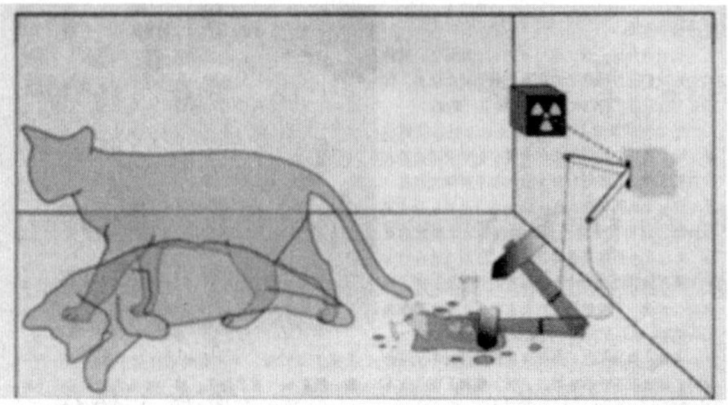

图 1–7

奥地利物理学家薛定谔对概率的解释很不满意，为此他设计了一个思想实验，即著名的“薛定谔的猫”。如图 1–7 所示，在一个封闭的箱子里有只猫，有食物，还有毒气瓶。毒气瓶上方有一个锤子，锤子由一个电开关控制，电开关又由放射性原子控制。如果原子核衰变，则放出 α 粒子，触动电开关，锤子落下，砸碎毒气瓶，释放出里面的毒气，此猫就必死无疑。薛定谔说，一个放射性原子存在衰变和不衰变两种可能性，它何时衰变是不确定的，而猫的生死又取决于原子的状态。如果按照玻尔等科学家的解释，只有当我们打开箱子查看，事情才能有最终定论：猫要么死了，要么活着。薛定谔嘲笑道，那么，在没有打开箱子之前，这只猫处在什么状态？难道它和原子一样也处在混合态，即一种生与死的混合状态之中吗？一只猫既是死的又是活的，只有当人类观察它时才能确定它的死活，相当于波函数的坍缩。有比这更荒谬的事情吗？

这些由思想实验构建的模型在科学史上发挥了重大的影响，在研究的深度上起了极大的作用，成为科学和哲学思维经常用到的著名的概念。

三、物理学中的知与行

《论语》有云，“子曰：学而时习之，不亦说乎”，孔子认为只有将学到的东西及时地付诸实践，那才是快乐的、有意义的学习。明代王阳明明确地提出“知行合一”，认为知和行的关系是“如好好色，如恶恶臭”，即赏心悦目的东西我们看到了才知道是赏心悦目的，恶臭难闻的气味我们闻到了才知道这气味恶臭难闻。我们自然知道，一个盲人分辨不了五颜六色，一个聋人欣赏不了美妙的音乐，我们需要讨论的是，一个耳聪目明的人是如何去认识自然的。

自然运转不息，万物处在普遍的联系之中，我们要去寻找和发现这些联系，不仅要有一双明亮的眼睛，还要有拨开认知迷雾的亲身实践。爱因斯坦把人类对自然的探索比作是一个完美的侦探故事，“科学家须搜集漫无秩序地出现的事件，并且用创造性的想象力去理解和把它们连贯起来”。自伽利略、牛顿以来，人们已经懂得了自然界的基本语言，并正确地掌握了很多有关自然秘密的线索。通过这些线索，人们建立起来的理论一次又一次接近自然的真相。可是深奥的自然却总在人们认为已接近成功的时候，又抛出新的线索，使得最终的谜底又变得扑朔迷离。

物理学一直是用理论和实验两条“腿”走路的。理论和实验同属于物理学的两个部分，正如我们身上的两条腿是属于同一个人的。物理学规定了研究对象是自然界，所以物理学的理论必是关于自然的理论，这个理论能够统领自然界的各种现象。但是自然展现给人类的只是它运动的一些片段，我们通过感官认识的也只能是自然界中发生的一些片段。实验的目的就在于填补理论与对自然的感性认识之间的空隙，使我们获得对自然较为完整的认识。

从理论体系上看，任何一个成熟的理论，都是建立在一些基本假设上的，这些假设是否正确，理论自身是无法检验的，只能靠实验来不断地验证，因此实验是检验一个理论是否成立的终极手段。卡尔·波普尔指出，个别的实验与理论相吻合，只是有限地证实该理论，即只能说明该次实验与理论相符，而不能说将来所有的实验都会与理论相符，所以实验无法“证实”理论。而反过来，只要有一个实验与理论不符，在实验结果确保无误的情况下，我们只能修改理论，即实验具有“证伪”功能。卡尔·波普尔认为，正是科学实验有这种证伪的功能，科学才把自己与其他学科区分开来。

显然，不以实验为基础的理论是空洞无物的，没有理论指导的实验是无所适从的。比如关于匀变速直线运动，我们通过理论推导可以得到速度、位移等物理量与时间的关系，这是理论，这里面所牵涉的速度、时间、位移等物理量都是一些可测量的量，对这些量的测量都是通过实验完成的。如果我们要测量重力加速度，显然我们的测量需要一定的理论指导，或运用匀变速直线运动的规律，或用单摆的周期公式。如果不了解理论与实验的关系，对物理学的很多概念和原理的理解就不会太深刻。

就物理学的学习来说，实验也是很重要的。如果我们只学科学的理论，那么就总是从正确到正确，从真理到真理，一旦进行实验，就会发现实际上真正的科学要比书上的理论复杂得多。在探究加速度与力、质量的关系时，我们需要探究的力是合力，但在实验中如何控制和测量这个合力呢？这就需要设计出一个合理的实验方案。在实验的具体操作中，我们会发现，实验与物理量的测量密切相关。要测一个物理量，首先要对被测量有一个评估，以确定测量的方法和测量的工具。比如同样是测量尺寸，测单摆的摆线长度可以选用米尺，测小球的直径就要用游标卡尺，测金属丝的直径最好用螺旋测微器，测分子的直径则没有直接可用的工具，只能间接测量。测量会有误差，而学生对误差并不是很理解，因为多年的数学教育使学生产生一种错觉，即认为凡涉及数值运算的，所给数值都应是准确无误的。学生会认为测量值就是真值，即使测量的精度并不高。因此，对测量误差的探讨有助于培养学生实事求是的科学态度。

实验还可以对学生进行探究自然的方法的教育。实验的精髓在于控制，在于人对实验环境做出的人为的限制，这使得人有可能在较为理想的情况下获得对自然的认识。伽利略在对自由落体的研究中，控制小球释放的高度，按 1∶4∶9 释放小球，结果下落时间之比是 1∶2∶3，这样就验证了所设想的实验结果。在高中物理中，这种控制的思想体现在各个学生实验中。如探究牛顿第二定律时，控制质量不变，探究加速度与力的关系；保持力不变，探究加速度与质量的关系。这是对变量的控制。在单摆的实验中，控制摆线长度、摆球大小与质量，使之接近理想的单摆。在电路中，变阻器对电路的控制可分为限流接法和分压接法，以实现不同的测量电路对电流、电压的要求。在微观领域，人们通过加速器加速粒子来研究物质的基本结构，这更是对自然的深度操控。

物理实验中也蕴含着丰富的辩证思想。比如速度的测量，先测出位移和时间，再用位移和时间的比值求得速度。如果物体做匀速直线运动，速度为一常量，那么平均速度就等于瞬时速度。而对于变速运动，瞬时速度的测量通常用一小段时间内的平均速度来代替，这样一来就有一个矛盾：从瞬时速度的定义上看，这一段时间越短，平均速度就越接近瞬时速度；但是从测量误差上看，这一段时间越长，位移就越大，测得位移的相对误差就越小。比如用打点计时器得到一条纸带，如图 1-8 所示，要测过 B 点时的瞬时速度，可用 AD 段的平均速度近似替代，也可以用 AC 段的平均速度替代，从定义上看，用 AC 段更精确，因为 AC 段所用的时间更短，更接近瞬时速度的定义，但从测量误差的角度分析，AD 段的测量误差却较小，测量精度要比 AC 段好。

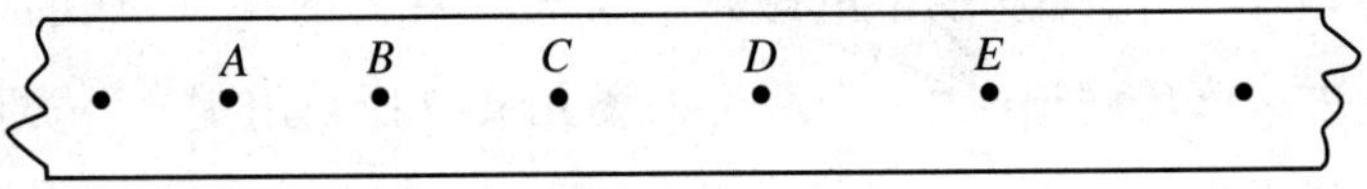

图 1-8

可见，虽然物理学研究的是客观世界的客观真理，但我们在认识自然上，还是要利用根植于我们身上的理性，要有主观能动性，通过实验使我们的主观与自然的客观达到统一。

第四节　科学理性和哲学理性

一、科学的目的

1831 年，法拉第发现了电磁感应现象，有人问他："您的发明有什么用？"法拉第反问道："一个新生的婴儿又有什么用呢？"类似地，基尔霍夫在利用分光镜分析太阳光谱时，他的银行顾问问他："就算太阳上有黄金，如果不能把它搬到地球上来，又有什么用呢？"不久，基尔霍夫因其研究在英国获奖，奖金是金币，他拿着金币找到银行顾问，说道："瞧，这就是太阳上的金子。"现在看来，那些问题涉及当时人们普遍关心的一个问题——科学研究的目的是什么？

如果说法拉第和基尔霍夫的回答只是暗示了物理学家对于这个问题的认识，那么爱因斯坦的观点则回答得更为鲜明。1918 年，在普朗克六十岁生日庆祝会上，爱因斯坦发表了《探索的动机》的演讲，他把科学家分为三种类型：第一种类型是从纯粹的功利目的出发，把科学作为获取生活报酬的一种手段；第二种类型则是把科学作为一种特殊的娱乐，因为科学能够给他们以超乎常人的智力的快感，他们在这种娱乐中寻求生动活泼的经验和雄心壮志的满足；第三种类型既不是出于功利目的，也不是为了消遣，他们之所以要把自己的一切无私地奉献给科学事业，完全是因为一种不可遏制的想要探索大自然奥秘的欲望。

大多数人从事科学研究的动机是复杂的，既与所处的社会环境有关，又与个人的性格、心理有关。我们借鉴爱因斯坦的观点，可以将科学研究的动机分为两大类，即外在的功利目的和内在的心理动机。外在的功利目的可分为有形的和无形的两种，有形的功利既有为人类谋福利的"大我"动机，也有为个人谋生计的"小我"动机，两者都是为了达到某种实用的目的，为了获得实实在在的利益。

关于科学的功利性，美国社会学家默顿有过详细的论述。他指出，对于为什么要从事科学活动，矿主们、商人们以及将军们列出了一张令人印象深刻的清单：使人们能够在日益加深的矿井里采矿的经济和技术上的功利；帮助航海者们安全驶抵更远的地方，以实现探险和贸易目的的功利；提供更有效、更廉价的作战方法的军事上的功利……科学的功利性赢得了民众和社会对科学的关注，激励更多的人投身这项事业。科学的功利性使现代科学研究获得庞大的资金支持，虽然这些资金的提供者资助科学研究的目的并不是追求纯理论知识与满足人们的好奇心，他们关注的是科学研究的应用前景及利益回报，但是这种对于物质利益的追求已成为现代科学研究的重要驱动力。当然，这种功利科学观的局限性也是明显的。人们如果仅在功利目的的指导下制订科学发展规划，就有可能只重视实用技术的研究和开发，而忽视对基础学科的投入和支持。

为了赢得他人的赏识，博得科学共同体的认同，获得超乎常人的智力的快感，在激烈的竞争中争取优先权是科学研究的另一个目的。科学家通常希望发表论文，希望看到自己的名字和思想被印刷出来，希望在同行那里获得承认和尊重，这些无形的功利目的往往成为他们辛勤工作的动力。不过，仅持有功利动机的人只是把科学作为一种手段，而不会像爱慕恋人一样热爱科学，是不会把科学研究作为自己的一种生活方式的，更不会具有爱因斯坦那样对科学的深沉的感情。

有必要超越外在的功利性而从内部寻找科学的目的和价值，这就涉及科学家的心理动机。所谓心理动机，是指出自内心深处的心理需要和精神满足，它可分为消极的和积极的心理动机。

消极的心理动机好比城市里的人渴望逃避喧嚣的环境，希望到山林里享受幽静的生活。对于一些科学家来说，科学是他们的精神栖居地，在那里可以远离纷扰的日常生活，得到心灵的宁静和思想的升华。

最令人赞赏的是积极的心理动机，用庄子的话说就是“判天地之美，析万物之理”。这种带有理想主义色彩的动机在古希腊人身上得到了较好的体现。赫拉克利特宁愿放弃王位，隐退山林而求索智慧；毕达哥拉斯因发现勾股定理而举行盛大的百牛宴，邀全城人狂欢庆贺；亚里士多德认为无任何实用目的而寻找智慧是求知的最高境界……近代也有许多学者表达了相似的看法：“为知识而知识是科学家的崇高理想，为增进认识而探求知识，而不光是为出人头地探求知识，这是科学态度的最高本质”（莫尔）；“排除一切功利主义的偏见，单纯地献身于对真理的探索，正是一项我们能够从事的最高尚的事业”（德布罗意）。现代科学史家萨顿充分肯定了好奇心的价值，他说：“科学进步的主要动因是人类的好奇心，它不是一般意义上的感兴趣……一旦好奇心被激发，就再也没有办法平息他们对知识的渴望。”有许多科学家因为自然美而产生研究的热情，并在研究过程中发现科学美而陶醉其中，因此乐此不疲。数理统计学的创立者卡尔·皮尔逊说过：“与前科学时代的创造性想象所产生的任何宇宙起源学说中的美相比，在科学就遥远恒星的化学或原生动物门的生命史告诉我们的东西中，存在着更为真实的美。所谓‘更为真实的美’，我们必须理解为，审美判断在后者中比在前者中将找到更多的满足、更多的快乐。正是审美判断的这种连续的愉悦，才是纯粹科学追求的主要乐趣之一。”

值得注意的是，有一种观点认为把追求知识和真理当作科学的目的已经过时了，认为真理是玄虚的，追求真理只能是一种形而上学的乌托邦，科学的最大目的应该是改善生活。科学确实有造福人类的使命，这也是科学赢得社会支持和享有特殊文化地位的根源。但是，一个科学理论在最初被提出时，其应用价值往往很难看出，甚至根本看不到，尤其是现代科学理论越来越抽象，它们不一定直接作用于生产和生活，而是要通过某项技术中介才能给人类带来巨大的变化。许多理论的提出并非用于解决实际问题，正如彭加勒所说：“物理学家研究一种现象，绝不是等到物质生活的急迫需要逼近时才开始着手。假设18世纪的物理学家认为电没有实际利益而轻视对它的研究，那么20世纪也就不会出现电报、电话和各种电技术。”真正无功利性的科学研究才是科学发展最强大的动力。

社会的发展需要科学，而科学研究自有其相对于社会需求的独立性，有其自身运行的规律。把追求真理当作科学的目标，是超越了工具价值来理解科学，在思想上体现了科学理性的高度。

二、相对真理和绝对真理

科学追求的目标是真理，科学活动的核心在于求真。那么如何求真呢？传统的观点认为要通过观察和实验，对获得的知识进行严格检验，如果检验的结果与经验或事实一致，就认为这些知识是真的，否则就是假的。然而，随着科学的深入发展，人们发现对知识真假的判断是一个复杂的问题，其复杂性表现在以下几个方面：

1. 根据众多事实形成的经验未必完全可靠

在分析物理现象及建立科学理论时，对于研究对象，物理学家建立了粒子模型和波动模型。利用这两种模型，人们解释了许多现象，如用波动模型解释了声音的干涉和衍射，用粒子模型解释了物体的组成、气体的压强等，这就使人们形成了一种经验，即一种客观事物要么基于粒子性，要么基于波动性。1905 年，爱因斯坦提出了光子说，即光子的能量正比于光的频率。频率是波动的概念，因此爱因斯坦提出的光子是一种新的模型，是一种含有波动的粒子，这一模型太出人意料，人们一时难以接受。1924 年，法国物理学家德布罗意更进一步提出了大胆的假设，即一切实物粒子都具有波动性，而且粒子的能量 ε 和动量 p 跟它所对应的波的频率 ν 和波长 λ 之间遵从如下关系：$\nu=\frac{\varepsilon}{h}$，$\lambda=\frac{h}{p}$。这种与实物粒子联系的物质波，1927 年通过戴维孙和汤姆孙分别利用晶体做的电子束衍射实验得到了证实。这就是说，人们长期以来所具有的“波与粒子非此即彼”的经验并非完全客观，只是片面的经验。

2. 根据有限次实验做出的推论难免以偏概全

物理实验是人们根据一定的原理设计的，仪器的选用、条件的控制、步骤的设定、数据的读取，均与实验者的思想和所持理论密切相关，在错误的方法指导下完成的观察和实验会导致错误的判断。牛顿为了消除折射式望远镜中的色差曾做过一个实验：在一个灌满水的玻璃缸中放入一个棱镜，观察光线先通过水和玻璃再通过玻璃缸中的棱镜的折射，与空气中光线通过棱镜时是否不同。尽管牛顿重复这一实验多次，却始终没有看到折射情况的变化，于是他得出一个结论：所有不同透明物质对不同色光的折射方式都相同，不同颜色的光不可能聚焦在同一点，折射光的色差不可避免。牛顿基于这个结论，于 1668 年成功地发明了反射式消色差望远镜，他的思路是光的反射与颜色无关，要消除色差只能设计反射式望远镜。由于当时牛顿的威望和他的成功，天文学家纷纷把望远镜由折射式改为反射式了。实际上折射式望远镜必然产生色差的结论是错误的，将用冕牌玻璃制成的凸透镜和燧石玻璃制成的凹透镜粘在一起就可以消除色差。牛顿的失误一方面情有可原，因为他选用的玻璃的折射率与水的折射率接近，因而色散变化不明显；另一方面却是可以避免的，即牛顿没有换不同折射率的玻璃进行实验。由有限个实验现象得到结论，从方法论上来说就是运用了不完全归纳法，因此只能得出不充分可靠的结论，未必能把握住事物的本质。

3. 相同的经验事实可以证明不同的假说

假说与事实之间并不存在一一对应的关系，同样的事实可由不同的假说进行解释。把热看成是一种物质的思想最早由古希腊的德谟克里特、伊壁鸠鲁和卢克莱修等人提出，后经拉瓦锡、拉普拉斯等人完善，逐渐发展成为热质说。热质说认为热是一种无质量的流质，可渗入一切物体之中。一个物体是热还是冷，由它所含热质的多少决定，冷热不同的物体接触，热质会从较热的物体流入较冷的物体，并保持热质守恒。用热质说能够解释很多热现象，在此假说的指导下，瓦特改进了蒸汽机，傅立叶建立了热传导理论，卡诺得出了卡诺定理。但在 1798 年，英国物理学家本杰明·汤普森在为大炮钻炮膛时发现热是由机械功产生的，于是他提出热是物质的一种运动形式，是粒子振动的宏观表现。1799 年，英国科学家戴维在一个真空容器里使两块冰互相摩擦融化为水，而水的比热比冰大，热质守恒就不成立了。本杰明·汤普森和戴维的实验推翻了热质说，而此时建立在热质说基础上的热力学理论差不多已经完成。这说明，被一些经验证明是“正确”的假说并不表示该假说一定真的反映了自然规律，它可能只是一个相对真理。

判断知识真假的复杂性表明，人类对客观世界的认识不可能一蹴而就，而是一个由相对真理走向绝对真理的过程。在这个过程中，假说或理论难以确证或否证的情况是司空见惯的，这时的科学家不是被动等待，而是在科学理性的指导下采取一些其他的方法进行选择。

首先是对应原理。为了解释观察到的氢光谱现象，玻尔提出氢原子核外的电子只能存在于一些特定的轨道上，这些轨道的角动量由公式 $mvr=n\frac{h}{2\pi}$ 决定，电子从一个定态到另一个定态以跃迁的形式进行，这个过程伴随着能量的发射和吸收。电子若从 $n=3$ 轨道跃迁到 $n=2$ 轨道，会产生巴耳末系的第一条谱线。对应原理规定，当 n 趋于无穷大时，电子不再受原子核的约束，它的运动服从经典电磁学的定律。后来，一些哲学家将对应原理推广到整个科学领域，将其作为一个理论是否可接受的标准来应用。具体来说就是，一个新理论要替代旧理论须满足两个条件：一是新理论比旧理论有更丰富的内涵；二是新理论以渐近线的形式与原有理论相一致。相对论提出后，牛顿力学不再是完美的理论，但是当物体的速度远远小于光速时，相对论对运动的描述就还原为牛顿力学的描述；当量子力学建立以后，经典力学并没有消失，因为在经典极限条件下，当量子效应忽略不计时，量子力学又回到了经典力学的运动方程。新旧理论的这种包容关系表明，人们追求相对真理的工作不会白费，原有的理论在某些范围内还是对的。

其次是简单性原则。很多科学家都相信这样一条古代格言：简单是真理的印记。在他们看来，相同的条件下，理论越简单，就越有理由认为它是真的。爱因斯坦认为理论的简单性"并不是指学生在精通这种体系时产生的困难最小，而是指这种体系所包含的彼此独立的假说或公理最少"。爱因斯坦根据两个基本的假设——狭义相对性原理和光速不变原理，建立起了狭义相对论，又在等效原理和广义相对性原理的基础上建立了广义相对论。爱因斯坦相对论的简单性达到了物理理论简单性的极致。德国物理学家海森伯也高度评价简单性原则的意义，认为可以把它作为假说可否被接受的一个标准，他说："如果自然界把我们引向极其简单而美丽的形式，我们就不得不认为这些形式是'真'的，它们显示出自然界的真正特征。"

最后是逻辑一致性原则。作为科学理论，它的内部各组成部分之间应该是和谐一致的，不能自相矛盾。1928 年，狄拉克提出了一个 4 行 4 列矩阵形式的方程，这个简洁优美的波动方程能给出氢原子能级的精细结构，还可以自动导出电子的自旋为 $\frac{1}{2}$。此外，利用该方程讨论高速电子的许多性质，都在实验中得到了证实，量子力学中原先各自独立的重要实验事实，通过这个方程得到了统一。然而这个方程给出的电子态比描述实验情况所需的态多一倍，进而发现这多出来的态为电子的负能态。

狄拉克方程遇到了所谓的“负能灾难”。把不可观测的负能态排除出去，还是接受不可思议的负能态以保持方程的完美性？对物理理论内在逻辑一致性的追求使狄拉克选择了后者，他革新了真空的概念，提出了真空是被填满的“负能电子海”的假说，预言了自然界中存在正电子。1932年，美国物理学家安德森在研究宇宙射线时证实了正电子的存在。

传统的真理观，大都用静止的观点来看待真理。而科学的真理观认为，理论是动态发展的，由不完善到完善，由不准确到准确，由不深刻到深刻，新、旧理论的更替是一种对绝对真理的逼近，是科学进步的正常现象。需要说明的是，在科学领域中，重要的是去发现相对真理，而不是去寻找绝对真理。只要提出的理论与现有的经验事实相符，能够解释现象，解决问题，我们就认为它是真理，至于客观世界是否真的如此，实际上是次要的。今天我们视为正确的大爆炸理论是否真的反映了宇宙的本来面貌，宇宙是否真的从一个极小的点爆炸而来，人类可能永远无法确切知道，就像爱因斯坦所说：“物理学是从概念上掌握实在的一种努力，至于实在是否被观察，则被认为是无关的。人们就是在这种意义上来谈论物理实在的。”

三、时代精神的精华

科学是追求真理的事业，科学家采用相应的科学方法，不断地从相对真理逼近绝对真理。这是从认识论、方法论的角度来理解科学，但仅有这些还不够，还无法给人们提供一幅完整的科学图景。从事科学活动的主体是人，人有主观思想，与人相关的还有价值问题、生存问题和发展问题，我们有必要从新的角度，从哲学理性的价值观角度来理解科学。

科学发展给人类带来了翻天覆地的变化。在过去的几个世纪里，科学引领人类走过了蒸汽时代、电气时代，进入了信息时代。汽车、轮船、火车、飞机使人们出行方便快捷，冰箱、洗衣机、微波炉提高了人们的生活质量，电话、手机、电脑使人们身处异地也可以自由联系，互联网使世界成为一个地球村……但是，科学在推动文明进步的同时，也给人类、环境带来了许多不良后果，如核武器威胁、核泄漏、酸雨、温室效应、臭氧层空洞等；人类在开发自然取得巨大成就的同时，也使得生产活动的负面效应不断扩大，产生了一系列问题，如环境污染、生态破坏、资源枯竭等。不能通过停止发展科学这种因噎废食的方式来应对这些负作用，而应从哲学中吸取营养，寻找可行的解决办法。由于科学的实证性、经验性以及局部性等特征带来的局限，科学确实需要从哲学中取得超经验的概念或原理以保证其合理性，这种需要在现代科学已经朝远离人类直觉经验的宇观和微观方向发展，使得认识的复杂程度大为提高的今天显得尤为迫切。

哲学作为抽象的意识形态，不能像科学那样去解决具体的问题，它着眼整体，诉诸思辨，鸟瞰时代，提升人们对自然、社会和自身的认识，关注人生的理想、价值和意义。人类再也不能像以前那样急功近利，追求片面的发展，而应该让科学和哲学结合在一起，从新的时代精神出发去关心人类的健康问题、生存环境和未来发展。

首先，关注健康就是关注未来。有了健康才能改善和提高人类的生活质量，社会和经济才能得到持续发展。历史上，传染病曾严重威胁人类的健康。在中世纪的欧洲，发生过几次鼠疫大流行，几千万人因此丧命。20 世纪以来，抗生素的发明和生物疫苗的广泛应用改善了公共卫生状况，同时，生物学、化学和物理学的进步促进了现代医学的快速发展。在过去的几十年中，医疗技术实现了现代化，临床上出现了电子计算机 X 线断层扫描机（CT）、核磁共振成像仪、超声诊断仪等先进的诊断设备。随着克隆技术的发展，利用胚胎干细胞克隆人体器官的研究预示了器官移植的新天地。2000 年 6 月 26 日，是人类科学史上值得纪念的日子——人类基因组工作草图绘制完成，标志着人类在分子水平上认识了自我。作为科学认识和技术应用的里程碑，人类基因组计划完全可以和“曼哈顿计划”“阿波罗登月计划”相媲美。人类基因组图谱的建立，将会引发一场重大的医学革命：不久的将来，人类有可能通过基因诊断、基因药物和基因治疗，控制和战胜各类癌症、遗传病、心脑血管疾病。科学在发展的过程中，不仅通过技术层面改变了人类的健康状况，而且还通过观念层面加深了人们对生存和生命的理解与认识，使得人们不得不重新考虑在科学迅猛发展背景下的心理学、伦理学等方面的哲学问题。

其次是关注生存环境。地球生态环境的不断恶化，一方面迫使人类深刻反思科学技术的负面效应，另一方面也促使科学家研究人类在其他星球上生存的可能性。1953 年，美国芝加哥大学研究生米勒在导师指导下首次在实验室内模拟原始地球大气中的电闪雷鸣，结果将无机物合成为有机物，特别是获得了组成蛋白质的多种氨基酸，这是生命起源研究的一次重大突破。从 1986 年开始，美国的一些科技工作者设计、建造了模拟地球环境的“生物圈 2 号”（人们把地球称为“生物圈 1 号”），引起了哲学界的关注。“生物圈 2 号”设在美国亚利桑那州的沙漠中，占地面积约 13000 m^2，采用了全封闭的钢筋和玻璃结构，仅有阳光、电和信息与外界相通，里面的布局完全模拟自然界的海洋、沙漠、草原、沼泽和雨林，分成农作物生产区和居民区，还有 3800 多种动植物。“生物圈 2 号”有一个能源中心驱动所有系统工作，有 750 个传感器随时监测土壤、气压和湿度。1991 年 9 月 26 日，8 位研究者怀着雄心壮志进入“生物圈 2 号”，成为圈内首批居民。他们在里面观察、体验、实验，看看能在这个微缩的生态系统中过多久自给自足的生活。尽管事先做了充分的准备，但是这项大胆的科学实验还是遇到了意想不到的困难。由于光照不足，植物的光合作用减弱，加之害虫猖獗，致使农作物歉收，粮食不足以维持他们的生活需要。同时，圈内的空气不断恶化，氧气浓度从 21% 降至 14%，对研究者的生存构成了威胁。1993 年 6 月 26 日，8 位研究者只好从里面出来。1994 年 3 月，第 2 批研究者（共 7 名）再次进入“生物圈 2 号”，但他们在里面仅居住了六个半月就不得不出来。寻找现代“诺亚方舟”的计划宣告失败。“生物圈 2 号”实验的失败，说明人类对生物圈的认识和研究还不到位，从而引发了人们对科学、技术是否万能的哲学反思，同时也提醒人们，在目前的情况下，地球是人类唯一的家园，保护好这个家园是每个地球人都应承担的义务和责任。

最后是寻找地外文明，寻找地外文明也是在关注未来。1903 年，俄国科学家齐奥尔科夫斯基在《利用喷气工具研究宇宙空间》一文中，提出了采用液体燃料作为推进剂制造多级火箭的设想，并推导出齐奥尔科夫斯基公式：$v_t = u\ln\frac{M_{初}}{M_{末}}$（$u$ 为喷射的燃料气体相对于火箭的速度，v_t 为火箭最后获得的速度）。1957 年，苏联发射了第一颗人造地球卫星，开创了人类探索宇宙的新时代。1969 年 7 月 20 日，美国宇航员阿姆斯特朗爬出登月舱的舱门，小心翼翼地将左脚踏上月面，留下了人类在月球上的第一个脚印。为了深刻认识自己在宇宙中的地位，人类还进行了星际探索。1972 年和 1973 年，美国先后发射了“先驱者 10 号”和“先驱者 11 号”探测器到茫茫宇宙中去寻觅地外文明，它们各自携带了一张“人类名片”（如图 1–9）。“人类名片”是一块设计新颖的镀金铝质金属牌，牌子的上部为氢原子符号；右边是一对男女人像，人像的背后为按比例绘制的航天器外形，表明人体的大小；下部是太阳及 9 大行星组成的太阳系，箭头表示航天器从地球出发的方向以及航行路径；左边的一个星状符号绘出了太阳相对于 14 颗脉冲星的位置关系。这两个探测器担负着传递人类信息的使命，已经在太空中漫游了 40 多年。2020 年 7 月，中国迈出行星探测第一步：“长征五号”系列运载火箭成功将首次执行火星探测任务的“天问一号”探测器精准送入地火转移轨道。探索地外文明不仅涉及能源、材料、宇宙学等诸多科学理论与实际问题，而且涉及人类对客观世界的认识能力及人类在宇宙中会有怎样的同类和邻居等哲学问题。飞向宇宙的意义是深远的，是人类扩大视野、创造美好未来的必然过程。

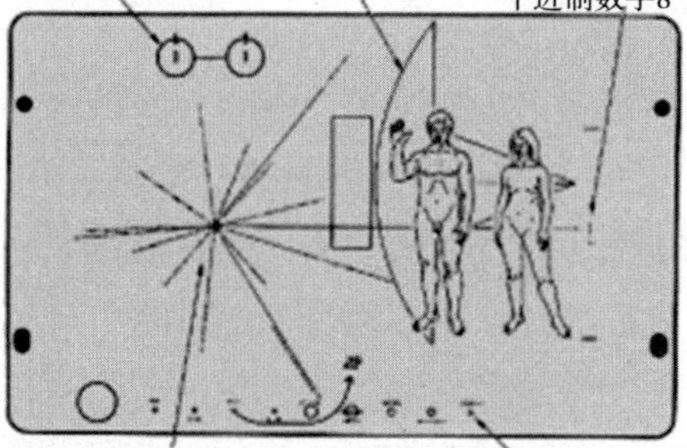

图 1–9

不论是刀耕火种的古代，还是遨游星际的现代，人类总是以无限的激情走向未来。“路漫漫其修远兮”，在走向未来的道路上会充满艰辛，但人类不会退缩，因为人类拥有自己的时代精神的精华——科学与哲学。

第二章　物理学家的哲学思考

物理学家对自然的基本观点体现在各自的研究活动之中，他们的哲学思考成为物理学最重要的内容之一。伽利略作为近代物理学之父，确立了科学研究的基本方法，其核心是数理逻辑和实验验证，这使得人们对自然进行精确描述成为可能。牛顿发展了伽利略的这一方法，建立起了近代第一个完整的、“机械决定论”的科学体系。通过对电磁相互作用的研究，法拉第提出了场相互作用的思想，揭示了客观世界中新的物质形态。麦克斯韦在法拉第的基础上建立起了电磁场理论。爱因斯坦利用相对性原理和等效原理，建立了相对论理论，并因此改变了人们形而上学的时空观。微观粒子具有波粒二象性，怎么理解这种波粒二象性呢？玻尔的哲学思考所包含的对应原理和互补原理，成为我们理解量子世界的基础。

第一节　伽利略的哲学思考

一、量化的自然

文艺复兴使人们恢复了对自然的兴趣。有识之士认识到，对自然的认识，与其通过圣经或亚里士多德的著作获得，还不如直接向大自然索取。但是自然界是丰富多彩、千变万化的，人们认识自然，要从哪里入手才好呢？

古希腊人留下了两种研究自然的方案：一种是亚里士多德的，该方案以“四元素说”为基础，用“四因说”来解释自然的万事万物；另一种是阿基米德的，他的科学研究像欧几里得研究几何一样，先提出一些公设，然后由这些公设出发，一步一步推导出公设所隐含的命题和结论。

古希腊哲学起步的时候，数学也随之发展。毕达哥拉斯认为，万物的本原就是数。柏拉图认为数学是很重要的，相比那流动多变的感官世界，明晰而确定的数学更接近真实世界（理念世界）。与柏拉图不同，在亚里士多德那里，数学没什么地位，充其量不过是逻辑学的一个组成部分而已。亚里士多德把客观世界作为第一实体，注重对现实世界的研究。但他只注重对自然的质的研究，而不重视对自然的量的研究，因为在他看来，事物之所以为该事物，完全取决于事物的质，量是无关紧要的，况且自然运动多变，本就难以精确掌握。在亚里士多德眼中，数学只是一种关于抽象世界的理论，数学的推理严谨，结论精确无误，与人们对自然的认识有着根本的不同，所以数学与物理学（这里指自然哲学）是两门相互独立的学科。

事实上，古希腊在天文学的研究中就已经引入了数学。应该说古希腊的天文学研究是非常成功的，这得益于柏拉图等人认为天体运动是完美的，所以天体的运动可以用数学来精确描述。古希腊人已经知道地球是球形的，为了处理天文学的测量数据，必须用到球面三角，所以在古希腊，球面三角反而比平面三角先发展起来。在古希腊，天文学是数学的一个分支。

但是，地上物体的运动不像天体运动那么有规律。亚里士多德认为，地上物体的运动都奔向它的目的，所有物体都有自己的天然位置，这就是重物（水土）下沉趋向地心，轻物（气火）上浮远离地心，这两类运动都是物体自发的运动，并由此推出，重的物体比轻的物体下落得快。而物体的横向运动（水平方向的运动）并不是出于自然，所以物体做这类运动时，必然需要外力的推动。这就是亚里士多德关于地上事物运动的纲领。至于运动的细节，亚里士多德并没有深究，因为地上的事物并不完美，关于它们的运动，也就很难找出像天体运动那么精确的规律。

在伽利略的那个时代，亚里士多德的学说占据着统治地位。亚里士多德的著作被奉为认识自然的圭臬，当自然现象与亚里士多德的理论发生冲突时，人们更愿意相信亚里士多德而不愿自己动手去探索事实的真相。虽然伽利略对亚里士多德的理论在很多方面表示赞同，但他还是以阿基米德为榜样，像阿基米德研究静力学那样引入数学方法研究自然。伽利略认为只有能归结为数量特征的形状、大小和速度才是物体的客观性质，因为他有这样的哲学观——自然之书用数学写成。

伽利略打开了定量研究地上物体运动之门。他希望能像天文学一样，在研究身边物体的运动时引入数学。但把一般运动数学化有一个明显的困难，就是多变的运动怎样用数学来描述。天文学采用的是匀速圆周运动模型（开普勒后来提出了椭圆轨道），在这一模型中，人们只要测量时间和角度，利用球面三角的知识，就可以把天体的运动与观测联系起来。阿基米德的静力学需要测量的是重量和距离，这两个量也是容易测量的。也就是说在天文学与静力学中，测量与理论是比较容易联系的，但一般的运动既不像天体运动那么有规律，又不像静力学所涉及的量那么容易测量，因此对一般运动的描述和测量一直是个难题。

为了对运动进行准确描述，伽利略首先需要阐明速度这一概念。在那个时代，人们只给予速度一个模糊的概念，当物体做匀速运动时，人们还能够理解速度意味着什么，但对于变速运动，速度的概念就变得难以理解了。其实这里有两个速度的概念，一个是平均速度，另一个是瞬时速度，而日常生活中人们并没有区分这两个速度。在当时注重哲学分析的年代，在芝诺悖论的影响下，瞬时速度是一个无法理解的概念。

伽利略要在运动中引入数学，就必须解决变速运动这一难题。他首先研究最简单的变速运动，即匀变速直线运动。对于这一运动，他设想了两种定义：一种是速度随距离均匀变化，另一种是速度随时间均匀变化。经研究发现，前一种运动其实相当复杂，所以伽利略决定采用后一种定义：物体做匀变速直线运动时，在任意相等的时间内速度的变化量相等。

伽利略研究了匀变速直线运动的性质。在匀变速直线运动中，速度连续发生变化，这种连续变化的速度让哲学家们头疼不已，也让伽利略艰苦地探索了很长一段时间。最终伽利略把这种速度均匀变化的运动与几何图形巧妙地联系在一起。如图 2-1 所示，AB 表示物体由静止开始加速到一定速度的时间，BE 垂直于 AB，表示物体获得的速度，连接 AE，则任意时刻的速度就可用居于 AB 与 AE 间且平行于 BE 的线段来表示。正如天文学把天体的运动与圆联系起来，伽利略把匀变速直线运动与三角形联系起来，大大减少了人们在变速运动理解上的困难，使变速运动变得易于让人接受。

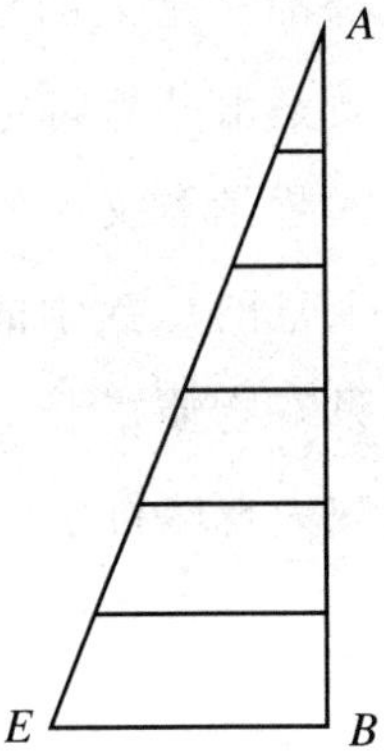

图 2-1

为了描述变速运动中速度变化的情况，伽利略还引入了一个全新的概念——加速度。有了加速度的概念，变速运动就不再神秘，人们不仅可以用它来处理匀变速直线运动，而且可以用它来分析其他各种变速运动。总之，有了加速度的概念之后，无论是天上物体的运动，还是地上物体的运动，都可以用数学来描述了。

对运动的量化研究，是伽利略为物理学发展做出的巨大贡献。除此之外，伽利略还用数学研究了大量物理问题。他曾根据杠杆原理和浮力原理发表了一篇题为《天平》的论文，后来又发表了《论重力》，揭示了重力和重心的实质并给出准确的数学表达式。他研究了材料力学的内容，阐述了关于梁的弯曲试验和理论分析，正确地指出，对长度相似的圆柱形梁，抗弯力矩和圆柱半径立方成比例。他还分析过受集中载荷的简支梁，正确地指出最大弯矩就在载荷处，且弯矩与载荷到两支点的距离之积成比例。伽利略还指出工程结构的尺寸不能过大，因为它们会在自身重力作用下发生破坏。他根据实验得出，动物形体尺寸减小时，躯体的强度并不按比例减小，对此，他有一个很形象的说明："一只小狗也许可以在它背上驮两三只同样大小的狗，但我相信一匹马也许连一匹和它同样大小的马也驮不起。"

伽利略认为"自然界中真实存在的只有物质微粒、它们的运动以及微粒的大小、形状和数目，其他各种各样感性的质，如颜色、气味、声音都只是人的参与才出现的，自然界本身并没有这些东西，这些感性的质是由外界特定物体的特定运动引起的"。伽利略的这一思想具有划时代的哲学意义，它给出了机械自然观的基本框架，把自然界完全还原为一个量的、数学的世界，千百种感性的质的东西被抛弃在一边，自然界中只有物质微粒的运动，别无其他。在科学发展之初，伽利略的这种自然观为自然科学研究指明了方向。

二、数理逻辑与实验结合

亚里士多德研究运动，只是通过对物体运动的观察，再经过他的理性分析，就得出了结论，这些结论往往合乎人们的生活常识，但这并不是做科学研究的好方法。阿基米德的静力学研究给出了科学研究的典范，那就是严密的数理逻辑和实验有效地结合起来。阿基米德不仅用公理化方法得出了杠杆原理，而且还用这一原理制作出大量实用器械。他发现了浮力定律，用以判定王冠含金量，讨论船的稳定性等。在阿基米德手里，科学理论既严密准确，又实用有效，他的理论是与实验紧密联系在一起的。

伽利略之所以成为"近代科学之父"，就是因为他把理论与实验有机地联系起来，并指出这是科学研究行之有效的方法。伽利略重视实验的思想可见于1615年他写给克利斯廷娜公爵夫人的一封信上的话："我要请求这些聪明细心的神父们认真考虑一下臆测性的原理和由实验证实了的原理二者之间的区别。要知道，做实验工作的教授们的主张并不是只凭主观愿望来决定的。"

伽利略是个实验大师，他不但设计和演示了许多实验，而且研制出不少实验仪器。他曾制作出浮力天平，利用它可以快速测定金银器皿、首饰中金银含量比例。他制作出了历史上第一支温度计，有了温度计，温度从此成为客观的物理量，不再是不确定的主观感觉。

望远镜并不是伽利略首先发明的。1609 年 7 月，有消息说一位荷兰的眼镜工人发明了供人玩赏的望远镜，伽利略在未见到实物的情况下，经过自己的思考和动手实践，第二天就用风琴管和凸透镜、凹透镜各一片制成一具望远镜（如图 2-2），放大倍率为 3，后又提高到 9。望远镜的成功制作使伽利略被聘为帕多瓦大学的终身教授。

望远镜在荷兰不过是供人娱乐的玩具，在伽利略手里，却成了探索自然的仪器。伽利略通过望远镜获得了很多天文学上的新发现。亚里士多德把世界分为月上和月下两部分，他认为，月下的地球和地上万物都由气、火、水、土四种元素所组成，都是丑陋、不洁、不完美的，有变化和有生灭的，而月上的天体（包括月球）则是由以太所组成的纯洁、完美、永恒的物体，完美事物的运动也是完美的。1610 年初，伽利略将望远镜放大倍率提高到 33，并用它来观察日月星辰。他发现，月亮表面有山峰和洼地，高低不平，并不是完美无缺的，金星也有盈亏变化，木星有 4 颗卫星，银河原来是无数发光体的总汇，土星有多变的椭圆外形，太阳表面还有活动的黑子等。根据这些天文学上的发现，伽利略写了《星空信使》，该书的出版震撼了整个欧洲。新的天文发现使亚里士多德关于天地有别的学说再也站不住脚，极大地减小了新天文学发展的阻力。望远镜这一新工具是人们观察自然的慧眼，它和后来发明的显微镜一起，成为人们研究和探索自然的强有力的工具。

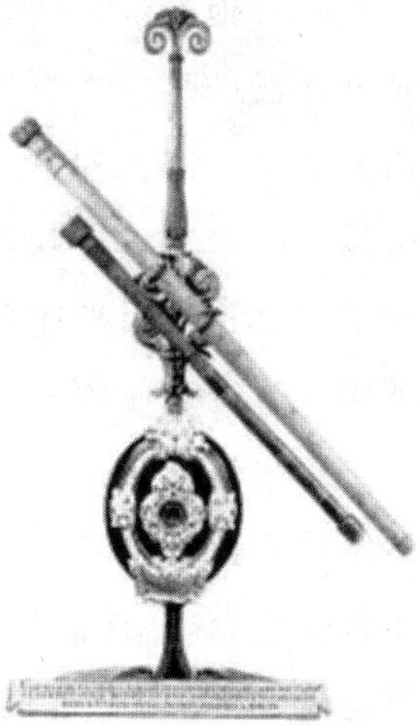

图 2-2

伽利略发现了摆的等时性原理，这始于他在比萨的教堂中观察吊灯摆动的现象。按照等时性原理，如果摆的振幅较小，那么摆动的周期同摆动的振幅无关。尽管在伽利略之前的好几个世纪中，等时性早已为阿拉伯人所熟知，但以严谨的科学态度去研究这一现象的科学家还是首推伽利略。他指出摆的周期并不取决于摆线上悬挂物的重量，而只取决于摆线长度的平方根，如果不考虑阻力的影响，悬挂在等长线上的一个软木球或一个铅球的摆动规律是相同的。这个规律的发现为此后的振动理论和机械计时器件的设计方案奠定了基础。

伽利略曾提出光速有限的思想，并设计了一个测量光速的方案。光速是有限还是无限的，到17世纪还有争议，笛卡儿认为是无限的，伽利略认为是有限的。17世纪初，伽利略用测量声速的方法来测量光速，他让两个助手各提一盏有遮光板的灯，并站在相距较远的地方，令第一个人先打开他的灯，同时开始计时，第二个人见到第一个人的灯亮时立刻打开自己的灯，当第一个人看见第二个人的灯亮时，停止计时，这样测出光从第一个人到第二个人再返回所用的时间，再测出两地的距离，就可以计算出光的速度。从原理上讲，伽利略的方法是对的，但是实验失败了，这是因为光速很大，七分之一秒能绕地球一周多，在当时的条件下用通常测声速的方法来测光速是难以实现的。如果按照当时实验的结果进行推证的话，光速是无限的，然而伽利略在那样的实验数据面前仍然坚持光速是有限的结论。可见在光速的问题上伽利略令科学规范让位于哲学信念："任何事物的速度总是有限的。"在伽利略去世后约30年，丹麦天文学家罗默在观察木星的卫星食时，测出光速约是 2×10^8 m/s，跟现代测量值相差较大。1849年，德国物理学家斐索用"齿轮法"测出的光速非常接近现代测量值，"齿轮法"测光速的基本原理用的正是伽利略的方法。

在伽利略对自由落体的研究中，实验和理论的完美组合得到了充分体现。

伽利略设想，物体的自由落体运动是一种最简单的变速运动，即匀变速直线运动。经过数学推导后发现，如果自由落体运动是匀变速直线运动，那么物体下落的高度正比于下落时间的平方。由于物体下落用时太短，人们没有很好的计时仪器，无法精确测定这么短的时间，所以伽利略就利用斜面来"冲淡"重力，延长小球下落的时间，从而使时间可以被精确测定。当时还没有计时的钟，伽利略是这样测量时间的：

为了测量时间，我们把一只盛水的大容器置于高处，在容器底部焊上一根口径很细的管子，用小杯子收集每次球滚下来时由细管流出的水，不管是全程还是全程的一部分，都可以收集到。然后用极精密的天平称水的重量，这些水重之差和比值就给出时间之差和比值。精密度如此之高，以至于重复许多遍，结果都没有明显的差别。

最后，伽利略在斜面上做了这一实验：

取长约12腕尺（编者注："腕"应为"腕"，因是引文，保留原文中的用字。腕尺是古埃及和希腊、罗马的测量单位。1腕尺≈45.7 cm）、宽约半腕尺、厚约三指的木板，在边缘刻上一条一指多宽的槽，槽非常平直，经过打磨，在直槽上贴羊皮纸，尽可能使之平滑，然后让一个非常圆的、硬的光滑黄铜球沿槽滚下，我们将木板的一头抬高一二腕尺，使之略成倾斜，再让铜球滚下，记录铜球滚下的时间。我们不止一次重复这个实验，使两次观测的时间之差不超过脉搏跳动一次所需时间的十分之一。在完成这一步骤并确证其可靠性之后，就让铜球滚下全程的四分之一，并测出下降时间，我们发现它正好是滚下全程所需时间的一半。接着我们对其他距离进行实验，用滚下全程所需的时间和滚下一半距离、三分之二距离、四分之三距离或任何部分距离所用时间进行比较。这样的实验重复了整整一百次，我们发现，铜球经过的空间距离恒与所用时间的平方成正比例对于各种斜度都成立。

通过对实验数据的分析，伽利略发现，一切金属小球，不论轻重，其速度与时间成比例，即物体的降落所经过的距离与时间的平方成正比，这就是匀加速运动的规律。伽利略还得到了在相同倾角的斜面上小球的加速度相同的结论。伽利略研究自由落体的实验结果与推理所得结论吻合，这就证明了他的假设（自由落体运动是一种匀变速直线运动）是正确的。

实验不同于观察。伽利略认为，虽然观察在认识中是非常重要的，但是对于某些现象来说，单靠观察是不够的，他说："我们要学会更慎重些，不要对感官传给我们的第一个印象过分相信。因为我们很容易上感官的当。"他认为观察和实验不仅是科学研究的起点，同时也是科学理论的仲裁者。他在研究自由落体的过程中，把定量实验和数学论证结合在一起，既注重逻辑推理，又依靠实验检验，形成了一套完整的科学研究方法。这种方法可表示成程序，如图2–3所示。

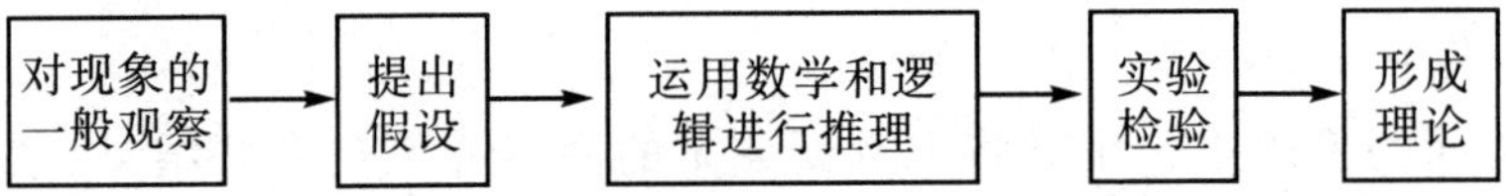

图 2–3

物理学正是由于正确使用了研究方法，才像插上了翅膀，在短短二三百年的时间里获得了飞速发展。科学的发展史告诉人们，一切被称为科学的理论，都必须建立在观察和实验的基础之上，并接受实践严格的、反复的检验。

三、伽利略的认识论

伽利略从某种意义上来说恢复了毕达哥拉斯的宇宙信条，认为自然的规律要通过数学去寻求，世界是一个有秩序地服从简单规律的整体，要了解大自然，就必须进行系统的实验定量观测，找出精确的数量关系。对斜面上物体运动的研究使伽利略清楚地认识到实验的重要性：只有通过实验，才能发现认识自然的正确线索。

科学实验有别于一般工匠工作，在科学实验中，思想起了引领作用。实验只有结合理论，通过一定的设计、论证、检验，才能成为检验理论是否正确的有效判据。甚至有时候，实验是在科学家的头脑中完成的，这类实验其实是一种研究自然的思维方式，我们称之为思想实验，这是伽利略开创的认识自然的非常有效的方法。

由斜面上物体的运动可知，小球在斜面上加速下滑，倾角越小，加速度就越小，所以自然就可以设想：物体在水平面上运动，加速度减为零，物体将以一个恒定的速度一直运动下去。但是在实际环境中这种无限的运动无法实现，为了说明这种无限的运动，伽利略设计了一个思想实验。

如图 2-4 所示，在左边的斜面上的某一高度释放一小球，发现小球从左边滚下后，会滚上右边的斜面，如果忽略摩擦力带来的影响，小球将会上升到与左边释放高度相同的点；若将右边的倾斜角减小，小球还是上升到原来的高度，但通过的路程比原来更长；若右边的轨道变为水平，小球就无法达到原来的高度，它将永远运动下去。

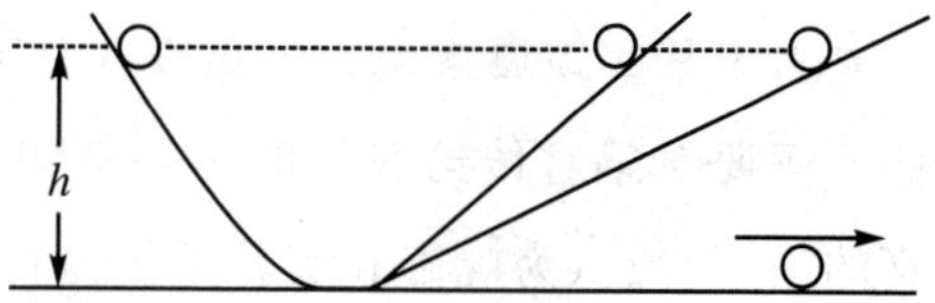

图 2-4

上面的推理中，小球将上升到原来的高度并不是实验结果，实验的结果是轨道越光滑，小球上升的高度越高，越接近释放的高度。但由于实验中无法完全消除摩擦，所以只能通过合理的假设来进一步完成这一实验。

匀速运动并不需要外力的推动，这是对运动认识的一个很大的变革。既然匀速运动的物体不需要有外力来推动，那么这种运动就与外界无关，物体之所以这样运动是本性使然，物体的这一本性即惯性。惯性原理是由伽利略首先发现的。

在发现惯性原理的基础上，伽利略又提出了相对性原理。伽利略在《关于托勒密和哥白尼两大世界体系的对话》中写道："(当你在密闭的运动着的船舱里观察力学过程时)只要运动是匀速的，决不忽左忽右摆动，你将发现，所有上述现象丝毫没有变化，你也无法从其中任何一个现象来确定，船是在运动还是停着不动。即使船运动得相当快，在跳跃时，你将和以前一样，在船底板上跳过相同的距离，你跳向船尾也不会比跳向船头来得远，虽然你跳到空中时，脚下的船底板向着你跳的相反方向移动。你把不论什么东西扔给你的同伴时，不论他是在船头还是在船尾，只要你自己站在对面，你也并不需要用更多的力。水滴将像先前一样，垂直滴进下面的罐子，一滴也不会滴向船尾，虽然水滴在空中时，船已行驶了许多拃(古人用的长度单位，是大拇指与中指的距离)。鱼在水中游向水碗前部所用的力，不比游向水碗后部来得大，它们一样悠闲地游向放在水碗边缘任何地方的食饵。最后，蝴蝶和苍蝇将继续随便地到处飞行，它们也决不会向船尾集中，并不因为它们可能长时间留在空中，脱离了船的运动，为赶上船的运动显出累的样子。如果点香冒烟，则将看到烟像一朵云一样向上升起，而不会向任何一边移动。所有这些一致的现象，其原因在于船的运动是船上一切事物所共有的，也是空气所共有的。"这里描述的正是相对性原理，即力学规律对于所有的惯性系(地面、匀速运动的船舱等)都适用。

相对性原理是伽利略为了答复地心说对哥白尼体系的责难而提出的，伽利略用它解释了为什么石子从桅杆顶上掉落到桅杆脚下而不向船尾偏移的现象，从而为地动说扫除一个障碍。这一原理被爱因斯坦称为伽利略相对性原理，是狭义相对论的先导。

伽利略还提出了运动的合成与分解的思想。在弹道的研究中，伽利略发现水平与垂直两个方向的运动各具有独立性，互不干涉，但通过平行四边形法则又可合成实际的运动轨迹。他用垂直于地面的匀变速运动和水平方向的匀速运动，完整地解释了弹道的抛物线性质。

亚里士多德在研究自然时，重视物体运动变化的原因，这构成了亚里士多德理论的主旋律。伽利略则认为科学研究不必也无法究诘物体运动的原因，对运动做准确的、数学的描述才是科学家的职责。在对自由落体运动的研究中，伽利略由实验得出，自由落体是一种变速运动，其速度是随时间均匀增大的。至于物体为什么这样运动，引起速度变化的原因又是什么，伽利略并未做出回答，因为就实验本身而言，并没有发现运动原因的功能。另外，与亚里士多德研究整个自然的方方面面的庞大计划不同，伽利略研究科学是从局部的精确研究开始的，通过这种研究得到的结论虽不具有最大的普适性，却能保证其可靠性，这种可靠性可以成为我们进一步研究的基础。

第二节　牛顿的哲学思考

一、建立完整的力学体系

虽然伽利略在多方面突破了亚里士多德的理论，开创了科学研究的新方法，但他并没有建立起一个前后统一的完整的科学体系。近代第一个完整的科学体系——牛顿力学是由牛顿建立的。

力与运动的关系是牛顿力学的核心内容。伽利略用斜面实验说明了物体的运动并不需要力来维持，这为牛顿力学的发展奠定了基础。但是在伽利略看来，物体在不受力时会沿水平面一直运动下去，由于水平面实际上是一个球面，所以伽利略所谓的惯性运动是指匀速圆周运动。爱因斯坦在论述这点的时候就指出，伽利略拘泥于与亚里士多德同样的天然的圆运动的思想。笛卡儿吸收了古希腊原子论者们的思想后提出，若没有外界的作用，物体将继续以同一速度在同一直线方向上运动，既不停下来，也不偏离原来的方向。

通过总结伽利略的斜面实验及伽利略对自由落体的研究，以及笛卡儿和惠更斯对动量的研究，牛顿建立起了三大运动定律。这三个定律组成一个有机的整体，成为人们认识自然的强有力的武器。

牛顿在前人工作的基础上，对惯性原理加以完善，表述如下：一切物体总保持匀速直线运动状态或静止状态，除非作用在它上面的力迫使它改变这种状态。这就是牛顿第一定律。

牛顿第一定律是牛顿力学的基石，它包含了两个方面的重要内容。第一，指出自然界的一切物体都有一种相同的属性——惯性，所以该定律也称为惯性定律。惯性为一切物体所固有，不仅地面上的物体有，天上物体也有。第二，指出力是改变物体运动状态的原因，这样就厘清了力和运动的关系。牛顿第一定律的建立，把亚里士多德关于运动的学说彻底打入了囚笼。

牛顿第二定律给出了力与运动之间的定量关系，成为牛顿运动定律的核心。牛顿第二定律之所以成为核心，是因为该定律把数学引进了体系。用严密的数学研究自然是牛顿力学有别于其他学科体系的最显著特征。牛顿第二定律的表述有两种：一是运动的变化用加速度来描述，物体的加速度与物体所受的合力成正比，与物体的质量（惯性大小）成反比，这是我们通常采用的牛顿第二定律的形式；二是用动量表示，即力正比于物体动量的变化率。牛顿本人采用的是第二种表述。

牛顿第三定律指出了两物体间作用力与反作用力的关系，可以将其看作是动量守恒定律的另一种表述。

牛顿力学的成功最先表现在对天体运动的研究上。

在天体运动方面，根据第谷精确的观测数据，开普勒以非凡的才能找出了藏在这些数据背后的行星运动的规律。在对曲线运动的研究中，惠更斯不仅正确地指出了动量的矢量性质，而且还对物体做曲线运动时的受力情况做了研究，得出了离心力公式。早在 1665 ～ 1666 年，牛顿就应用离心力公式和开普勒第三定律，得到了引力的平方反比关系，直到 1684 年，牛顿才根据开普勒关于行星运动的三大定律、惠更斯的离心力公式以及自己发明的微积分的数学方法，证明了在椭圆轨道中引力也是遵循平方反比关系的，从而把各个行星的运动统一到太阳引力下。

牛顿用引力作用关系成功地解决了行星的运动，他还要进一步求证这种引力作用的普遍性。既然行星的运动是由于受到太阳引力的作用，那么月亮绕地球的运动是不是月亮受到地球给它的引力的作用呢？更进一步，地面上的物体受到重力的作用，是不是因为物体受到地球引力的作用呢？这种力是否跟太阳对行星的引力一样，属于同一种力呢？牛顿通过对苹果下落的思考产生了如下的推想：既然在高山上重力都没有明显地减弱，那么这个力必然延伸到很远的地方，如果地球对其周围的物体的引力也遵循平方反比关系，那么可以设想即使月球在轨道上运动，也是受到了地球引力的作用。如果这一假设成立，那么月球绕地球运动的向心加速度与地面重力加速度的比值应该等于地球半径平方与月球轨道半径平方之比，即 1/3600。通过对月球的观测数据进行计算，牛顿证实了这一结论，由此可得，地上物体所受的重力与月球所受地球的引力，以及行星受到太阳的引力，都是同一种力。牛顿在《自然哲学的数学原理》第三卷中写道："最后，如果由实验和天文学观测，普遍显示出地球周围的一切物体被地球重力所吸引，并且其重力与它们各自含有的物质之量成比例，则月球同样按照物质之量被地球重力所吸引。另一方面，它显示出，我们的海洋被月球重力所吸引；并且一切行星相互被重力所吸引，彗星同样被太阳的重力所吸引。由于这个规则，我们必须普遍承认，一切物体，不论是什么，都被赋予了相互的引力（gravitation）的原理……"

从行星的运动得出万有引力的规律，用苹果落地和月球绕地运动对其正确性进行验证，然后用万有引力解释彗星运动问题以及潮汐问题，这一过程反映了牛顿研究自然的哲学纲领，即牛顿认为"自然哲学的全部任务看来就在于从各种运动现象来研究各种自然之力，而后用这些力去论证其他的现象"。

牛顿虽然发现了万有引力定律，却没能给出准确的引力常量，这是因为一般物体间的引力非常小，很难用实验的方法将它显示出来。直到1789年，即在牛顿发现万有引力定律一百多年以后，英国物理学家卡文迪许才巧妙地利用扭秤装置，第一次在实验室里比较准确地测出了引力常量。卡文迪许的实验直接证明了万有引力的存在，使得万有引力从哲学概念变成科学概念，使天体力学最终成为一门有实验基础的真正意义上的科学。

引力常量的测定，使得万有引力定律有了真正的实用价值，极大地推动了天文学的发展。引力常量测出来以后，我们就可以算出地球的质量，也可以算出太阳的质量。发现了天王星以后，经过几十年的观测，人们已积累了较丰富的天王星运动的资料。当时，在万有引力定律的基础上建立起来的引力理论，已能较好地解释由行星间的相互引力作用造成的行星运动偏离椭圆轨道的所谓"摄动"现象，唯独天王星的实际观测到的运动轨道与理论计算不符。这一现象有两种可能的原因：或者是牛顿的万有引力定律并不是普遍适用的，或者是天王星外面还有一颗未知的行星。亚当斯于1845年10月根据摄动理论推算出了这颗未知行星的轨道和质量；1846年，勒维耶根据引力理论，也独立推算出这颗未知行星的质量、位置以及轨道。1846年9月23日晚，柏林天文台的天文学家伽勒，根据勒维耶预告的位置，仅用了半个小时，在误差不到1°的地方找到了这颗新行星。新行星后来被命名为海王星（也被人们誉为"笔尖上发现的行星”)。

海王星的发现，不仅揭开了天王星运动的“越轨”之谜，进一步证明了牛顿万有引力定律的正确性，而且还展示出牛顿理论具有探索未知的能力。在海王星被发现之前，牛顿理论的主要魅力在于仅用几条基本原理，就解释了天上地上众多事物的纷繁复杂的运动。海王星被发现之后，牛顿的理论一下子跃升为真理。因为在海王星被观测到之前，它对人们来说只存在于牛顿力学的理论中，只对理论来说是一种应当存在东西，而当它被观测到后，对人们来说就变成了一种真实的存在。牛顿理论可以先于观测而发现新的行星，科学理论所具有的这种预知能力，使人们在面对神秘而让人敬畏的自然时，极大地增强了自信心。

二、绝对时空观

牛顿建立起了一个新的宇宙体系，这一新的宇宙体系需要有新的时空观来支撑。

先来看一下牛顿的空间观。

说到空间，每个人似乎对它都有所认识，但是若真要把这些认识说出来，却又感到困难重重。我们不妨先来看看前人对空间的认识。德谟克里特认为，世界的本原就是原子和虚空，原子是实物，虚空提供原子运动所需要的场所。亚里士多德则反对虚空的存在，他认为，如果有虚空存在，物体在虚空中的运动就会持续，而这是不符合事实的，因为地面上的物体在没有外力作用时就会停止运动。他认为不存在没有物质的空间，也不存在没有空间的物质，物体所占据的空间恰是该物体的大小。物体的运动并不需要专门为之提供一个活动的空间，当一个物体从容器中倒出来时，空气就立刻进入容器，所以并不会出现空无一物的空间。物体离开某一空间，必会有另外的物体立刻补充进来，正如鱼在水中游来游去，是通过与水互换空间从而得以运动的。

在亚里士多德的理论中，空间被分为多层，有土的空间、水的空间、气的空间和火的空间，土的空间在最中心，火的空间在最外层，物体总是趋向于回到自己的空间。可见亚里士多德的空间是球状的，并以球心为下，球面为上，在球的最外层是第一推动，第一推动并不在空间里。

显然，亚里士多德的空间无法与牛顿第一定律相适应，要使牛顿第一定律成立，需要建立一种新的空间。除此之外，牛顿力学本身还有一个逻辑上的问题。因为牛顿定律只有在惯性参考系里才成立，但是什么是惯性参考系呢？如果我们说，牛顿定律成立的参考系是惯性参考系，那么这是一个逻辑循环。如何才能找到一个惯性参考系呢？这不是一个理论问题，而是一个实验问题，实验证明大地是一个很好的惯性参考系。但是我们通常所采用的参考系——大地，由于地球自转，并不是真正意义上的惯性参考系。为了解决这一矛盾，牛顿也必须建立一种新的空间。

在《自然哲学的数学原理》第一卷的“定义”一章中，牛顿引入了绝对空间的概念。他说道：“绝对空间，就其本性来说，与任何外在的情况无关，始终保持着相似和不变。”他认为人们可以想象空无一物的空间，但不能想象空间不存在。牛顿认为，空间像一个大容器，它为物体运动提供了一个场所，物体放进去也好，取出来也好，这个空间本身并不会发生什么变化。显然，牛顿的绝对空间的上下、前后、左右各个方向都是无边无际的，这样的空间与欧氏几何的直线可以无限延长一脉相承，牛顿的绝对空间正是欧氏几何的坐标系框架，在这个框架中，牛顿第一定律描述的运动可以永远进行下去。同时，绝对空间提供了一个特殊的、绝对静止的惯性参考系。不受外力作用的、相对于绝对空间或者保持静止或者保持匀速运动的参考系，都是惯性参考系。牛顿还认为，只有相对于绝对空间的运动才是绝对运动，他以著名的旋转水桶实验证明绝对运动的存在。

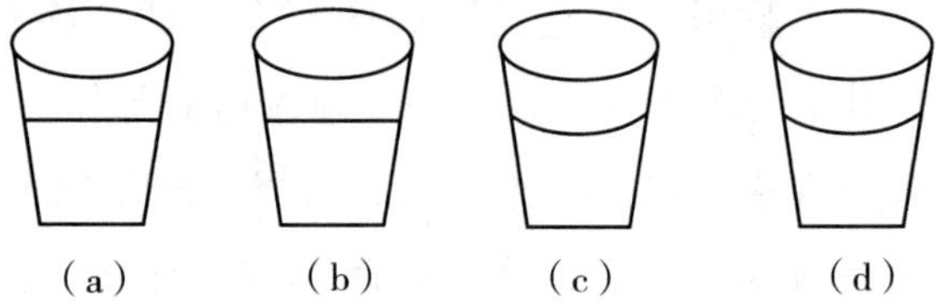

图 2-5

如图 2-5 所示，一个装有水的桶，最初桶和水都静止，水面是水平的［图（a）］。然后让桶以角速度 ω 转动，刚开始时，水未被桶带动，这时候，桶转水不转，水面仍是水平的［图（b）］。不久，水渐渐被桶带动而旋转，直到与桶一起以角速度 ω 转动，此时水面呈凹形［图（c）］。然后，让桶突然静止，水仍以角速度 ω 转动，水面仍是凹形的［图（d）］。

在情况（a）和（c）中，水相对于桶静止，但水面在情况（a）时是平的，在情况（c）时是凹的。而在情况（b）和（d）中，水相对于桶转动，但水面在情况（b）时是水平的，在情况（d）时是凹的。显然，水面的形状与水和桶的相对转动情况无关，水面呈凹形是由于受到惯性离心力的作用。惯性离心力的出现既然与水相对于桶的转动无关，那么与什么有关呢？牛顿认为，与绝对空间有关，惯性离心力产生于水对绝对空间的转动。他同时认为，转动是绝对的，只有相对于绝对空间的转动才是真转动，才会产生惯性离心力。推而广之，加速运动是绝对的，只有相对于绝对空间的加速才是真加速，才会产生惯性力。通过水桶实验，牛顿论证了绝对空间的存在。

再来看一下牛顿的时间观。

人们似乎都对时间有所认识，尤其是对时间的一去不回认识更加深刻。对于时间，有的人（柏拉图）认为有个开始，有的人（亚里士多德）认为既没有开始也没有结束。亚里士多德认为时间是运动的数，时间不可能离开运动而存在，即“如果在我们意识里发生了某一运动，我们就会同时立刻想到有一段时间已经和它一起过去了”。亚里士多德认为时间和运动都是连续的、无限可分的，物体的运动必须和一段时间相对应，而时刻是不可分的，所以讲一个物体在某一时刻运动或静止都是错误的，因为时刻不能与运动相对应。亚里士多德还认为，时间无论是上溯还是后延都是无限的，并且由此推论，因为时间是无限的，所以运动也是无限的，即世界的运动是永恒的。

牛顿引入了绝对时间的概念，即“绝对的、纯粹的、数学的时间，就其本身和本性来说，均匀地流逝而与任何外在的情况无关”。在牛顿的时空观中，时间是绝对的，可以想象事物没有变化，但不能想象没有时间在流逝。显然，绝对时间是与物体运动无关的，是一种独立的存在。牛顿认为，“相对的、表观的和通常的时间是……通过运动来进行的量度，我们通常就用诸如小时、月、年等这种量度以代替真正的时间”。可见牛顿只承认相对时间与物体运动有关，而绝对时间的流逝是不依赖于任何事物的运动的。时间像一条川流不息的河流，有事件发生也好，无事件发生也好，这条河流总是不断地、均匀地、不变地流动着。

显而易见，在牛顿那里，空间、时间和物质的运动是相互独立的、无关的，空间的延伸和时间的流逝都是绝对的，绝对时空构成了物质运动的舞台。牛顿的时空观是跟我们的日常生活经验相符的，很容易让人接受。但是这种时空观毕竟只是牛顿所做的一种假设，它从诞生之日起就不断地受到质疑。

首先，是让人困惑的万有引力的超距作用性质。牛顿本人也对万有引力的本质有一些困惑，“我还没有能力去从现象中发现产生这些重力特性的原因，而且我无法臆测……我所解释的定律和丰富的天体运动的计算已经足够说明重力的确存在并能产生效果。一个物体可以不通过任何介质穿过真空间的距离对另一个物体产生作用，在此之上它们的活动和力可以传送至对方，这对于我来说简直就是一个天大的谬论。因此，我相信，任何有足够的哲学思维能力的人都不会沉溺于此”。但是，在处理实际问题时，牛顿还是把引力看作是一种直接的、即时传递的超距作用力。

其次，对于时间的认识，与牛顿同时代的莱布尼茨认为，同时间相比，事件更为基本，那种认为没有事物时间也会存在的观点是荒谬的。在他看来，时间是从事件引出来的，所有同时性事件构成了宇宙的一个阶段，而这些阶段就像昨天、今天和明天一样，一个紧接着一个。莱布尼茨的这种相对时间的理论，在今天看来似乎比牛顿的理论更能为人接受，因为它更符合现代物理学的发展。

最后，这个无限空间，对牛顿的理论来说并不自洽。牛顿力学所涉及的运动都是机械运动，简单来说，就是指太阳系内物体的运动，而不涉及太阳及整个宇宙的发展变化。在牛顿的体系中，恒星被认为是永远在一个固定不变的位置上，所以整个宇宙是静止的。但是由于恒星间有万有引力的作用，要使恒星保持静止，则宇宙中的恒星必须均匀地分布在整个天空中，这样一来恒星必然就有无限多，宇宙也必须无限大。而在 1826 年，德国天文学家奥伯斯指出，一个静止、均匀、无限的宇宙模型会导致如下结论：黑夜与白天一样亮。因为假如宇宙是静止且无限的，而且有无数均匀分布的发光星体，则无论望向天上哪一位置都应该能见到一颗星体的表面，星与星之间便不应有黑暗的位置，黑夜时整个天空都会是光亮的。可见牛顿的宇宙模型有着内在的不和谐因素。

对于牛顿的绝对时间和绝对空间，哲学家马赫曾做过深刻批判。马赫认为，世界上的一切事物都是互相联系、互相依赖的，并且我们本身和我们所有的思想也是自然界的一部分，所以，时间也是不能独立自存的。绝对时间无法根据比较运动来量度，无法与经验观测相联系，因此“绝对时间既无实践价值，也无科学价值，是一种无用的形而上学概念”。根据同样的理由，马赫建议取消绝对空间和绝对运动的概念，指出“回到绝对空间是大可不必的，因为参照系如同在其他任何情况中一样，都是被相对地确定的。……牛顿旋转水桶的实验只是告诉我们，水对桶壁的相对转动并不引起显著的离心力，而这离心力是由水对地球的质量和其他天体的相对转动所产生的。如果桶壁愈来愈厚，愈来愈重，最后达到好几里厚时，那时就没有人能说这实验会得出什么样的结果”。马赫认为只存在相对运动和相对空间。

三、因果决定论

牛顿力学研究的主要对象是质点。质点是一个经过抽象的物理模型，它只保留了物体的质量属性，忽略了物体的其他属性，诸如大小、形状、内部结构等。在力学研究中，这种抽象帮助人们直奔主题，成功地解决了问题。随着这种方法在科学研究中取得了巨大成功，人们逐渐忘记了原来在抽象时所做的忽略，而把世界上所有的东西都看成是由质点组成的。

关于世界的组成，牛顿继承了古希腊的原子论思想，他曾说：“依我看有可能在一开始上帝（即自然）就以实心的、有质量的、坚硬的、不可入的、可活动的粒子创造物质——它有这样的大小和外形，以及其他属性，并占据一定的空间……”这种原子的性质在很多方面都像是德谟克里特所说的原子，且牛顿所设想的绝对空间也与德谟克里特的虚空相对应。德谟克里特认为世界上发生的一切都是必然的，都是原子运动的结果，牛顿也认为世界的本质在于力作用下的物体的运动。德谟克里特没有具体地给出原子运动的规律，只是笼统地说，原子在无碰撞时做直线运动，发生碰撞时做旋涡运动。但牛顿给出了事物运动的数学化的、十分精确的规律，他用严密的数学来论证自然的运动，其目的就是要让人们看到大自然不仅宏伟阔大，而且井然有序。

对于引力相互作用，牛顿证明了均匀球体对球外的质点的引力与把该球的质量全部集中到球心对球外质点的引力是一样的。这样一来，在太阳系内考虑引力作用时，太阳、行星及行星的卫星全都可以作为质点处理，地球对地面上物体间引力也可以看作是质点与质点间的相互作用。在牛顿看来，世界的本质是由粒子构成的，即便是光也是由微粒构成的。牛顿把宇宙看成是符合力学原理的机械图像。在牛顿力学中，只要知道质点在初始时刻的位置和速度，根据牛顿定律就可以预言其后各时刻的运动情况，比如现在我们能够预报今后发生的日食、月食的准确时刻。牛顿在《自然哲学的数学原理》第一版的“序言”中写道，正如用万有引力推演出行星、彗星、月球和潮汐的运动一样，“我希望能够用同样的方法从力学原理推导出自然界的其他许多现象”。

牛顿理论很好地描述了太阳系中天体的运动现象，也就是说，只要知道星球的初始状态和受力情况，星球将来的运动情况是确定的。对于天体一开始是怎样运动起来的问题，牛顿不得不借助于上帝的第一次推动。康德–拉普拉斯星云假说使得牛顿的体系从第一推动中解放出来。从现代宇宙学来说，第一推动完全可能在物理框架中解决而无须“神助”。虽然牛顿在他的体系中引入了第一推动，但这并不影响他的决定论世界观的体系，因为牛顿体系的本身是自洽的，第一推动之后，它的自身毫无矛盾之处。

牛顿对世界的看法以及对数学的处理为后人所继承，微积分也被作为描写力学运动的数学工具。1736 年，欧拉写成了《力学或运动学分析》一书，把牛顿的质点力学推广到刚体的场合，引入了转动惯量的概念，论述了刚体运动的问题；1738 年，伯努利的《流体动力学》出版，解决了流体运动问题；达朗贝尔的《论动力学》于 1743 年出版，把动力学问题化为静力学来处理，提出了达朗贝尔原理；莫培督在 1744 年提出了最小作用原理。把解析方法进一步贯彻到底的是拉格朗日的《分析力学》和拉普拉斯的《天体力学》。《分析力学》虽说是一本力学书，可是没有画一张图，自始至终采用的都是纯粹的解析法，因而十分出名，运用广义坐标的拉格朗日方程就在其中。《天体力学》专门用牛顿力学处理天体问题，解决了各种各样的疑难。《分析力学》和《天体力学》丰富和完善了科学研究的数学方法，可以说是牛顿力学发展的顶峰。数学方法的完善使牛顿力学能够处理越来越多的问题，进入了一个又一个科学领域，牛顿的理论成了科学理论的根基和范本。

牛顿力学的成功使人们普遍地接受了牛顿理论，并把它看作是科学解释的最高权威和最后标准。直到 19 世纪末，它一直是物理学家在各个领域中的研究纲领。人们普遍认为，经典力学是整个物理学的基础，只要把经典力学的基本概念和基本原理稍加扩充，就能够处理人类面临的一切物理现象。诚如德国物理学家劳厄所说，当时经典力学和经典物理学已“结合成一座庄严雄伟的建筑和动人心弦的美丽的庙堂”，物理学家们莫不对此顶礼膜拜，他们踌躇满志，以为宇宙秘密无不尽窥，后人只需墨守成规，稍加修补，至于发现新事物，创造新原理，前人（主要指牛顿）已不留余蕴，后人无须再为此劳心竭力。

牛顿理论研究的是世界的必然性规律，这就决定了他的理论具有机械决定论的特征。拉普拉斯在《概率论的解析理论》的绪论中，更是典型地道出了牛顿体系的这种特征：“我们必须把目前的宇宙状态看作是它以前状态的结果及其以后发展的原因。如果有一种智慧能了解在一定时刻支配着自然界的所有的力，了解组成它的实体的各自的位置，如果它还伟大到足以分析所有这些事物，它就能够用一个单独的公式概括出宇宙万物的运动。从最大的天体到最小的原子都毫无例外，而且对于未来，就像对于过去那样，都能一目了然。”这正是牛顿体系中所体现出来的决定论的世界观。机械决定论在历史发展中有积极的一面，物理学家由于确信这样的决定论，终于完全和上帝（宗教意义上的）断绝了关系。据说，拉普拉斯把《天体力学》奉献给拿破仑时，拿破仑问道：“你为什么在书中不提上帝？”拉普拉斯自信地回答：“陛下，我不需要那种假设！”

总之，牛顿研究事物规律的方法不同于只从简单的物理假设出发，而是通过逻辑的演绎得到对事物现象的解释。爱因斯坦指出，“是牛顿第一个成功地找到了一个用公式清楚表述的基础，从这基础出发，他用数学的思维，逻辑地、定量地演绎出范围很广的现象，并且同经验相符合”，“在牛顿之前还没有什么实际的结果支持那种认为物理因果关系有完整链条的信念”。牛顿是完整的物理因果关系创始人，而因果关系正是经典物理学的基石。

第三节　法拉第的哲学思考

法拉第是19世纪伟大的实验物理学家，也是杰出的化学家和自然哲学家。他发现了电磁感应现象，确定了电磁感应基本规律，开创了场理论，制成了世界上第一台电动机和发电机。为纪念法拉第做出的划时代贡献，人们用他的姓的缩写——法拉，作为物理量电容的单位。

一、电与磁的对称性

19世纪以前，人们对电、磁现象的研究是独立进行的。丹麦物理学家奥斯特受哲学家康德的自然力相统一思想的影响，深信电与磁之间存在着联系，但奥斯特的实验研究并非一帆风顺。当时人们见到的力都是沿着物体连线的方向，即都是所谓的“中心力”。受这个观念的影响，奥斯特总是把磁针放在导线的延长线上，实验均以失败告终。1820年4月，在一次讲课中，他偶然地把导线沿南北方向放置在一个小磁针的上方，通电时小磁针发生了转动。这个现象没有引起听众的注意，却使奥斯特激动万分，因为他终于发现了电流的磁效应。奥斯特的发现仿佛是“无心插柳柳成荫”，实际上，这是包含必然性的偶然。奥斯特当天讲课的内容是“伽伐尼电”，本来与电流磁效应无关。在演示完实验之后，无意之中扳动电源开关而发现小磁针的转动，这是偶然的。但是，电流既然具有磁效应，那么总归是会被人们发现的，这是必然的。奥斯特坚信电磁联系的观念，对此有一个时刻准备着的头脑，所以自然一旦向他展示奥秘，他就不会错过机会，正如爱因斯坦所说的“机遇只偏爱有准备的头脑”。

奥斯特的实验“突然打开了科学中一个黑暗领域的大门”。法国的物理学家们对此立即做出了反应，在短短的两三个月时间内，安培做了多个关于电流相互作用的实验并利用数学技巧总结了电流元之间的作用规律，毕奥和萨伐尔确定了电流对小磁针作用的定量关系，拉普拉斯进一步把它扩充为电流元产生磁场的普遍规律。

奥斯特发现电流的磁效应以后，人们自然想到，既然电能生磁，那么是否磁也能生电？1821年，法拉第在一个盛水银的容器 A 中间固定一根载流导线 B，在水银液内倾斜地系着一根磁棒，可观察到磁棒绕导线转动。在装置的另一侧，法拉第在一个盛水银的容器 D 中间竖直固定一根磁棒，在它的上方悬起一根导线 C，导线斜着浸入水银内，然后接通电源，会发现导线下端绕着磁棒缓慢地做圆周运动，如图 2-6 所示。这个设计巧妙的装置体现了一种和谐的对称性：磁极绕电流旋转和电流绕磁极旋转，实际上是同一现象的两个侧面。法拉第的研究在哲学上是思维的对称，在社会发展进程中则引发了一场新的技术革命。

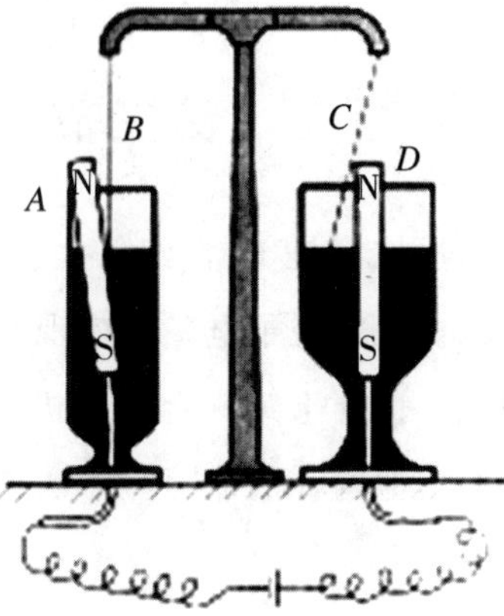

图 2-6

现在人们认为从电生磁到磁生电，实验并不难做。这种对称的逆效应原本应该很快能取得进展，然而为了突破这一点，历史上人们却花了整整十年时间，这似乎是种奇怪的科学停顿。第一个原因，是受安培分子电流假说的影响。安培把电荷的运动看作是磁现象的本质，把电与磁之间的作用还原为电与电之间的作用，以达到化磁为电的目的，这就从根本上否认了磁性、磁作用的存在。因此在当时大多数科学家的头脑中，占据主导的是电生磁的观念，而磁生电的问题却被忽略及掩盖起来了。第二个原因，当时也有科学家做磁生电实验，但没采用电流表，而是将小磁针放在副线圈旁边进行观察，考虑到原线圈电流的影响，就把副线圈放在另一个房间，实验者在两个房间里来回跑，未能观察到接通电源与断开电源瞬时的电磁感应现象。另外，法拉第因电磁旋转实验被怀疑剽窃了沃拉斯顿的构想而陷入了一场发明优先权的争论风波。实际上，沃拉斯顿的构想是让通电导线在磁场的作用下绕自己的轴转动，而法拉第的实验是让载流导线围绕磁棒公转。一般公众无法区分什么是自转和公转，他们出于对颇有名望的沃拉斯顿的尊敬，认为肯定是刚崭露头角的法拉第剽窃了他的设计。各种流言蜚语和导师戴维的责难，使法拉第心灰意冷，不愿意再冒昧进入戴维和沃拉斯顿涉足的电磁学领域。1828

年 12 月及 1829 年 5 月，沃拉斯顿和戴维相继去世，英国皇家学会失去了两位著名的科学家，对法拉第来说则失去了科学上的引路人，但同时也为他重新开展电磁学研究消除了后顾之忧。他集中精力，回到了充满艰辛而又趣味无穷的物理学探索之路。

在法拉第发现电磁感应现象之前，有两项工作较为重要。一项是他对于声学振动图像的研究。法拉第曾观察细沙、水、蛋清等物体受到声音感应而呈现的规则图形，他注意到当声音发生改变时，图形会立刻随之变化。另一项是美国的亨利、荷兰的莫尔等人对电磁铁做的重大改进，使电磁铁获得了比天然磁体和以往电磁铁更强的磁力。通过莫尔，法拉第还认识到如果电磁铁的电流方向改变，磁极几乎瞬间改变极性。法拉第似乎已经觉察到以往实验失败的症结所在了。

1831 年 8 月 29 日，法拉第取得了突破性的进展。如图 2–7 所示，他用一根直径为 7/8 英寸（1 英寸≈ 2.54 厘米）的软铁做成一个外径为 6 英寸的圆铁环。在铁环的一边 A 用铜线绕成彼此绝缘的 3 个线圈，再在铁环的另一边 B 用铜线绕有 2 个线圈（缠绕方向相同）。实验时把 B 处的线圈（只用 1 个或 2 个串联）用一根导线连成回路，导线下平行放置一个小磁针。当把 A 处的线圈（只用 1 个或 3 个串联）接通电池的瞬间，小磁针突然摆动了一下，切断电池也有同样的现象，如果维持线圈 A 的接通状态，则小磁针毫无反应。法拉第猛然意识到，原来电磁感应是和瞬时变化联系在一起的。

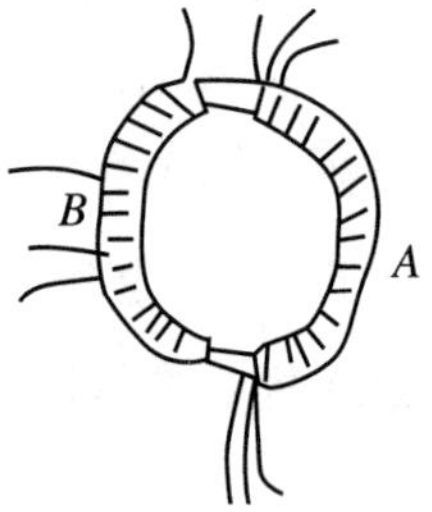

图 2–7

接着，法拉第改变实验条件，观察类似效应的产生。他把圆铁环换成惯用的铁棒，安置成 V 形的两根磁棒代替线圈 A，在磁棒张合之际，与铁棒上的线圈相连的电流计指针会不断摆动。他还用木料做 A、B 线圈的芯子，把线圈 A 接到强大的电池组，依然会产生感应电流。如果保持线圈 A 的电流不变，即使电流大到使导线灼热，也不会产生感应现象。这说明电磁感应只与原电流是否变化有关而与电流的大小无关。法拉第还把磁棒插入线圈或让线圈套在磁棒上运动，发现两种操作的效果一样，所以问题的关键在于线圈与磁棒间要有相对运动。由此法拉第想到，要获得像伏打电池产生的稳恒电流，线圈和磁棒间就要始终保持一种平稳的相对运动。怎样才能实现这样的条件呢？显然，人们不能制造一根无限长的螺线管或磁棒。法拉第改进了阿拉果的铜盘实验，发明了第一台原始的发电机，如图 2-8 所示。他把铜盘置于马蹄形磁极之间，从铜盘的轴心和边沿引两根导线连接电流计，他在日记中记录了实验效果："圆盘旋转起来的时候，电流计的指针发生偏转。效果非常清楚、恒定。"在法拉第的心目中，获得恒定的感应电流才是真正的磁生电。

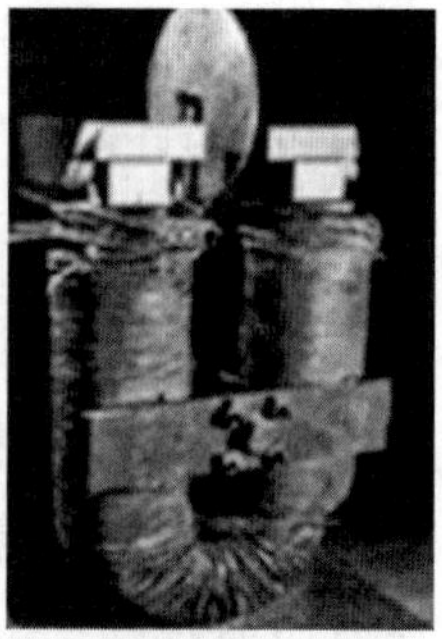

图 2-8

正像奥斯特发现电流的磁效应具有必然性一样，法拉第发现电磁感应现象也具有必然性。因为在法拉第的观念中，自然是和谐对称的，电既能生磁，磁也必能生电。

法拉第所做的一系列电磁感应实验奠定了整个电力工业的基础。电动机、发电机的发明，使全社会的工业生产和交通运输获得了快速的发展。从此以后，电作为人类的新伙伴进入工厂、矿山、城市、乡村和每一个家庭，它从科学家的实验室走入了寻常百姓的生活。

二、力线与场的思想

人们常说法拉第是位伟大的实验家，这的确不错，但还远远不够。在实验室里度过一生的法拉第一直在进行深邃的思考，他思考的重点不是那些可以用方程表示出来的内容，而是错综复杂的实验迷宫，他凭着丰富的想象力，提出了许多重要的概念，对电磁学研究产生了深远的影响。爱因斯坦在 1940 年发表的《关于理论物理学基础的考察》一文中提道："对于我们，法拉第的一些观念，可以说是同我们母亲的奶一道吮吸来的，它们的伟大和大胆是难以估量的。"

两千多年前，人们就发现了带电体之间、磁石之间具有相互作用。对于这种现象，学者们提出了不同的理解：有的认为一个物体对另一个物体的作用，不需要中间介质的参与，直接越过虚空，瞬时地从一个物体传到另一个物体，这就是超距作用的观点；有的则提出近距作用的观点，认为间隔一定距离的物体间的力只有通过以太才能产生作用。万有引力属超距作用，这在牛顿的追随者中成了主流观点（牛顿本人并不赞同这类观点），并影响到了电磁学领域，当时的法国科学家多持超距作用的观点。安培等科学家致力于用数学方法描述电流元之间的作用力，并希望在电磁领域建立像牛顿力学那样的理论。然而法拉第却与众不同，他在实验和理性思维相结合的基础上提出了“力线”和“场”的思想，为场理论的建设铺平道路。

在电磁旋转实验中，法拉第看到磁棒绕通电导线旋转，磁棒似乎在绕着一种圆形力线转动，这使他相信有一种能引起转动的“圆周力”。法拉第虽然不清楚“圆周力”的形成机理，但他设想导线内的电流会使导线处于一种“电紧张态”，并能在周围的介质和附近物体中感应出这种特定状态。此外，他还仔细观察放置在不同形状的磁铁附近的铁屑形成的图案，并将其与磁铁周围的许多小磁针的指向相比较。他想象，即使没有铁屑，磁场中也存在可以表示磁针指向的曲线。他在实验记录中经常用许多带箭头的曲线表示磁场的分布情况，并把它作为思考问题的工具。当闭合导线在磁铁附近运动时，会切割曲线而产生感应电流，而切割曲线方式的不同决定了电流方向的不同。法拉第创造性地提出“磁力线”的概念，对电磁感应现象做出解释。

1832～1833年，法拉第在研究电解现象时提出了“电力线”的概念。他设想，当插入电解质中的两个极板接通电源时，电流通过电解质，使溶液分子的化学亲和力发生变化，分子处于极化状态，这种状态沿着电力线传递，然后通过分解和再化合，在两个极板上析出生成物。他通过电与磁的形象类比，设想电场力也像磁场力一样是通过力线传播的。这里强调极化状态沿电流方向传递，实际上是排斥了超距作用的观点。

法拉第的力线思想尽管有许多实验事实的支持，但这种思想与传统的观念完全不同，在当时的科学界看来是一种异端学说。面对质疑，法拉第一方面开始系统地阐述自己的观点，另一方面继续通过新实验来证实力线的存在。1845年，法拉第发现当线偏振光在介质中传播时，若在平行于光的传播方向上加一个强磁场，则光的振动方向会发生偏转。法拉第在《论光的磁化和磁力线的发光》一文中写道：“我打算表示这样一种思想，即磁力线被照明，就像地球被太阳照明以及蜘蛛网被天文学家的灯照明一样。使用一束光，我们就能够用肉眼辨明通过物体的磁力线的方向；并且通过改变光线和它对眼睛的光学效应，我们就可以看见磁力线的路径，正如我们能够看见被光照得可见的一束玻璃丝或其他透明物质的纹路一样。”磁致旋光效应的发现使法拉第形成了力线是实体的认识。

1845 年 11 月 7 日，法拉第在日记中首次使用了“磁场”一词。1848 年，他正式在论文中使用“场”这一概念。1851 年以后，法拉第在《论物体的磁和抗磁的传导》《论磁力线》等论文中阐述了他的场论思想。他认为空间具有力线，物体不能产生磁力线，只能改变空间磁力线的方向和密度。法拉第利用磁力线在顺磁性物质中聚集及在抗磁性物质中分散说明了物质的导磁原理（如图 2-9 所示）。法拉第还认为场由力线构成，力线将相反的电荷和磁极连通起来，力线在某点的切线方向就是电场或磁场的方向，它们的疏密程度代表电场或磁场的强弱。电磁作用之所以具有距离平方反比关系，是因为力线发出后按距离平方反比变得稀疏。法拉第认为各种电磁作用都是通过电磁场来传递的，并且这种作用的传播需要时间，这与瞬时的超距作用观点是完全对立的。

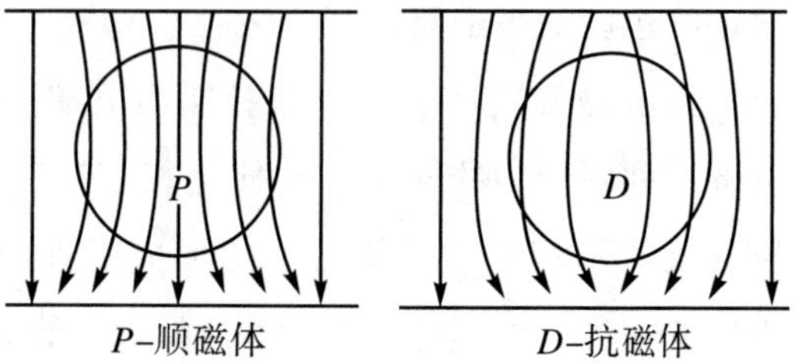

图 2-9

1857 年，法拉第发表的《论力的守恒》是场思想成熟的标志。在文中法拉第提出了重力线的概念，认为重力线也是一种非极性力线，沿直线在空间中传递重力，并且把热力线、光线、重力线、电力线和磁力线都列入了空间力场的范围，力和场是独立于物体的另一种物质形态，物体的运动都是场作用的结果。我们可以看到法拉第这时已经全面否定了超距作用观点和中心力假设，确立了场的思想。

法拉第提出力线与场的概念，是人类思想史上的重要事件。时至今日，场不仅已经成为现代科学的基本概念，而且也是现代哲学中物质存在的一种基本形式。然而当时一些保守的学者却未能认识它的意义，对此不屑一顾，并总是指责它含糊不清，却没有想到去把它数学化、精确化。但是也有少数人具有远见卓识，年轻的麦克斯韦就被法拉第新颖的见解吸引，他认真研读了法拉第的《电学实验研究》，悟出了力线思想的价值，意识到“这些观念是以一种更适合一门正在形成中的科学的语言表述的，他和那些习惯于建立思想的数学形式的物理学家们的风格是颇为不同的”。麦克斯韦利用出色的数学才能，站在法拉第的肩膀上，赋予电磁理论完美的数学形式，建构了壮丽的电磁学理论“大厦”。

三、追寻自然力的统一

追求自然界的统一是人类的一贯的目标，这种追求早在古希腊时代就已经开始。古希腊人试图将世界万物还原为几种最基本的元素，以便达到简约而统一的物质构成的图像。法拉第同古希腊人一样，一直都在寻找自然的各种联系，他相信从表面看上去不同的自然现象背后都是相通的，自然是一个有机的统一体。法拉第在他涉猎的电磁学领域隐隐约约地看到了自然界的统一性：电能产生光、热，还能引起化学变化，热、化学变化也能产生电；奥斯特实验表明电能生磁，他自己发现的电磁感应现象证明了磁也能生电。这些千变万化的现象可能具有共同的基础，它们可能根源于同一种力，可能是同一种力的不同表现形式。这种感觉和思索进一步成为法拉第关于自然力相统一的哲学信念，追求力的内在统一性成了他科学探索的主要目标。

1832年，法拉第曾思考过“不同来源的电的同一性”问题。在那个时代，人们根据电的产生方式把电分成5种：伏打电、摩擦电、热电、动物电和磁感应电。伏打电是指伏打电池提供的电流；摩擦电是指由摩擦产生的静电，常储存在莱顿瓶中；热电是指德国科学家塞贝克最先发现的温差电；动物电指电鳗之类的动物发出的电；磁感应电就是法拉第电磁感应实验中得到的感应电流。这些不同种类的电是否属于同一物质？人们借鉴哲学中的唯象法，从各种电产生的效果是否相同来判断它们是否存在同一性，如富兰克林将收集到的雷电输入莱顿瓶，并用它来放电，从而证明雷电与人工摩擦产生的电是相同的。富兰克林的做法给法拉第留下了深刻的印象，他也将电的诸多效应拿来比较，以证明电的同一性。法拉第把电效应归纳为热效应、磁效应、化学效应、生理效应和火花（放电）效应等。他比较了 5 种电在这些效应上的区别，指出这些电在很多电效应上是相同的，如这 5 种电都会引起肌肉抽搐，放电时都会发光、生热，都能产生化学反应等。于是法拉第总结：电的所有这些形式，与得到它们的来源无关，在其本质上是完全相同的，仅仅在程度上有所不同，而只在这种意义上才用得上不同的说法，即在数量和强度变化条件的意义上有所不同。法拉第对电的统一性的研究扫除了电学研究上的一大障碍，且在比较摩擦电与伏打电的电化分解效应过程中，发现了电解定律。

电解现象的研究使法拉第找到了解释静电感应现象的途径，并开始有意识地将两者统一起来加以解释。1833 年 1 月，法拉第通过实验发现当冰接触电极时，没有电流产生，而冰融化后，则会有电流产生。其他物质如氯化钾、硝酸钾、氯化钠等也和冰一样，均是固态时不导电分解，但在液态情况下会导电分解。对于这种现象，法拉第认为：“在电解作用中，感应是第一步，而分解是第二步……这个感应与以通常方式通过空气、玻璃、石蜡等物质形成的感应在本质上是一样的。而且由于电解的全部效应看上去是粒子处于一种特定或极化态所致，由此我怀疑普通感应也全部是邻接粒了的作用，并且相隔一段距离的电作用也只有通过中间物质的影响才能发生。”由此，法拉第从两个方面着手验证自己的理论：一方面，带电体之间的电力应该和它们之间的介质有关；另一方面，静电作用的电力线与电解作用的力线类似，不会是超距作用式的。在其后的静电感应和放电现象的实验研究中，这两个方面的猜想都被证实了。法拉第把他多年来关于电学研究的成果归于一个统一的新理论之下：诸如电化分解、传导、感应和放电等现象都是因为邻接的极化粒子紧张状态的不同释放方式而产生的不同现象。

在法拉第的《电学实验研究》中有一篇特别的文章——《关于光振动的想法》，与其他实实在在的实验记录不同，这是 1846 年 4 月法拉第在皇家学院演讲大厅里发表的一场即兴演说。那天，学院本来邀请惠斯通来讲一讲他新发明的电磁计时器。可是轮到惠斯通上场时，他突然离开了。演讲厅里已满满当当坐了好几百人，为了不让听众失望，作为大会主持人的法拉第只好走上讲台，讲了一下自己最近的一些研究心得和不成熟的想法（如图2-10所示）。法拉第的演讲中有这样一段话："所以我胆敢提出的观点是：把（光的）辐射看作是一种在力线中所做的高级振动。我们知道，物质的粒子就靠这些力线联系在一起，物质的质量也靠它们联系。我的观点是要排除以太，但是并不排除振动。我相信，只有这种振动才能解释那奇异、美妙、变化多端的偏振现象。这种（光的）振动同受扰动的水面上所产生的振动，同气体、液体中的波是不一样的，因为后面这类振动是直接的，是向着或者离开作用中心的，而前者却是横向的。"这个精彩的演说猜测了光波是一种力线的振动，提出了把光与电、磁统一起来的想法，预言了此后几十年光学与电磁学的发展方向。这场临时演说在一定程度上说明法拉第的自然哲学思想已经到了水到渠成的地步。有一些科学家认为，可能正是因为法拉第缺乏数学方面的严格训练，反而使他不至于一味去适应当时一些正统的科学观念和数学趣味，从而能够标新立异地去设计自己的实验并提出一些"不成熟的看法"。这种观点不无道理。在强调科学数学化、定量化的今天，科学发展应该允许存在另一种不同的方式。

图2-10

到了晚年，法拉第开始探索重力和其他力的统一。他在1849年3月19日的实验日记中写道："这种力（指重力）肯定同电磁和其他力有一种实验关系……"法拉第曾做过一个实验，他用350英尺（1英尺≈30.48厘米）的铜线卷成一个大线圈，线圈两端连上一个灵敏电流计，然后让铜、铋、铁等各种金属球从房顶上下落到线圈里。法拉第希望能看到因重力作用而产生的电流，可是电流计指针却一点没动。到了1859年，已经68岁的法拉第爬上泰晤士河畔滑铁卢大桥附近的一座高塔，把一个重280磅（1磅≈0.4536千克）的铅球从塔顶吊下来，吊绳长达165英尺。法拉第使铅球在塔顶放电，然后把球吊下来，希望看到铅球在通过重力场时能引起带电现象，但实验结果又是否定的。虽然法拉第未能从理论上创立统一场论，也没有设计更精确的实验方案，但我们有足够的理由认定他是统一场论的思想先驱。

在研究过程中，法拉第的目标宏大，将很多现象联系起来，尝试将一类现象的研究结果应用于另一类现象的解释。法拉第在长期的实验研究中不断地追寻各种自然力的统一和相互转化，日复一日，年复一年。

第四节　爱因斯坦的哲学思考

爱因斯坦是20世纪伟大的物理学家，他创立了相对论，在分子运动论、量子理论、统一场论等领域做出了突出的贡献。爱因斯坦还是一位杰出的思想家、哲学家，法国物理学家朗之万曾评价道："他的科学贡献深入到了人类思想基本概念的结构中。"爱因斯坦创立的相对论改变了人类对时间、空间、运动、质量、能量等概念的看法，对物理学、天文学乃至哲学的发展产生了深远的影响。

一、相对论时空观

1905年6月，爱因斯坦在《论动体的电动力学》一文中，提出了两条公设：（1）物理体系的状态据以变化的定律，同描述这些状态变化时所参照的坐标系究竟是用两个在互相匀速移动着的坐标系中的哪一个并无关系（即狭义相对性原理）；（2）任何光线在"静止的"坐标系中都是以确定的速度 v 运动着，不管这道光线是由静止的还是运动的物体发射出来的（即光速不变原理）。接着，爱因斯坦设想在空间中有 A、B 两点，一根刚性杆从 A 至 B 做匀速运动，同动杆一起运动的观察者采用光信号来校对原先静止于 A、B 的两只钟是否同步。由于光速不变原理在动杆坐标系里同样成立，"因此，同动杆一起运动着的观察者会发现这两只钟不是同步运行的，可是处在静系中的观察者却会宣称这两只钟是同步的"。爱因斯坦认为同时性是相对的，"两个事件，从一个坐标系看来是同时的，而从另一个相对于这个坐标系运动着的坐标系看来，它们就不再被认为是同时的事件了"。

爱因斯坦根据上述两条公设又推出了"尺缩"与"钟慢"公式，分别是：$x=x_0\sqrt{1-\frac{v^2}{c^2}}$，$t=\frac{t_0}{\sqrt{1-\frac{v^2}{c^2}}}$。由于根号因子的数值总小于1，"尺缩"公式表明一个物体运动时的长度 x 总比它静止时的长度 x_0 短，或者说物体运动时长度要缩短。这一收缩不是由于物体的物理状态发生了变化（如受到挤压而变形），它纯粹是一种由相对运动而引起的效应。“钟慢”公式表明在与两件事发生于相同的参考系内测得的两事件的时间间隔（固有时）最短，或者说在地面参考系中看到的随车厢运动的钟指示的时间 t_0 比地面上静止的钟指示的时间 t 短，即运动的钟显示的时间延缓了。同样，动钟变慢效应也不是钟的结构改变的结果。

需要说明的是，一般物体（如火车、飞机）的速度要比光速小得多，所以 $\frac{v^2}{c^2}\approx 0$，则 $t\approx t_0$，这就回到了牛顿的绝对时间概念，牛顿的绝对时间实际上是相对论时间在运动速度很小时的近似。当运动速度接近光速时，时间延缓效应就很明显了。大量的微观粒子高速运动的实验都证实了爱因斯坦关于时间、长度具有相对性的结论。例如 π 介子在静止时的寿命 $t_0=2.5\times10^{-8}$ s，由宇宙射线产生的 π 介子以接近光速（假设为 $0.99c$）运动，在高山实验室测得它可飞行约 54 m，而按照静止寿命计算只能飞行 7.4 m，这和实际测量结果相差甚远。若考虑相对论效应，在高山实验室观测 π 介子，其产生和消亡是在不同地点发生的事件，π 介子的寿命 t 要比固有时 t_0 长，有 $t=\frac{2.5\times10^{-8}}{\sqrt{1-\left(\frac{0.99c}{c}\right)^2}}\text{ s}\approx1.8\times10^{-7}\text{ s}$，在这样长的生存时间内，它飞越的距离 $l\approx0.99c\cdot t\approx53.5$ m，这与实测结果基本相符。也可以选择随 π 介子运动的参考系来分析，这时实验室以 $0.99c$ 的速度反方向运动，长度 l 就收缩为 $l\cdot\sqrt{1-\left(\frac{0.99c}{c}\right)^2}\text{ m}\approx7.5$ m。实验室飞过 7.5 m 的时间就是 π 介子在自己参考系内存在的时间。换个参考系，尺缩效应也能圆满解释 π 介子的运动现象。

狭义相对论的另一个重要意义是变革了质量、能量的概念。首先是质量可变性。相对论推得的质速关系式 $m=\frac{m_0}{\sqrt{1-\frac{v^2}{c^2}}}$，表明物体的质量与运动状态有关，随着运动速度的增加而增加；质量可以区分为静质量 m_0 和动质量 m，质量概念具有多样性。质速关系式打破了经典物理学中质量不变的观念。其次是质能相当性。爱因斯坦在 1905 年 9 月发表的《物体的惯性同它所含的能量有关吗？》文章中，专门讨论了惯性和能量的关系。他利用洛伦兹变换和相对性原理，发现“如果有一物体以辐射的形式放出能量，那么它的质量就要减少 $\frac{L}{c^2}$ ……物体的质量是它所含能量的量度，如果能量改变了 L，那么质量也就相应地改变 $\frac{L}{9\times10^{20}}$，此处能量是用尔格来计量，质量是用克来计量的”。1907 年，爱因斯坦在《关于相对论原理和由此得出的结论》中认为，“同惯性有关的质量 μ 相当于其量为 μc^2 的内能”。爱因斯坦大大扩充了质量的内涵，惯性质量成了能量的一种量度。由于质量和能量之间的密切关系，孤立系统中，既然能量守恒，必有质量守恒，质量守恒定律就失去了独立性，经典物理学中彼此独立的两个基本定律原来是统一的自然规律的不同侧面。

狭义相对论建立以后，有两个问题使爱因斯坦感到不安。一是引力问题，牛顿的引力理论是超距的，两个物体之间的引力作用在瞬间传递，这与狭义相对论的相互作用通过场为媒介、以有限速度传递的观点矛盾；二是惯性系问题。爱因斯坦曾在《我如何创立相对论》的演讲中回顾：“我对狭义相对论并不满意，因为它被严格地限制在一个相互具有恒定速度的参照系中，它不适用于一个做任意运动的参照系，于是我努力地把这一限制取消，以使这一理论能在更为一般的情况下讨论。”1916 年，几经失败、反复深思以后，爱因斯坦创立了广义相对论。广义相对论也有两个基本原理：一是等效原理，即“引力场同参考系的相当的加速度在物理上完全等价”；二是广义相对性原理，即“物理学的定律必须具有这样的性质，它们对于以无论哪种方式运动着的参考系都是成立的”。在广义相对论建立之初，爱因斯坦提出了几项实验检验，即水星近日点的进动、光线在引力场中的弯曲、光谱线的引力红移，这些预言陆续被实验观测所证实，广义相对论的正确性得到了广泛承认。

如果说狭义相对论是揭示时间和空间的内在联系，告诉人们对时空的测量依赖于惯性参考系的选择，那么广义相对论则进一步指出，时空的几何性质与物质的存在紧密相关，物质的存在使四维时空发生弯曲，万有引力不是真正的力，而是时空弯曲的表现。我们打个比方来说明。假如 4 个人各拉紧床单的一个角，床单这个二维空间就是平直的，放一个小球（质量很小）在上面，它会保持静止或匀速直线运动状态（忽略床单的摩擦力）。如果在床单中央放一个铅球，床单的二维空间就弯曲了，这时，再放置一个小球在床单上，它就会滚向

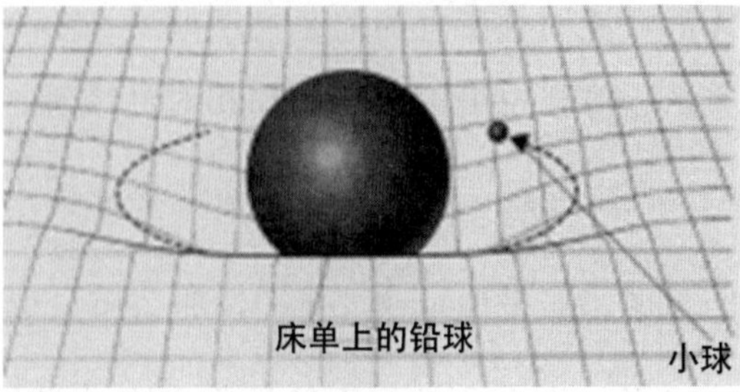

图 2–11

铅球，如果给小球以偏离铅球球心的初速度，它就会围绕铅球做曲线运动（如图 2–11 所示）。按照牛顿的观点，小球在运动过程中受到了铅球的引力作用，而根据爱因斯坦的观点，这里并不存在什么万有引力，小球向着铅球的运动乃是它在弯曲空间中的一种自由运动。同理，行星的绕日运动也只是行星在弯曲的四维时空中的自由运动。按照广义相对论的观点，伽利略认为的行星绕日运动是惯性运动的想法，反而是深刻而正确的。

爱因斯坦的相对论不仅揭示了时间、空间、物质及运动之间的联系，还深化了人类对因果律的认识。因果律反映了事件变化的时间顺序，前因后果是人类经过数百万年的实践，抛弃了各种各样神秘的、幻想的联系之后确立的一种认识。但在经典物理学中，我们并不清楚两个事件具有因果关系的条件是什么，而狭义相对论则明确指出，以小于或等于光速的信号进行联系是两个事件具有因果关系的必要条件。

相对论还提高了人们对于相对与绝对辩证关系的理解。狭义相对论颠覆了牛顿的绝对时间、绝对空间的概念，提出了同时性是相对的，时间的快慢是相对的，时间与空间的关系也是相对的，等等。但在强调这些相对性的同时，狭义相对论也肯定它们在一定条件下是绝对的，承认在同一惯性系内各个钟可以对准同步，可以有不变的刚性尺，即承认有绝对的测量标准。到了广义相对论讨论的非惯性系中，同步的钟、刚性的尺又不存在了，时空失去了均匀性和各向同性而具有柔性的结构，从而其坐标差也就失去了直接量度的物理意义。相对和绝对的相互转化反映了自然界对立统一的发展规律。相对论还启示人们应该用相对的眼光来看待事物，用普遍联系的观点来分析问题。总之，爱因斯坦的相对

论蕴含着丰富的唯物辩证法思想，它在哲学上的重要意义值得人们细细回味。

二、爱因斯坦的科学思维

爱因斯坦在物理学领域做出了划时代的贡献，他在研究过程中形成了一套独特的科学思维方法，给后人留下了一笔宝贵的精神财富。

首先，爱因斯坦强调思维的自由创造，强调科学发现中直觉的重要性。20世纪初期，许多科学家都认为物理学的基本概念和理论并不是人类思想的自由发明，而是从经验中归纳出来的。爱因斯坦并不认同这种观点，而是认为“概念是思维的自由创造”。他曾在给友人的一封信中绘过一幅简图（如图2-12所示），并解释说：“从心理状态讲，A（假设或公理）是以 ε（直接经验）为基础的，但是两者之间不存在任何必然的逻辑联系，而只有一个不是必然的直觉的联系。”爱因斯坦相信只有通过纯粹、大胆的思辨而不是经验材料的累积，才能使公理体系和直接经验建立起联系。爱因斯坦的自由创造，实际上就是认识过程中，在并不存在必然逻辑联系的情况下所出现的一种直觉，一种经过长期酝酿、反复思索和天马行空的遐想之后的豁然顿悟。

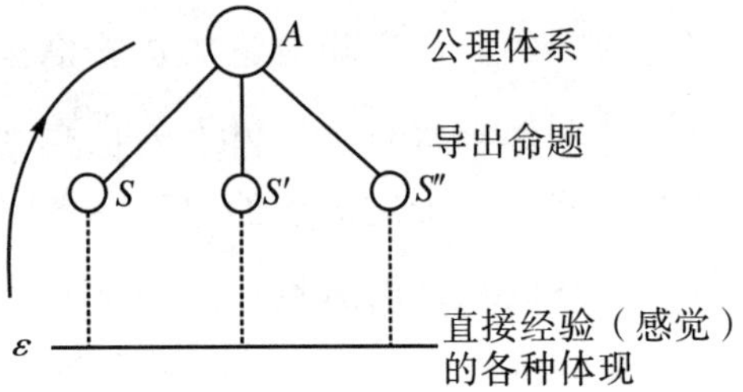

图 2-12

值得注意的是，爱因斯坦并没有否定归纳法在科学发展中的作用，他对归纳法在科学发现早期中的作用是充分肯定的，他只是说作为理论基础的基本概念和假设不能从经验中归纳得来，而要依靠探索性的演绎法。探索性的演绎法与传统演绎法不同，它是先通过直觉、想象等非逻辑思维激发灵感、提出问题，然后在大脑中进行有序而系统化的思想实验，挖掘事物的本质，提出可检验的实验结果，最后通过事实来判断结论的真伪。爱因斯坦认为科学探索中真正可贵的因素是直觉，现代科学发现的道路是直觉性的而不是逻辑性的。他一再提到，“我相信直觉和灵感”，“从特殊到一般的道路是直觉的，而从一般到特殊的道路是逻辑的”，“物理学家的最高使命是要得到那些普遍的基本定律……要通向这些定律，并没有逻辑的道路，只有通过那种对经验共鸣的理解为依据的直觉才能得到这些定律”。自由思辨、直觉和灵感在爱因斯坦创立相对论的过程中起过重要的作用。中学时代的爱因斯坦曾设想过一个追光实验：如果人能追上一束光，光看起来会是什么样子？通过多年的深入思考，他终于找到了作为狭义相对论基点的相对性原理和光速不变原理。显然，这两条原理不完全是经验事实的概括和逻辑推理的结果，更多的是思维自由创造的产物。广义相对论的建立也是如此。爱因斯坦曾生动地回忆过等效原理产生的过程：“1907 年的某一天，我正在伯尔尼专利局的一张椅子上坐着，一个突破性的想法突然袭上心头，如果一个人自由落下，他将不会感到自己的重量。我不禁大吃一惊，这个极简单的思想给了我深刻难忘的印象，并把我引向引力理论。”爱因斯坦正是沿着这条思路，把狭义相对性原理扩展到非惯性系，创立了被玻恩称为“哲学领悟、物理直觉和数学技巧最惊人结合”的广义相对论。

其次，爱因斯坦追求理论的内在完备性。爱因斯坦对于科学理论的选择提出过两个标准，即外部的证实和内在的完备。所谓外部的证实是指理论应经得起实验的检验，不与经验事实相矛盾。但是这个标准在实际应用中有局限性。一方面，人的主观因素会影响外部标准应用的准确程度，知识背景的不同、文化上的差异可能导致物理学家观察同一个现象却得出不同的结论。另一方面，实验检验要受许多条件的限制，有的条件一时不能满足，使得检验过程旷日持久，或者一个新提出的理论暂时还没有得到可与经验相对照的推论，使得检验难以实施。鉴于此，爱因斯坦创造性地提出了理论评价的另一个标准——内在的完备。内在的完备包括自然性和逻辑简单性。自然性就是要消除理论的内在不对称性，消除逻辑上的不统一，使得理论体系严密且和谐。逻辑简单性不是指理论的内容和数学形式的简单，而是指理论的基础结构要简单，即彼此独立的假设或公理要尽可能简单，数量要尽可能少。现代科学的研究对象离感性认识越来越远，由经验事实通向结论的中间环节越来越多，在评判理论体系的优劣中，逻辑简单性所起的作用也越来越重要。1904 年，洛伦兹为了解释迈克尔逊 - 莫雷实验现象，采用以太收缩假说，用了 11

个假设才解释了部分高速运动现象而且矛盾重重。而爱因斯坦只用了 2 个公设以及关于同时性的定义，就建立了狭义相对论，揭示了以太之谜，驱散了物理学天空中的一朵乌云。

最后，爱因斯坦开创了物理学的几何化方法。建立狭义相对论后不久，爱因斯坦从等效原理出发，看出广义相对论的进一步发展需要寻求一种物理方程，它在坐标的非线性变换下，形式具有不变性。这离创立广义相对论已经相去不远。爱因斯坦后来回忆说："这发生在 1908 年。为什么建立广义相对论还需要 7 年时间呢？其主要原因在于，要使人们从坐标必须具有直接的度规意义这一观念中解放出来，可不是那么容易的。"所谓直接的度规指的是坐标差等于可量度的长度或时间。这是一个自古以来的传统观念，多少年来，人们都把时间看成是均匀流逝的时间，把空间看成是平直的空间，对此从来没有人怀疑。爱因斯坦花了很长时间才认识到一般的物理空间应该是黎曼几何空间，而不是欧几里得几何空间，这个物理学与几何学相互关系的新观念是通向广义相对论的关键一步。迈出这关键一步之后，爱因斯坦在数学家格罗斯曼的帮助下找到了普遍协变的引力场方程。

伴随着广义相对论的建立，爱因斯坦产生了物理学的几何化思想。在创立广义相对论以前，爱因斯坦仅仅将几何学理解为帮助物理学研究的许多数学方法中的一种，他原来并不偏爱几何学方法，也不认为几何学能够决定一个物理理论的结构和性质。但是广义相对论中引力场用描述黎曼空间性质的张量来表达的事实，使爱因斯坦产生了偏爱几何学的想法：一切物理学场论都可以用相应的几何学来表述，寻找场方程就归结为寻找一个与之相适应的几何空间结构形式。爱因斯坦的几何化思想渗透到了对物理学理论的评价中，他更喜欢波动力学，因为它是较几何性的，而不喜欢矩阵力学，因为它是较代数性的。爱因斯坦还将几何化思想应用于后半生的科学研究中，他在那一时期的主要工作就是将引力场方程的几何化推广到电磁场，并力图为引力场与电磁场找到一种统一的几何形式。虽然爱因斯坦的努力没有获得成功，但是他提出的几何化思想却是一个深远的卓见。近年来，由于发现纤维丛几何概念与电磁场的几何化理论（规范场）有密切的联系，爱因斯坦当年的卓见重新成为当今物理学研究的重要指导思想。

三、探索宇宙的和谐与统一

人们从事科学活动的背后都有实践目的和价值追求，决定和影响人的行为的不是别的，往往是隐藏在内心深处的科学信仰。科学信仰是科学家对自然界的一种总的看法，是科学家进行研究工作的思想基础，也是科学家克服重重困难、不断进取的精神动力。爱因斯坦对此曾经说，“在一切比较高级的科学工作的后面，必定有一种关于世界的合理性或者可理解性的信念”，“相信世界在本质上是有秩序的和可认识的这一信念，是一切科学工作的基础”，等等。作为主体背景知识中最稳定的成分，科学信仰不是一朝一夕形成的，它具有很强的历史性，与科学家的生活经历和科学实践息息相关，爱因斯坦亦不例外。

在爱因斯坦四五岁的时候，父亲给他一个罗盘，他惊奇地发现，不论怎么转动罗盘，上面的指针始终指向同一个方向。年幼的爱因斯坦认识到，在表象之下一定隐藏着某种神秘的力量。12 岁那年，爱因斯坦通过阅读通俗的科学书籍，认识到《圣经》中的许多故事是不可能发生的。爱因斯坦在青年时期形成自己的哲学思想的过程中，受马赫、休谟、康德、斯宾诺莎、彭加勒等人的影响比较大。

爱因斯坦在奥林匹亚科学院时期研读过马赫的《力学及其发展的历史批判概论》和《感觉的分析》，接受了马赫哲学中的概念是可变的，从经验上升为理论的方法是归纳和排列等思想，但放弃了马赫经验论的唯心主义基础，不认同马赫关于客体就是感觉复合的结论。爱因斯坦坚持认为在感觉材料背后有一个脱离人的主观意识而独立存在的客观世界。

休谟是近代哲学史上著名的不可知论者，以怀疑论著称于世，他对后来的康德哲学、实证主义产生了深刻的影响。爱因斯坦从休谟那里吸取的不是唯心论也不是不可知论，而是他的怀疑论。休谟对传统观念采取怀疑和批判的态度，要求一切被认为是先验的东西都要回到经验的基础上。在时空观上，休谟认为时空是与物体相联系的，变化着的时空依赖于人的感觉。这启发了爱因斯坦，使他认识到人所采用的参考系不同，其反映的时空状况也不同。休谟怀疑事物之间因果关系的客观必然性，把因果关系的产生归结为人的主观心理习惯。爱因斯坦从休谟的怀疑中敏锐地看出了概念、理论与经验材料之间的非逻辑关系，领悟到基本概念都是一种自由选择后的约定，这实际上是爱因斯坦关于“概念自由构造”思想的萌芽。爱因斯坦对休谟认识论的评价是很高的，他在给好友贝索的一封信中谈道：“至于说到马赫对我的发展的影响，它的确是很大的……就我所意识到的来说，休谟对我的直接影响还要大些。”

在哲学方面，对爱因斯坦影响最深的是斯宾诺莎。斯宾诺莎是 17 世纪荷兰著名的唯理论者，在斯宾诺莎看来，自然界中的事物都有因果联系，宇宙是一个和谐的、有秩序的系统。爱因斯坦汲取了斯宾诺莎的思想，随着科学研究工作的深入和关于客观世界认识的拓展，他相信宇宙具有普遍因果性和内在规律性，自然规律具有和谐性。

爱因斯坦在完成广义相对论之后，就开始思考将万有引力和电磁相互作用、量子力学和相对论统一起来的可能性。爱因斯坦试图建立一个包罗万象的统一场论，设想能从一个最抽象、最统一的场方程出发，导出物理学的所有定律和公式。他曾对一个学生（天文学家弗里茨·茨维基）说，他的最终目标是“要获得这样一个公式，它能够对下落的苹果、光和无线电波的传播、恒星以及物质构成同时做出解释”。

爱因斯坦在研究统一场论的三十多年中，物理学在飞速发展，中子、正电子、π 介子、核裂变等相继被发现，这些新发现并没有在爱因斯坦的新公式中出现，他远离了物理学的主流领域，独自一人走在探索宇宙统一性的道路上。希望——失败——希望——又失败，爱因斯坦以超乎寻常的毅力在坚持。虽然爱因斯坦的统一场论没有成功，但他为后人指明了方向。现在，越来越多的科学家朝着他的研究方向，为达到他未竟的目标而努力。

第五节　玻尔的哲学思考

一、对应原理

1913 年，年轻的玻尔在英国《哲学杂志》上分三期发表了《论原子构造和分子构造》。他在卢瑟福原子有核模型的基础之上，在保留部分经典力学概念的同时，引入普朗克的量子概念，解释了氢原子光谱和元素周期律，开创了“半经典”的量子时代。爱因斯坦在谈到玻尔时说过，“当后代人来写我们这个时代在物理学中所取得的进步的历史时，必然会把我们关于原子性质的知识已取得的一个最重要的进展同玻尔的名字连在一起”。

1909 年，卢瑟福和他的学生盖革、马斯顿等人进行了 α 粒子散射实验的研究，并提出了核式结构模型。这个模型是原子内部结构的真实反映吗？按照经典理论，核外电子受到原子核的库仑力作用，会以一定的速度绕核运动。电子做加速运动时会发射电磁波，这样电子就会失去能量，它的轨道半径就要不断减小，电子最终将落到原子核上（如图 2–13 所示），所有的原子最后都会塌缩成只有原子核（半径数量级为 10^{-15} m）那么大，但不同的实验测得的原子半径的数量级都是 10^{-10} m。此外，根据经典电磁理论，电子辐射电磁波的频率就是它绕核转动的频率。电子离核越近，转得越快，而且这个变化是连续的，那么人们看到的原子光谱应该是连续的，但实际上看到的却是分立的线状谱。这些矛盾说明，尽管经典物理学可以很好地应用于宏观物体，但它不能解释原子世界的现象。玻尔觉得要找出真相须另辟蹊径，有必要对经典概念进行改造。

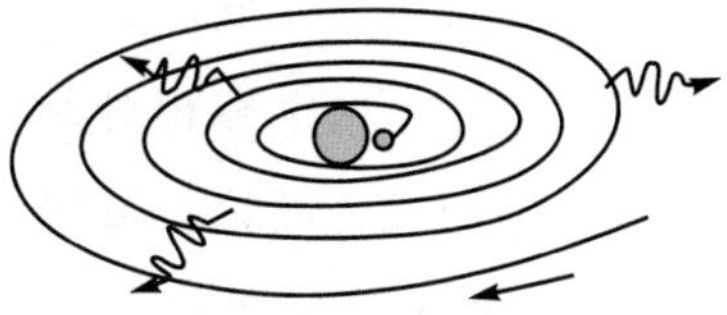
图 2–13

光谱学的研究在当时已积累了大量的数据，摆在物理学家面前的任务是整理这些浩繁杂乱的资料，找出发光规律并对光谱与物质结构的关系做出合理的解释。首先打开突破口的是瑞士的中学数学教师巴耳末。1884 年 6 月，巴耳末得到了一个氢光谱公式 $\lambda=B\frac{n^2}{n^2-4}$（$n$=3，4，5，6……），

其中 B=3645.6 埃，称为巴耳末常量。由这个公式表述的谱线现称为巴耳末系。后来瑞典的光谱学家里德伯改用波数（波长的倒数）来表示，即 $\frac{1}{\lambda}=R\left(\frac{1}{2^2}-\frac{1}{n^2}\right)$，其中 $R=1.097373157\times10^7\ \mathrm{m}^{-1}$，称为里德伯常量。1908 年，德国物理学家里兹提出了用组合原则表示谱线系公式，即氢原子的任意一条谱线的波数可以表示成两个光谱项之差，得到了一个广义巴耳末公式 $\frac{1}{\lambda}=R\left(\frac{1}{n_1^2}-\frac{1}{n_2^2}\right)$。玻尔在 1913 年春看到这个公式时，突然意识到“解决卢瑟福原子的稳定性问题的钥匙正是决定元素光谱的那些简单定律”，于是把物理量取分立值的思想应用到原子系统，提出了自己的原子结构假说。

玻尔的基本观点：（1）定态假设。在原子中存在着一系列稳定的轨道，电子在这些轨道上虽然做加速运动，但并不辐射电磁波，每一个稳定的轨道对应于原子具有一定的能量。原子只能处在一系列不连续的能量状态上，这些稳定的状态叫定态。（2）频率条件。原子可以从一个定态（能量记为 E_m）跃迁到另一个定态（能量记为 E_n），它辐射（或吸收）的光子频率由两个定态的能量差值决定，即 $h\nu=E_m-E_n$。（3）量子化假设。由于原子的定态是不连续的，因此电子对应的轨道分布也是不连续的。只有当电子的轨道动量矩等于 $\frac{h}{2\pi}$ 的整数倍时，这些轨道才是可能的，即 $mv_nr_n=n\frac{h}{2\pi}$，式中 n=1，2，3，…，叫量子数。

玻尔提出了“定态”和“跃迁”这两个全新的概念，成功地解释了氢原子光谱的实验规律，核算了里德伯常量，把氢原子光谱公式推广到类氢离子也获得了满意的结果。当然，玻尔理论也有一些不足之处：它对多电子的原子光谱无能为力；不能计算光谱线的强度；不能解释在电场、磁场影响下的谱线分裂现象；保留了经典粒子的观念，仍然把电子的运动看作经典力学描述下的轨道运动等。尽管如此，英国物理学家狄拉克还是不止一次地强调，“玻尔的原子理论是整个微观物理学发展中最大的一步”。

1913 ～ 1925 年，人们在分析原子结构问题时遇到了许多困难，玻尔提出的对应原理成了获得新成果的指导方法。根据上述的频率条件、量子化假设，结合库仑力提供向心力的公式和电势能公式，可以推导得到氢原子光谱的频率为 $v=\frac{2\pi^2mk^2e^4}{h^3}\left(\frac{1}{n_j^2}-\frac{1}{n_i^2}\right)$（$n_i$、$n_j$ 分别为高、低能级的量子数）。电子在两个相邻能级间跃迁时（即 $n_i=n_j-1$）有 $v=\frac{2\pi^2mk^2e^4(2n_i-1)}{h^3n_i^2(n_i-1)^2}$。当量子数 $n_j\to\infty$ 时，氢原子光谱频率和电子绕核运动的频率趋于一致，此时能级差 $\Delta E=hv\to 0$，即量子化的能级过渡到经典连续能量。物理学中类似的例子还有很多：光是一种电磁波，当光的波长远小于小孔（或障碍物）的尺寸时，光的干涉和衍射现象可以忽略，波动光学过渡到几何光学；研究宏观物体的运动，当物体的速度 $v\ll c$ 时，洛仑兹变换过渡到伽利略变换，相对论效应可以忽略；等等。

1920 年前后，玻尔阐明了对应原理：在大量子数的极限下，量子体系的行为将趋向于与经典体系相同。利用对应原理，人们解决了原子跃迁选择定则、辐射强度的计算等问题，对应原理堪称处置新旧理论之间关系的典范。自然科学中的新旧理论存在着某种继承关系，新理论往往是把旧理论（已被实验肯定的部分）作为特殊情况包含在其中，同时又预言旧理论不能预测的实验现象。对应原理是辩证发展观在科学中的体现，一方面它承认理论的相对性，认为经典理论不是完美无缺的终极理论，另一方面它又承认理论发展的相对性。总之，玻尔的对应原理丰富了物理学的方法论，它对于人们提出新的理论和模型有重要的启示作用。

二、互补原理

海森伯曾经说：“从根本上来说，玻尔是位哲学家而不是物理学家。”玻尔一生沉浸于物理学的钻研和思考，在物理学中取得的成就很少有人能望其项背，为什么海森伯会如此评价玻尔？这是一个值得探讨的问题。

1924 ～ 1926 年，量子力学通过矩阵力学和波动力学两条不同的途径建立起来了。对于量子力学的数学形式以及它对于实验事实推算的有效性，大家的认识基本一致。但是，对于量子的图景、物理解释和哲学上的意义，大家却一直存在着严重的分歧。1927 年，海森伯设想用 γ 射线显微镜来观察一个电子的坐标，经过深入的分析，他得到了一个著名的不确定性关系$\Delta x\Delta p \geqslant \frac{h}{4\pi}$，其中 Δx 表示电子位置的不确定量，Δp 表示电子在 x 方向上的动量的不确定量。这个关系式表明，如果要更准确地确定粒子的位置（即 Δx 更小），则动量的测量一定会更不准，也就是说，不可能同时准确地知道粒子的位置和动量。我们以光的单缝衍射实验来进行具体说明。如图 2–14 所示，当粒子通过挡板上的狭缝时，粒子的位置被狭缝限定了，位置的不确定量减小了。微观粒子具有波动性，会发生衍射，经过狭缝后有些粒子跑到缝的投影位置以外，粒子具有了与其原来运动方向垂直的动量。由于哪个粒子到达屏上的哪个位置是随机的，所以粒子在垂直方向上的动量也具有不确定性。狭缝越窄，粒子的衍射越明显，这表明，尽管更窄的狭缝可以更准确地测得粒子的位置，但粒子动量的不确定性却更大了。在经典物理中，可以用质点的位置和动量精确地描述质点的运动；在微观世界中，粒子的位置与动量不能同时精确测定，粒子的运动状态如何定义、它的运动趋势如何预测都成了问题。

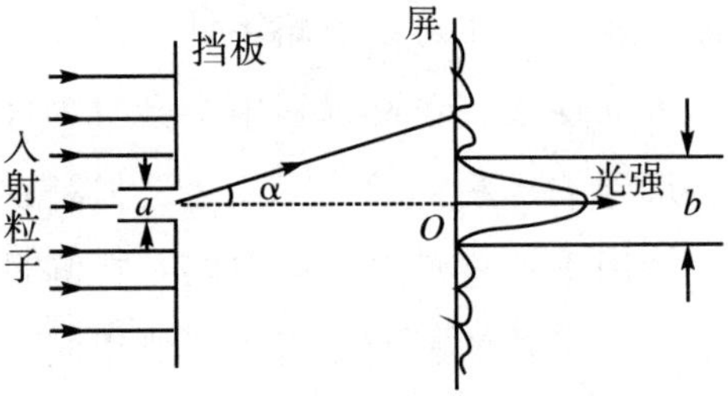

图 2–14

在海森伯提出不确定性关系的同时，玻尔对波粒二象性问题进行了哲学上的思考。玻尔认为，波粒二象性是辐射（光子等）与实体物质（电子等）都具有的内禀性质，波动性和粒子性均有一个适用范围，任何一个单独的性质都不能对同一微观客体引起的实验现象做出全面的解释，只有把两者结合起来才是完整描述原子过程所必需的。1927 年 9 月，在意大利科莫召开的纪念伏打逝世 100 周年的会议上，玻尔发表了以“量子公设和原子理论的新进展”为题的演说，第一次提出了互补原理。玻尔指出：“一些经典概念的任何确定应用，将排斥另一些经典概念的同时应用，而这另一些经典概念在另一种条件下却是阐明现象同样不可缺少的。”

互补原理有一个重要的思想，就是在不同的实验条件下观察到的互斥的现象，不是矛盾图景，而是互补图景。在经典物理学中，仪器与物体的相互作用可以忽略不计，因此，我们可以用同一个仪器去测量物体的不同性质，在此过程中不会对物体产生影响，把这些性质加起来就可以得到关于物体的统一描述。但是在微观领域里，仪器与微观客体的相互作用不可避免也不能忽略。在测量客体的某个性质时，仪器会对它产生不可逆转的影响，因此不能用同一个实验去测量客体所有的性质。只有把在不同的实验条件下得到的互斥的结果结合起来，才能确切地描述微观客体。德国物理学家玻恩对此做过清楚的说明："测量空间坐标和时间时刻需要刚性的量杆和时钟。另一方面，测量动量和能量则需要带有可动部分的工具，以吸收受测试客体的动量，并指示其动量的大小。可以看出，不可能有这两个要求同时都被满足的实验安排。因此就存在着互相排斥又互相补充的实验，仅在彼此结合时才揭示出关于客体的可能得到的一切知识。"

玻尔认为海森伯的不确定关系和他的互补原理并没有本质的区别。不确定关系给出了同时应用位置与动量、时间与能量等共轭变量而不致陷入矛盾的数学表达，这些共轭变量和波粒二象性一样是互补的。另外，由于位置和时间代表粒子的时空标示，而动量、能量可看作力概念的引申，像经典力学中，力是改变物体运动的原因，在量子力学中，动量、能量可视为因果性表述的因素。如果对粒子进行精确的时空描述，由于仪器对粒子的影响，就会造成动量、能量测量的不准确，因此时空描述和因果性描述是互斥的。这些观点后来被玻恩、狄拉克、奥本海默、泡利等物理学家接受。

互补原理的应用并不仅仅局限于量子力学，玻尔又把它推广到其他学科，甚至是人类文化、艺术和社会关系中去。玻尔认为："包含在原子物理学发展中的认识论教益，使我们想到远远超出物理科学的经验描述和理解方面也有同样的情况，而且这种教益也使我们可以找到一些共同特点以促进知识统一的研究。"例如，生物学研究内容既包括分子层次的理化性质，又包括细胞、组织、器官层次的生命特征。在研究生命特征时，会忽视其分子层面的理化特性；在用仪器研究生物的分子特性时，会对细胞、组织造成伤害，甚至杀死整个生命体。因此，生物学研究的两个方面既是互补的，又是互斥的。玻尔还认为，心理学中的思维与情感，作为艺术成就特点的严肃与幽默，不同生活条件下发展起来的民族文化，个人在社会中的地位描述等，都存在互补关系。玻尔的互补原理虽然是从物理学中概括出来的方法论原理，但它启发人们从新的角度来认识客体，具有认识论的意义。所以有人认为，玻尔的互补原理搭起了一座从现代物理学通向辩证法的桥梁。

三、与爱因斯坦的争论

玻尔的互补原理得到了许多物理学家的认同，但也受到一些学者，尤其是爱因斯坦的反对。玻尔与爱因斯坦之间爆发了一场科学史上少有的争论，争论触及现代物理学的基础和哲学理论的精微奥义，为现代哲学研究提供了许多具有启发性的课题。

1927 年 10 月，在比利时首都布鲁塞尔召开了第五届索尔维物理学会议，会议的议题是“电子与光子”，讨论的中心问题是量子力学是否要放弃确定性和因果性。爱因斯坦相信“有一个离开知觉主体而独立的外在世界，是一切自然科学的基础”，他对不确定关系和量子力学的概率解释极为不满。爱因斯坦知道玻尔的互补原理哲学味浓，一下子难以否证，所以他采取的策略是用理想实验来驳倒与它等价的不确定关系，从而揭示其内在逻辑上的内在矛盾。

爱因斯坦设计了一个让电子通过小孔发生衍射的实验。设 A、B 是小孔后面的荧光屏上两个不同的点，如果知道某个电子到达 A，那么立刻就知道它没有到达 B，这意味着在观察的瞬间，描述粒子行为的波函数坍缩为一个点，在 A 和 B 之间存在着一种瞬时超距作用，这与相对论中的基本原理矛盾，因而不尽合理。对于爱因斯坦的诘难，玻尔的回答是：不确定关系限制了能从给定的实验装置获得的信息量；任何准确定位电子的企图，都会带来动量的不确定性；在这个实验中，个别电子的最终位置是不能准确预言的，能够预言的是电子以多大的概率到达荧光屏上的某个点。因为概率概念起源于人们对掷骰子的研究，所以爱因斯坦对玻尔说：“难道你真的相信上帝是靠掷骰子来行使他的权利吗？”玻尔客气地回敬：“当你用普通的言语来描述神的旨意时，难道不认为应当小心一点吗？”这句话暗示了日常的习惯语言和传统的哲学观点是无法确切描述量子现象的。

1929 年，玻尔写了一篇题为《作用量子和自然的描述》的文章，从多个方面把他的想法与爱因斯坦的相对论做比较，希望以此来改变爱因斯坦的观点。玻尔认为普朗克发现作用量子，使人们面临着一种与发现光速的有限性一样的形势。正如在经典力学中，由于速度小，人们能把时间概念和空间概念截然分开一样，普朗克常量很小，也使人们在通常的宏观现象中，能对时空和因果关系同时做出描述。但在微观领域中，如同在高速情况下必须考虑观察的相对性一样，也不能忽略测量结果的互补性。不确定关系的限制保证了量子力学逻辑无矛盾性，这如同信号传递不能超越光速来保证相对论的逻辑无矛盾性一样。玻尔的文章启发了爱因斯坦，使他想到，为什么不拿自己拿手的相对论来反驳玻尔呢？于是爱因斯坦做了充分的准备。

1930 年秋天，第六届索尔维物理学会议开幕了。爱因斯坦经过深思熟虑，提出了一个精心设计的思想实验，试图证明能量和时间的不确定性不满足关系式 $\Delta E \cdot \Delta t \geqslant h$。

该实验设想有一个光子盒，在盒子的壁上有一个用钟来控制的快门，事先测好盒子的质量，当光子由快门辐射出去后，再测出盒子的质量，这样就可以得到减少的质量，按相对论的质能方程 $\Delta E=\Delta mc^2$ 可以精确算出辐射的能量，而快门打开的时间可以由钟精确测出，这样 ΔE、Δt 可以趋于任意小的值，能量和时间就会打破不确定性关系的限制。玻尔遇到了严峻的挑战，他感到十分震惊，却一时束手无策。玻尔和海森伯等人经过一个晚上的紧张思考，终于发现了爱因斯坦论据中的错误。第二天玻尔在回答爱因斯坦的时候，在爱因斯坦的草图上面画了一个弹簧，把光子盒挂在弹簧下，如图 2-15 所示。当光子从盒子中辐射出去时会导致盒子重量的变化，盒子在引力场中会运动一段距离，根据广义相对论的红移公式，这种运动会改变时钟的快慢，所以时间就不能精确测量了，如要精确测量时间，就要排除引力场，但这样一来，盒子的重量变化就测

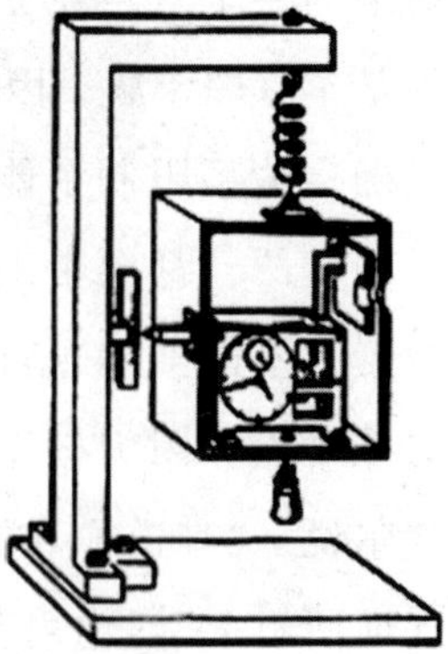
图 2-15

不出来了。玻尔“以其人之道，还治其人之身”的方法使爱因斯坦放弃了对量子理论内部逻辑自洽性的诘难，而把“进攻”的方向转到了量子理论的完备性上来。

1935 年 5 月，爱因斯坦与波多尔斯基、罗森一起发表了《能认为量子力学对物理实在的描述是完备的吗？》的论文，后来人们根据 3 位作者的姓氏简称此文为“EPR 悖论”。文章认为，如果一个物理理论对物理实在的描述是完备的，那么物理实在的每个要素都必须在理论中有它的对应量，即完备性判据。当我们不对体系进行任何干扰，却能确定地预言某个物理量的值时，必定存在着一个物理实在的要素对应于这个物理量，即实在性判据。关于物理实在的这一判据，其实隐含着两个假设：（1）物理实在是独立于人的感觉和意识的客观存在；（2）两个物体在以光速传送的信息相互交流以前，在空间中可以分离开来独立存在。前者被称为实在论，后者被称为爱因斯坦定域性原则。因此，EPR 悖论的实在观被称为定域实在论。

接着，EPR 悖论提出了一个二体系统的理想实验。假设有一个由粒子 1 和粒子 2 组成的系统，已知它们在 $t=0$ 时刻的状态，根据薛定谔方程，可以算出系统在这之后任意时刻的状态。但是对于某个粒子单独的状态，必须通过测量来确定。然后，由于发生某种相互作用，粒子 1、2 互相远离到足够远的距离，这时，如果测出了粒子 1 准确的动量值，就可以得出粒子 2 的某个确定的动量值。EPR 悖论认为，根据不确定性原理，不能同时测得粒子 1 的动量和位置，但是这并没有限制对两个粒子的测量。测量粒子 1 的动量并不限制测量粒子 2 的位置，我们可以对粒子 2 的位置做准确的测量。这样就准确地测得了粒子 2 的位置和动量（这里粒子 2 的动量是通过对粒子 1 的测量得到的）。这是与不确定关系相矛盾的，而且对粒子 1 的动量进行测量后立即得到粒子 2 的动量，这本身违反了狭义相对论任何信息传递不能超越光速的原理，因此，只可能是量子力学对物理实在的描述是不完备的。

经过 5 个月的思考，玻尔以同样的题目在同一家杂志发表文章，提出了反驳。玻尔文章的语言风格远不如爱因斯坦、波多尔斯基和罗森的文章那样简单明确，但透过他那晦涩的语句，我们仍可以看出他的几个主要观点。

首先，EPR 悖论的实在性判据有问题。“不对系统进行任何干扰”是不可能的，离开观测谈论“确定地预测某个物理量的值”是没有意义的，物理实在的要素与理论之间不见得要有精确的一一对应关系。EPR 悖论要求理论的概念与客体的属性之间有一一对应关系，多少受机械唯物论的影响，这就把复杂的自然界和人类认识的能动性看得太简单了。玻尔不惜改变原来的哲学观点来适应不断发展的物理学，认为在了解一个全新世界的规律时，不能过分信赖以往熟悉的原理，无论这些原理曾经有过怎样的普遍性。

其次，量子力学不仅有一个和谐的数学形式体系，而且它的预言与微观领域的实验结果能很好地吻合。既然一个物理理论能被实验证实，而实验又不能得出比理论更多的东西，那么就没有什么理由对这个理论提出更高的完备性要求。玻尔的这种看法是合理的，任何一种科学理论都只是在一定的历史条件下，反映人们在某一层次上对自然界的一种暂时的、相对的认识，它总有一定的应用范围和局限性。从这个意义上来说，任何科学理论都可以被认为是不完备的。

最后，玻尔对 EPR 悖论的理想实验进行了仔细分析。两个粒子构成一个系统，与同一个波函数联系，它们分开以后仍然可以存在着某种关联，这种关联使得我们作用于其中一个粒子时，也就作用于整个体系。玻尔用量子力学的整体性的新理解来否定爱因斯坦的定域性假设。同时，玻尔认为 EPR 悖论实验的设计思想并不新颖，它只是把先后两个理想实验连在一起，而且是在测量两个毫无关系的物理量。他强调，在这个实验的两次测量中，需要两套互斥的实验装置，它们反映物理现象的不同侧面，这恰好能互补地完成对现象的描述。

玻尔虽然反驳了爱因斯坦的批评，但 EPR 悖论也使玻尔重新考虑“微观客体与观测仪器之间不可控制的相互作用”。在过去的认识论中，人们仅仅把观测仪器看作是感官的延伸，而在量子世界里，人们需要充分考虑认识的条件，考虑现象是在什么条件下被观察，因为不同的测量仪器、实验安排会得到不同的现象，同时作为观测主体的人也进入了测量过程，因而人的活动与得出的规律之间有了关联。正如玻尔所说：“量子论使我们想起一个古老的格言，当寻找生活中的和谐时，人们绝不应当忘记，在生活的戏剧中，我们自己既是演员，又是观众。”这是量子力学为唯物主义认识论充实的新内容。

值得一提的是，虽然玻尔与爱因斯坦之间的这场争论可以说是物理学史上非常激烈、涉及面非常广、延续时间很长（至今余波未息）的一场论战，但也是非常友好、很值得称道的一场论战。爱因斯坦始终认为玻尔是“我们时代科学领域中最伟大的发现者之一”，而且一直与哥本哈根学派成员保持着诚挚的友谊。玻尔、玻恩等人则始终敬重爱因斯坦，把他的批评当成是激励自己改进理论的最重要因素。在 1955 年爱因斯坦逝世以后，玻尔还一再坦言，每当他沉思物理学中一个有争论的问题时，他总要自问，爱因斯坦对这个问题会怎么想？就在玻尔去世的前一天，他在工作室的黑板上所画的最后一张图，仍是爱因斯坦关于光子盒的那张草图。

第三章 物理学中自然存在的客观性

自然规律对所有的人都是平等的，不会因人的意志而改变。但是自然规律并没有明白地展示给人们，需要不断地探索才能逐步发现它。物质以一定的方式存在着，直接或间接地作用于我们的感官，人类通过对这些已然探知的信息进行一步步推理、检验、分析，成功地发现了这个世界的一些最基本的特征，揭示了我们周围事物的基本结构和性质，弄清了事物运动的特征和基本规律。自然虽是可知的、可测量的，但是人们终究无法穷尽自然的所有奥秘，自然在人类面前依然保持着威严。

第一节　物质的世界

物质与意识之间是什么关系？这是一切哲学所要回答的基本问题。唯物主义认为，物质是第一性的，物质决定意识。这里的物质是指“在人们的意识之外独立存在又能为人的意识所反映的客观实在”。列宁指出：“物质是标志客观实在的哲学范畴，这种客观实在是人通过感觉感知的，它不依赖于我们的感觉而存在，为我们的感觉所复写、摄影、反映。”

大部分科学家都是自发的唯物主义者，爱因斯坦指出：“在我们之外有一个巨大的世界，它离开我们人类而独立存在，它在我们面前就像一个伟大而永恒的谜，然而至少部分地是我们的观察和思维所能及的。”他认为这是我们认识和研究自然的基础。我们这里所说的物质，就是为人类所意识的，爱因斯坦所说的观察和思维所能及的部分。

一、物质的宏观形态

对于这个世界，人们首先关注的是它的物质性。物质是一般事物存在的基础。简单的事物可由单一物质组成，如一个茶杯，可以是玻璃的、瓷的、塑料的；一个复杂的事物，需要不同的物质组合，如一辆汽车，车身是金属的，车轮是橡胶的，车窗是玻璃的，座椅是皮革的，等等。

一般来说，我们先是从整体把握事物，因为对感性认识来说，整体是较易识别的对象，如这是一个苹果，那是一座房子。再进一步，我们会去认识组成事物的各个部分，因为对于理性来说，分解的部分是简单的。如一个杯子，我们把它分成杯身、杯柄和杯盖，我们认识了杯子的各个部分，知道了杯子的结构，才能说对杯子有了完整的认识。

认识构成自然的事物时，我们总是先把事物分类，然后一一去分析了解它们。事物的分类有多种方法，古人把事物分成天上的和地上的，生物学家把事物分成生物和非生物，化学家把物质分为无机物和有机物，等等。事物的分类还有一定的层次，生物按界、门、纲、目、科、属、种进行分类，无机物可分为酸、碱、盐等。在物理学中，研究物质时，通常把物质分为固体、液体和气体，同一种物质可以有不同的形态，如水的三态分别为冰、水、水蒸气。

火最初被认为是一种物质，现在一般认为火是一种运动。如果把太阳看作是一团火，倒也恰当，太阳既不是气态，也不是液态，更不是固态，而是以物质的第四态——等离子态的形式而存在的。在茫茫无际的宇宙空间里，等离子态是物质普遍存在的一种状态，目前观测到的宇宙物质中，等离子态的约占 99%。如果从物质运动的活泼性来看的话，固态物质稳如泰山，活泼性最差；液态物质则具有较大的活泼性；气态物质像风一样轻盈，充盈四野；等离子态就像火一样跳动不安。我们最常见的物体都属于这四态，亚里士多德认为组成世界的元素有四种——土、水、气、火，也许就是从物质运动的活泼性这一角度出发考虑的吧。

其实物质的形态到底有几种也是众说不一。有人把液晶态称为物质的第四态，此外，还有物质的第五态（超固态）和第六态（中子态），以及黑洞。黑洞之所以被称为黑洞，是因为它周围的引力太大，以至于光也不能从其表面挣脱运动到外部空间，所以我们无法接收来自黑洞的任何信息，但可以通过它对附近星体的引力作用而间接观测它。

物质的存在有的直接作用于我们的感官，如我们白天看到的花、鱼、鸟、兽，黑暗中摸到的桌、椅、床、门等。天上的月亮看得到却摸不到，我们认为月亮是真实存在的，镜中的花也是看得到而摸不到，但我们认为镜中无花，花在镜外。人们常说，耳听为虚，眼见为实，但实际上人们常会受眼睛的欺骗。比如，一个内壁为椭球形的镜面，一个焦点发出的光通过镜壁反射后会聚焦于另一个焦点，如图 3-1 所示。如果在焦点 F_1 处放一枚硬币，它就会成像于 F_2 处，在 F_2 的右侧开个缺口，则通过缺口，人们就会发现 F_2 处有一枚硬币，但伸手去抓却抓不到。光学成像有虚像和实像，像本身不是物，但像的存在说明有对应的实物。而我们常见的彩虹则既不是像，也没有对应的实物，彩虹只是众多雨点对太阳光的折射和反射造成的一种光学现象，世上并没有一种组成彩虹的物质，这就像电视里的动画片，动画的形象并

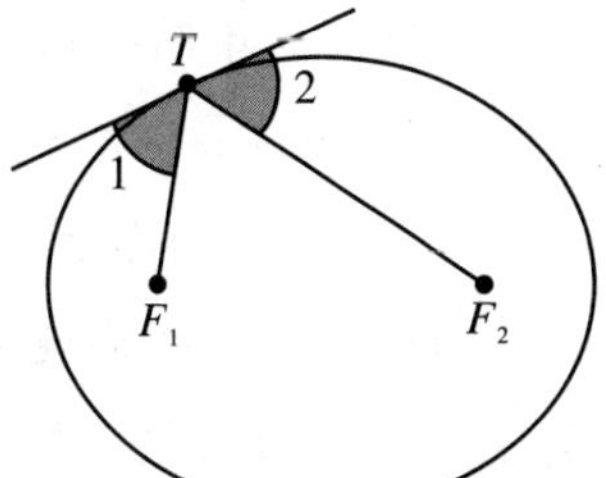

图 3-1

不是由什么物质组成，而只是屏幕上光点的组合变化。我们的感官虽能感知事物的存在，但有时感知存在的事物并不一定有其实物。对意识来说，彩虹可以被想象成鹊桥，动画则讲述了生动的故事。在哲学上，它们是一种客观存在，是一种物质，而在物理上它们却没有物质属性，可见物理上的物质与哲学上的物质还是有区别的。

很多事物都不是我们通过感官直接感知的，如遥远的天体、事物的内部结构、微生物、电场、磁场等。人类发明了很多仪器以探知这些事物，如望远镜、金属探伤仪、显微镜、磁场探测仪等。有时判断一个事物是否存在，需要很复杂的一套程序和设备，比如磁单极子，有人曾宣布在实验中发现了它，但别人却无法重复这个发现，所以世界上是否真的存在磁单极子，科学界还没有定论。有人曾认为，人类可能永远也无法了解遥远星体的组成，但是科学家们却发现，不同的物质会发出不同的光，对星体发出的光进行光谱分析，就可以了解星体的化学成分。因条件限制，事物的客观存在可能暂时不能被人们所意识。古代的人们就不知道等离子态，不知道天王星、海王星的存在，虽然它们早在人类诞生以前就存在着。所以我们现在观测到的物质也绝不会是物质的全部，随着对自然探索的深入，人类一定会发现更多的物质存在形态。

二、物质的微观组成

物质由什么组成是一个古老的话题。现代科学认为，分子是构成千万种物质的基础。费曼说，如果留给后代的科学只能是一句话，那么这句话就是“物质是由分子组成的”。这里所说的分子，有时候是指单个的原子，有时候是指分子，有时候也指离子。通常我们认为水是连续的，仿佛可以无限地分下去。但事实上，水是由一个个水分子构成的，水的存在以水分子为限度不可再分。油膜法可以简便地测量油分子的大小，爱因斯坦则用数学对布朗运动进行了分析，求出了分子的大小，使分子的存在有了可靠的证据。

宏观事物的形态及性质取决于它们的微观结构。从分子排列来看，固体分子的排列是整齐有序的，气体分子的排列是杂乱无章的，液体分子排列则处在固体和气体之间，分子排列是短程有序，长程无序。

就物理性质来说，所有的气体都是相似的，所以在研究气体的性质时，我们并不需要特别说明研究的是哪种气体。我们如果忽略气体分子的自身体积，假设分子间没有相互吸引和排斥（即不计分子势能），分子之间及分子与器壁之间发生的碰撞是完全弹性的，这样的气体称为理想气体。当然，不同的气体还是存在区别的，比如相对分子质量大的气体在接近海平面处浓度高一些，在高空中浓度低一些，如氧气的相对分子质量比氮气大，所以高原上与海平面相比，空气中含氧的比例就要低一些，再加上高原空气稀薄，所以人们在高原上活动容易缺氧。

液体分子的排列既不够乱，又不够整齐，倒让人们难以研究。固体中也只有晶体的分子排列是整齐的，像玻璃这种非晶体，其分子排列跟液体差不多，所以有人提出，只有晶体才可以真正叫作固体，而像玻璃这样的非晶体应该归类到液体里面。但玻璃放久了会产生很多小结晶，也就是晶体颗粒。

分子的有序排列构成固体，固体的多样性主要取决于组成固体的分子排列的多样性。不同分子组成的固体，分子排列往往不同。相同的分子组成的固体，也会因为分子排列不同而呈现完全不同的宏观性质。如金刚石和石墨都是由碳原子组成的，金刚石是自然界中天然存在的最硬的物质，而石墨却质地柔软。

分子由原子构成，分子与原子的关系，好比家庭与个人的关系。原子既是物质的单元，也是构成分子的基本单元。分子的种类数量非常庞大，当我们把分子看成是由原子组成时，原子就少到只有几十种了（不包括人造元素的原子）。无机分子一般只含有少数几个原子，所以无机物的种类只有几十万种，而有机分子由于碳链的存在，可以形成包含有成千上万个原子的大分子，所以有机分子的种类多达几千万种。有机物的复杂性和多样性是生命存在的基础。作为遗传物质的 DNA 分子，具有稳定的双螺旋结构，在生命体内，DNA 分子可以得到精确的复制，生物体的生长、繁衍是一个不断复制 DNA 分子的过程。

几十种原子通过组成分子再构成千千万万的宏观事物，这就是我们周围事物的微观本质。我们说物质是由分子或原子构成的，其重要意义不在于原子是可分还是不可分，而在于说明事物的本质基于物体在微观上的某种颗粒性。

由于太阳表面的温度太高，太阳上的任何分子都会遭到无情的破坏，原子也都被电离，不存在完整的原子，所以说太阳是由等离子体组成的。从分子、原子的层次上看，组成太阳的物质与地球上的物质很不一样，但从更深的层次上看，组成太阳的物质与地球上的物质并没有什么根本上的区别。关于事物存在的统一性，我们在后面的章节中将会有更深入的探讨。

三、物质的物理性质

人们既要认识自然，又要改造自然。改造自然，最好的方法是顺应事物的本性，因其材以取之。不同的物质有不同的性质，了解物质的各种性质是有益的。在物理学中，物质的性质可分为力学性质、电学性质、热学性质、光学性质等。

刀枪剑戟作为武器，不仅利用了尖劈原理，而且其组成材料都有相当的硬度和韧性。橡胶既耐磨，又有良好的弹性，还有较大的动摩擦因数，用橡胶做轮胎，能极大地改进我们的交通工具。与钢相比，铝合金密度要小得多，在强度符合要求的情况下，飞机机身的部分材料采用铝合金可以大大降低飞机自身的重量。古代建筑中，赵州桥设计巧妙，充分利用了石块良好的抗压性；现代建筑材料中，水泥抗压不抗拉，但密度比钢材小，而钢材则既抗拉又抗压，但密度大，斜拉桥的设计就充分利用了水泥的抗压性和钢丝绳的抗拉性。

有的物质能导电，我们称之为导体；有的物质不导电，我们称之为绝缘体；还有的物质，其导电性能处在导电与不导电之间，我们称之为半导体。导体导电性能的好坏，可以用电阻率来表示，电阻率越小导电性能越好。电阻率小的导体，如铜和铝，我们经常用来做导线，电阻率大的导体我们通常用来做电阻。金属导体的电阻率会随温度的变化而变化。有的金属（如铂）的电阻率随温度变化而变化明显，我们可以用来做电阻温度计，铂电阻温度计是相当精密的测温仪器；有的金属（如康铜合金）的电阻率几乎不随温度的变化而变化，可以做标准电阻。半导体材料由于其特殊的导电性能，不仅成为制作电脑芯片最重要的原材料，还可以用它制作出各种传感器。

物质的磁性对人们来说一直是神秘的。指南针之所以能指示南北，是因为地磁相当于一个大磁体，地磁南北极恰与地理上的南北极接近，但并不完全重合，所以存在着一定的磁偏角。磁性起源于电流，这已被科学实验所证实。安培猜想磁体的磁性来自分子电流，这是一个十分大胆的猜想。根据安培的假说，磁性物质的磁化与退磁仅由分子电流的取向变化决定，近来还有人提出磁畴的概念来说明磁化及退磁的过程，两者的原理基本相同。磁和电是密不可分的，用以产生电能的发电机，输电用的变压器和现代工厂中的电动机，都需要性能优良的磁性材料。信息技术领域，以磁性材料作为介质，可以制作出大容量的磁盘来存储数据。

通常情况下，物体都会热胀冷缩，常见的温度计就是利用物质的这一特性制造的。水没有被用作温度计的工作介质，一是因为水有反常膨胀特性（水在 4℃时密度最大），二是因为水在 0℃时就结成冰了。一般来说，由分子组成的物质，相对分子质量越大，其熔点和沸点就越高。二氧化碳的相对分子质量为 44，其升华点（由固态直接升华为气态）为 −78.5℃，固态二氧化碳俗称干冰，常被用作清洗剂和用于食物保鲜。氮气相对分子质量为 28，沸点为 −195.8℃，熔点为 −209.9℃，液氮是工业上最常用的制冷剂，也应用于低温物理的研究。最后被液化的气体是氦。1908 年 7 月 10 日，荷兰物理学家昂内斯首次成功液化了氦气。液氦可以用于超低温冷却，在超低温下，物质的性质常有令人意想不到的变化，温度高于 2.173 K 的液氦称为氦Ⅰ，低于此温度的液氦称为氦Ⅱ。氦Ⅱ为超流体，熵为零，热导率极高，黏度几乎为零。另外，当温度降到某一临界温度以下时，某些导体电阻就会突然消失而变成超导体。水的相对分子质量只有 18，在常温下却是液态，这与水中存在着大量的氢键有关。水最常见，但水才是最与众不同的液体，尤其从造就生命来说，水最为关键。

玻璃给人的印象是很硬很脆的，但是把玻璃拉成细丝，它就“柔可绕指”了。光在纯净的玻璃丝中能量几乎不损失，又因全反射作用，光能沿玻璃丝传到遥远的地方。用于传输光信号的玻璃丝就叫光纤，光纤传输数据的能力远远超过金属导线，为信息传输带来了便利。

物质的各种宏观性质无不以其微观结构为基础：金刚石坚硬无比，与它在微观上稳固的立体结构有关，碳纤维的抗拉性比钢铁要好得多，也在于碳原子之间有着很强的相互作用；形状记忆合金在某一温度下形成有序的微观结构，在其他温度下形状发生变化，如果让合金恢复到原来的温度，则合金就会自动恢复原来的形状。物质具有很多我们意想不到的特性，着眼于物质的微观结构来研究物质特性的一门学科，叫凝聚态物理，它以量子力学为基础，研究各种凝聚态（固态、液态）的物理性质。介观物理是凝聚态物理的一个分支，专门研究介于微观与宏观之间的物质。单个原子或简单分子的性质，人们对其认识已是相当完整，对原子或分子通过有规律的排列而组成的宏观事物（即晶体），人们也有了较为充分的认识。而对于包含原子数很多，却又不能忽略统计涨落的分子或原子团，则还有着很多不为人知的性质，比如神奇的纳米材料就属于这一领域，跟我们生命息息相关的 DNA 及高分子蛋白质也属于这一领域。介观物理是一门新兴学科，正在迅速发展，相信不久的将来，物质的很多新的神奇特性将会被发现。

四、场的物质性

从前，一位病重的富商把三个儿子叫到床前，他给三个儿子各 10 美元，让他们用这笔钱买一种东西，这种东西要把一间空屋子装满。谁能将屋子装得最满，谁就继承家业。结果老大买回一棵枝繁叶茂的大树，老二买回满满一车马草，富商都不满意。而老三则花了 25 美分买回一根蜡烛，天黑后点燃蜡烛，烛光便充满了整个房间。这样，老三便继承了家业。

讲到物质，普通人都会像故事中的老大和老二一样，想到树木、马草等这样的实物，而很少有人能像老三那样想到像烛光这样不可捉摸的东西。诚然，树木、马草等物质的存在具有独立性，它们并不依赖他物而存在，而烛光则不同，烛光的存在依赖于点燃的蜡烛，蜡烛一灭，烛光就消失了。

在物理上，烛光确实也是客观存在的，是实实在在的物质。烛光是一种电磁波，电磁波就是迅变的电磁场。电磁波最初是电磁场理论的产物，而电磁场理论则是建立电场和磁场等概念的基础。正如烛光的存在依赖于点燃的蜡烛，静电场的存在依赖于电荷，静磁场的存在依赖于电流。如果场只依赖于电荷或电流，不能脱离电荷或电流而独立存在，人们就会认为，电场或磁场只是作为一种概念而存在，这就像 19 世纪的人们所设想的以太一样，无法用实验检验的概念在物理理论中是多余的。但实际上并非如此，对现代物理学家来说，场的存在与桌子、椅子一样实在。

电磁波的发现使场从概念变为真实存在的事物。根据场的观点，任何相互作用都不是超距发生的，而是通过场由近及远传递的，场的传播速度就是光速。光作为一种电磁波，最能说明电场和磁场能独立于电荷和电流而存在。人们很早就把光当作一种物质，对光进行反射、折射、聚焦等操作，分解光的颜色，测量光的传播速度等。现代实验能精确地测量光子的能量、动量，根据狭义相对论，得知一定的能量总与一定的质量相对应，所以光子是有质量的。可见光作为一种物质，跟我们常见的物质一样，具有质量、动量、能量等这些物质属性。

显然，原子、分子等是物质存在的一种形式，而场则是物质存在的另一种形式。原子、分子的存在跟桌子、椅子一样，需要占据一定的空间，而场总是充满整个空间；原子、分子具有不可入性和排他性，而场则具有独立性和可叠加性；原子、分子可以静态地存在，而电磁波只能靠运动而存在，相对任意惯性系，电磁波都以光速运动。

当人们对物质的了解越来越深入时，就会发现，场甚至比粒子更实在，因为所有的相互作用都是通过场发生的。打个比方，手机具有通信功能，但是如果没有信号，手机的通信功能就消失了，而如果没有手机，信号依然可以有效传递，可以通过别的终端获取。在现代物理学中，场成了世界的主宰，而实物粒子则成了像手机一样的终端。确实，现代物理理论中，场的观点显得更为重要。时空的结构是由引力场方程揭示的，电子的行为可以用量子场来描述，为探索物质的微观结构人们引入了规范场……

根据量子理论，场也是由场粒子构成的：电磁场就是由光子组成的，光子传递电磁相互作用；引力场是由引力子构成的，引力子传递引力相互作用。光子不仅可以传递相互作用，而且可以与电子、质子等发生相互转化。可见，场与实物粒子一样，同属于客观存在的物质，也是物质存在的表现形式之一。

哲学上论述的物质是抽象的，它作为一种客观存在而成为意识的对立面。而科学上则要具体研究物质丰富多彩的存在方式，即怎样作用于人的感官或者仪器，怎样为人的意识所辨识和统摄，怎样用于改进人们的生活。

第二节 运动的世界

自然是辩证的，也就是说，自然界中的事物都处于不断地发展变化之中。物理学则具体地研究事物发展变化的各种形式，即各种形式的运动：宏观物体的运动、微观分子的运动以及有关信息的传递等。

一、宏观物体的运动

运动变化是这个世界的一大特点。一切事物因运动而存在，一切生命因运动而精彩。

但是，让古希腊哲学家们困扰不已的也是事物的运动，运动使世界显得飘忽不定，造成人们在认识事物上的困难，甚至有哲学家否认运动的存在。对运动的诘难，最著名的要数芝诺提出的四个悖论。

悖论一：人从 A 走到 B 是不可能的。人从 A 走到 B，须先走完总路程的 1/2，再走完剩下路程的 1/2，再走完剩下的 1/2……如此循环下去，总有一个剩下的 1/2 没走完，所以人永远也走不到 B。

悖论二：阿喀琉斯追不上乌龟。阿喀琉斯是古希腊神话中的大英雄，但芝诺证明了阿喀琉斯永远也追不上乌龟。证明如下：如图 3-2 所示，阿喀琉斯从 A 点出发，追赶从 A_1 点出发的乌龟，他若要追上乌龟，必须先到达乌龟起跑的位置 A_1，当阿喀琉斯到达乌龟起跑的位置 A_1 时，乌龟已经前进了一段距离，到达 A_2。所以阿喀琉斯要追上乌龟，又必须先到达位置 A_2，等他跑到了 A_2，同样的问题又摆在他的面前……所以阿喀琉斯虽然跑得快，但也只能一点一点地逼近乌龟，却永远也追不上乌龟。

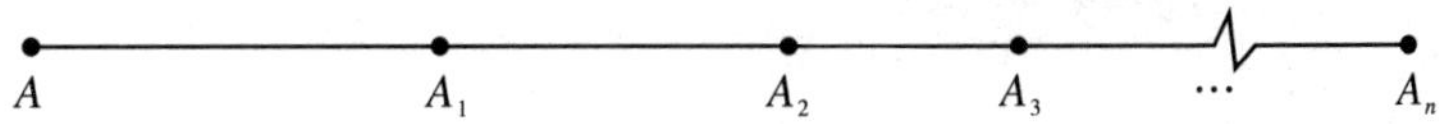

图 3-2

悖论三：飞矢不动。运动是指物体从一个位置变化到另一位置，而射出的箭在每一时刻必在某一位置，所以射出的箭在每一时刻都是不动的。

悖论四：运动场理论。首先假设在操场上，在一瞬间（一个最小时间单位)，相对于观众席，队列 B、C 将分别向右和向左移动一个距离单位，如图 3-3（b）所示，而此时，对 B 而言 C 移动了两个距离单位。也就是队列既可以在一瞬间（一个最小时间单位）移动一个距离单位，也可以在半个最小时间单位里移动一个距离单位，这就产生了半个时间单位等于一个时间单位的矛盾，因此队列是移动不了的。

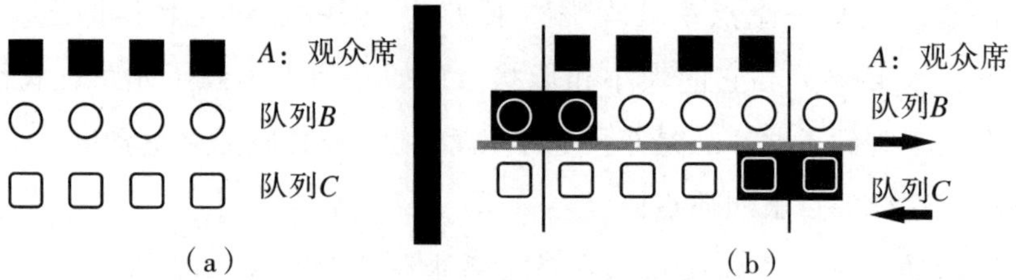

图 3-3

芝诺的悖论牵涉时空的连续性问题。时间和空间是无限可分的，还是存在最小空间和最短时间呢？这是两个对立的命题。悖论一、二支持了前者，悖论三、四支持了后者。芝诺悖论的疑难都是由物体运动引起的，芝诺认为真实的世界是不动的，运动只是一种假象。

亚里士多德则认为运动是世界的本质之一，他认为不认识运动，就不认识自然。他对运动有深入的研究，并指出物体位置的变化是最简单、最基本的运动，这就是机械运动。

机械运动专门研究物体位置的变化。首先，让我们来分析一下什么叫“物体的位置”。当我说“我在上海”时，上海就是我的位置；同理，“书在桌上”，桌面就是书所在的位置。我们讲物体的位置时，显然是有一个背景的，比如“我在上海”是就我处在中国的哪个城市而言，“书在桌上”是就书在房间里的哪个地方而言。我们讲一个物体在哪里，就必须提供这个“哪里”所对应的背景。用物理语言来说，描述物体的运动，需要一个参考系，有了参考系，我们才能确定物体的位置，才能讨论物体的运动。大地是人们最常用的参考系，用之既久，人们自然就认为大地是不动的。在这种情况下，突然某一天有人说大地在运动时，人们就会觉得这种说法甚是荒唐，正如我们初次听说地球是球形时，就会诧异：如果地球是球形的，住在我们另一端的人怎么不会掉下去呢？参考系的选取通常以方便解决问题为原则，默认大地为参考系描述地面上物体的运动，的确给我们带来了许多便利。当讨论行星运动时，以太阳为参考系却更方便。

接着，让我们来讨论一下如何确定物体的位置。对位置的精确描述要归功于法国哲学家笛卡儿，因为他首先引入了坐标系的概念，有了坐标系，我们就能用一组数据来精确描述一个点的位置。可是，所有物体都有大小和形状，在研究物体的运动时，我们能不能把实际上有大小和形状的物体当作一个点来处理呢？事实上，当我们讨论物体的运动时，有时确实没必要关心它的大小和形状。比如一列火车到了北京，我们不会细究是车头到了北京还是车尾到了北京，这时，我们把火车看成一个点，在物理上这样的点就叫质点。

把运动的物体看作质点，在参考系上建立坐标系，把物体的运动转化为质点在坐标系上坐标的变化，于是物理问题就变成了数学问题。物理学的成功很重要的一步，就在于完成了这一转化。

物体运动的类型有很多，匀速直线运动是最简单的运动。匀速直线运动有一种极为匀称的美，即在任何相等的时间内，物体的位移皆相等。牛顿第一定律指出，物体的惯性要其保持匀速直线运动，我们也可以理解为简单和美是事物的本性。最简单的变速运动是匀变速直线运动，伽利略首先研究了这种运动，并提出加速度概念。有了加速度概念，就可以研究变速运动了。对于曲线运动，物理学中给出了两种研究方案：一种是把曲线运动看作是两个（或多个）直线运动的合成，如抛体运动；另一种是把匀速圆周运动作为最基本的曲线运动，找出向心加速度的公式，然后分别从切向和法向来研究速度的变化。把复杂的运动分解为简单、基本的运动，是研究运动的常用方法。

在牛顿的体系里，时间与空间是相互独立的，因此物体的运动总可以表述为位置随时间变化的函数，即 $y=f(t)$。在原则上，牛顿的体系对物体的速度没有限制，物体间的相互作用也可以超距地进行，信息可以超距地传播，但是真实的世界并非如此。爱因斯坦的相对论指出，时间与空间是有联系的，而物体运动的速度不能超过光速。如果把时空看作一个整体，就可以得到两个事件的时空间距 $s^2=c^2t^2-x^2-y^2-z^2$，这一间距与参考系的选取是无关的。当这两个事件有因果关系时，必有 $s^2>0$；若 $s^2<0$，则说明两个事件一定不构成因果关系，它们的发生是完全相互独

立的。取同一运动的任意两个状态，这两个状态显然是有因果关系的，必须满足 $s^2>0$，所以物体运动是受时空限制的。

二、分子运动

一个宏观上不动的物体，组成该物质的分子一刻不停地运动着。王安石诗云："墙角数枝梅，凌寒独自开。遥知不是雪，为有暗香来。"这"暗香"就是分子运动造成的。

我们周围的事物都是由大量分子构成的，构成事物的分子并不像构成房子的砖那样相对于房子是静止不动的，物体内的分子在一刻不停地运动着。研究分子的运动与研究宏观物体的运动不同，此时人们并不关心单个分子的运动情况，而是关心大量分子运动产生的集体效应。早在1678年，胡克就提出气体压强是大量气体分子与器壁碰撞的结果。1738年，伯努利据此导出了压强公式，解释了玻意耳定律。更值得一提的是，1744年罗蒙诺索夫提出热是分子运动的表现，明确指出热是一种运动，为后来的分子动理论的发展奠定了基础。

研究分子运动的主要工作是在19世纪完成的。在19世纪初，道尔顿在化学实验的基础上，提出了新的原子学说，阿伏伽德罗又区分了原子和分子，从此物质组成的原子－分子说逐渐成为科学发展的一块基石。19世纪中叶，随着热学的发展，罗蒙诺索夫的观点开始受到人们的重视，热的分子动理论也兴盛起来。1850年，克劳修斯提出热是运动的观点，1857年又发表论文《论热运动形式》，进一步阐述分子动理论的基本思想，第一次明确提出了热学的统计概念，对统计力学的发展起了开拓性的作用。1859年，麦克斯韦首先获得气体分子速度的分布规律。19世纪70年代，玻耳兹曼引入非平衡态的分布函数，用它定义一个H函数，并证明在平衡态时，H函数达到最小（H定理），此时分子的运动处于最无序状态（最可几分布），而系统的熵达到了最大。这样一来，玻尔兹曼就成功地把微观的分子运动与宏观的热学现象联系起来，并且揭示了熵在微观上的统计意义。

经克劳修斯、麦克斯韦、玻耳兹曼等人的努力，在分子动理论基础上的统计力学建立起来了。但是以马赫和奥斯特瓦尔德为首的唯能论者却激烈批判分子动理论，他们怀疑分子的存在，并对玻耳兹曼的理论进行抨击。

根据分子动理论，热不再是一种物质，而是一种运动，即物体内大量分子所做的无规则运动。最能反映分子这种无规则运动的是布朗运动。19 世纪初，一些人发现，悬浮在液体中的一些固体小颗粒总在不停地做无规则的运动。1827 年，英国植物学家布朗首先在显微镜下研究了这种运动。最初他观察的是悬浮的花粉，当时他认为，花粉的运动不是外界因素引起的，而是花粉自身的运动。然而在进一步的研究中，布朗发现，不只是花粉，所有其他微粒，只要足够小，都会发生这种运动，并且微粒越小，这种运动就越明显。布朗运动是怎么发生的？在分子动理论建立起来之前，这一直是一个谜。直到 19 世纪七八十年代，才明确地把布朗运动归结为液体分子撞击微粒的结果。

实际上，布朗运动深藏着分子运动的秘密。1905 年，爱因斯坦依据分子动理论的原理解释了布朗运动。除了在理论上完全解释了布朗运动的原因，爱因斯坦的这一工作还有另一层意义，像爱因斯坦在论文中指出的那样，他的目的是“要找到能证实确实存在有一定大小的原子的最有说服力的事实”。他说：“按照热的分子动理论，由于热的分子运动，大小可以用显微镜看见的物体悬浮在液体中，必定会发生其大小可以用显微镜容易观测到的运动。可能这里所讨论的运动就是所谓的‘布朗分子运动’。”他认为只要能实际观测到这种运动，“精确测定原子的实际大小就成为可能了”，“反之，要是关于这种运动的预言证明是不正确的，那么就提供了一个有分量的证据来反对热的分子运动观”。

爱因斯坦的理论成果为证实分子的真实性找到了一种方法。后来人们通过超微显微镜对布朗运动进行了精细的研究，高精度地验证了爱因斯坦的理论，同时也精确地测定了分子的质量，使分子的存在变为无可争辩的事实，即使是奥斯特瓦尔德也不得不承认分子的存在，再也没有科学家对分子的存在产生怀疑。

根据力学规律，物体的运动都是可逆的。在空间上，运动既可以向左也可以向右，在状态变化上，运动既可以加速也可以减速，即运动可以使物体从状态 A 变到状态 B，也可以使物体从状态 B 变到状态 A。但是热力学第二定律表明，在分子运动中，运动是有方向性的。从宏观上来说，热运动总是朝着熵增的方向发展，反映在微观上，分子的热运动总是使分子从有序走向无序。运动的方向性使我们生活中的一切具有不可重复性，从而整个宇宙的运动都具有了历史的性质。

三、波动

客观物质作用于人的感觉器官，会引起我们的感觉，这是信息传递的过程。信息传递主要靠电磁波和声波。事实上，我们生活在波的海洋里：我们看见物体，那是光波（电磁波）进入了眼睛；我们听见声响，是声波进入了耳朵。我们认识周围的事物，主要靠波传递信息。物理学重视对波动的研究。虽然电磁波与机械波的性质不同，它们产生与接收的机理也不同，但是由于它们有相同的波的叠加原理，干涉、衍射现象和多普勒效应，有相似的波动方程的形式，所以对不同的波有许多统一的描述。

我们对波的了解一般始于水波。向平静的水面扔一块小石头，平静的水面被打破了，一圈圈水波以小石头入水处为中心向四周传开，波纹的形状呈匀称而优美的圆形，波纹的间距也都毫无例外地相等。一块小石头激起的水的运动竟会如此整齐有序，里面到底藏着什么奥妙呢？

如果我们细心观察就会发现，在水波荡漾的时候，水面上漂浮着的树叶或停在水面上的昆虫并没有随波向外运动，而只是在原来的水面位置上下起伏。看比赛时，看台上一排排的人有序地站起、坐下，就可以制造出“人浪”。可见在波动中，参与波动的物体没有随波迁移，只是处在不同位置的物体一起做交错运动。参与波动的物质在宏观上通常是连续的，如空气、水、拉紧的绳、地壳等，在波动中它们有个专门的名称，叫“介质”。对于机械波来说，波动的产生根源在于介质间的相互作用。与热运动是大量分子做无规则运动不同，波动是大量物质在时空上的有序运动。

波动与实物的运动有很大的不同，波的传播具有独立性。两个粒子相遇，它们会发生碰撞而改变原来的运动，但是两列波相遇时则互不影响，可以“毫发无损”地穿越对方。两个手电筒的光束互不干扰，我们在很多人说话的时候能分辨出某个人的声音，这些都说明波传播的独立性。那么，当两列波相遇时，介质中的质点是如何运动的呢？这时的质点的运动既含有这列波的运动，又含有另一列波的运动，它真实的运动就是这两列波运动的叠加。如果两列波频率不相同，则质点的运动可能会显得不如原来那么有序；如果两列波的频率相同，那么介质的运动就会显示出奇妙的景象，有的质点可能一直不动，而有的质点却比一列波引起的运动更加剧烈，这就是波的干涉。

波还能发生衍射，研究波的衍射需要用到惠更斯－菲涅耳原理。该原理指出，在波的传播中，波面上的每一点都可以看作是一个新的波源，以后的运动可由新的波源所发出的次波干涉来求得，众多次波所形成的包络面就是新的波面。有了这一原理，就很容易解释波的反射和折射。有意思的是，在对光的研究中，不相信光的波动说的泊松用惠更斯－菲涅耳原理推导出一个小圆盘的影子中间应该有一个亮点，即泊松亮斑，他认为这是可以驳倒波动说的一个精彩的悖论。他万万没想到的是，人们在实验中发现果然有这么一个亮点，所以泊松对波动的反驳反而变成了对波动说的一个支持。波的干涉和衍射都是波不同于粒子的特性。

若波源和观察者间存在相对运动，观察者接收到的波的频率就会不同于波源发出的波的频率，这一现象叫多普勒效应。光的多普勒效应指出，当发光体远离观察者时，光的频率就减小，光谱就会向红端移动；反之，当发光体靠近观察者时，光谱就向蓝端移动。据此我们可以判断遥远的恒星是在靠近我们，还是在离我们而去。哈勃发现所有星系的谱线都无一例外地发生了红移，并且离我们越远的星系红移越多，即远离我们的速度越大，据此推断出宇宙在膨胀。

波动还有更神奇的故事。1834年秋，英国科学家、造船工程师罗素在运河河道上看到由两匹骏马拉着的一艘迅速前进的船突然停止时，被船所推动的一大团水却不停止，它积聚在船头周围激烈地扰动，然后形成一个滚圆、光滑、轮廓分明的大水包，高度为0.3～0.5米，长约10米，以约每小时13千米的速度沿着河面向前滚动。罗素骑马沿运河跟踪这个水包时发现，它的大小、形状和速度变化很慢，直到运动了3～4千米后，才在河道上渐渐消失。这就是罗素首先发现的孤立波。通过计算机对孤立波进行研究的结果表明，两个孤立波相互碰撞后，仍然保持原来的形状不变，并与物质粒子的弹性碰撞一样，遵守动量守恒和能量守恒。

孤立波还具有质量特征，甚至在外力作用下其运动还服从牛顿第二定律。因此，完全可以把孤立波当作原子或分子那样的粒子看待，人们将这种具有粒子特性的孤立波称为孤立子，有时又简称为孤子。孤立子的高度稳定性和粒子性引起了人们的极大兴趣。20 世纪 70 年代，人们从理论上发现可以利用“光孤子”实现远距离通信，并可大大提高信息传输量。对孤立子的更深入的研究发现，孤立子的性质很像基本粒子：孤立子原本是波，却具有粒子的特性，而物质粒子原本是粒子，却具有波的特性。人们确信，孤立子和物质粒子之间一定存在某种联系，孤立子在将来可能会对基本粒子的研究起到独特的作用。

波是这个世界的信使，它携带信息，传递相互作用，把相隔一定时空的事物紧紧地联系在一起。可以说，波使这个世界变成一个有机的整体。

四、运动与存在

物质是运动的物质，运动是物质的运动。没有运动的物质和没有物质的运动同样不可想象。世界的存在本身就是一个运动着的存在，大到整个宇宙，小到基本粒子，无不处于永恒的运动之中。

现代的天文观测表明，所有的星系都在相互远离，这说明我们的宇宙正在膨胀。反推之，以前的宇宙要比现在的宇宙致密，如果一步步上溯，我们就不得不承认，我们的宇宙有一个起点。现代理论认为，宇宙产生于一次大爆炸，大爆炸之后的宇宙一直处在演化之中。而根据广义相对论，静止的宇宙也是无法存在的，宇宙只能处在不断地膨胀或收缩中。

从大尺度上看，引力控制着宇宙。宇宙通过一次大爆炸，使物质产生高速的运动，从而挣脱引力的束缚，构成现在这个结构丰富的世界。也就是说，我们看到的星空并不是从来如此，而是宇宙长期演化后的样子，而且还处在不断地变化中，经过亿万年后，星空就不是现在这个星空了。由于引力的作用，星系团、银河系、太阳系等这些大大小小的天体系统都不可能以静态的方式存在，所有的天体都像行星绕太阳运动一样，处在一种有序的运动当中。

太阳也不是从来就有的，太阳每天发出光和热，能量不断减小，自身的质量也不断减小。总有一天，太阳会耗尽可释放能量。现在的太阳之所以能稳定地发光发热，是因为太阳内部的核反应产生的运动与太阳自身的引力刚好能相抗衡，从而支撑起了太阳的结构。太阳处在一种动态的平衡当中，而数十亿年后，由于核燃料的消耗，太阳的结构将发生巨变：先变作一颗红巨星，最后演化为一颗白矮星。众多天体莫不处于运动变化之中。

天体的演变与微观粒子的相互作用是息息相关的。地面上的物体大多数有分子结构，但是在恒星中，不仅所有的原子都被电离了，而且原子核也会发生变化，原子核的转变是有一定规律的。

人们最早通过放射性元素的衰变发现原子核的变化，后来则发现了人工转变原子核的方法，即用射线轰击原子核，使原子核发生变化，这就是人工核转变。由于核反应总是伴随着巨大的能量转化，所以反应物与生成物的质量（静质量）也发生明显的变化。通过对射线粒子及各种原子核静质量的测量，人们便能精确地计算出某个反应是释放能量还是吸收能量。自然界中能够自持的核反应都是释放能量的。根据比较原子核中核子的平均质量（或平均结合能），人们发现中等大小的原子核相对稳定，通过精确计算表明，铁的原子核是所有原子核中最稳定的。这意味着如果核反应不断进行，核能不断消耗，所有的原子核最终都会转变成铁原子核。

像太阳一样发光发热的恒星靠着持续不断的核反应提供能量，宇宙则被这些恒星所照亮。这些恒星的寿命则依赖于核反应的剧烈程度，质量越大的恒星，内部的核反应就越剧烈，其寿命也就越短。地球上的风霜雨雪以及生命繁衍靠的都是太阳提供的能量，而太阳照射到地球的能量只占它释放能量的二十亿分之一，而正是太阳的这二十亿分之一的能量使得地球变得生机勃勃。

从物质结构看，各个层次的物质结构都对应着不同的运动。组成原子核的核子也是有结构的，核子由夸克组成，夸克之间也发生着相互作用，夸克与夸克之间不断交换着胶子，而胶子则在不断地生成与消失，使得夸克与夸克之间形成一个相对平衡的结构。事实上，整个世界都靠相互作用联系在一起，而所有基本相互作用都是基于粒子的交换，粒子与粒子相互作用的过程中，充满了各种粒子的生成与湮灭。没有这些粒子的生成与湮灭，也就没有这个世界。

第三节　运动的周期性

总的来说，世界的运动变化会经历一系列发展阶段，它是具有历史性质的，即一切的运动不可能完全回复到以往经历过的任一时刻的状态。古希腊哲学家赫拉克利特说："这个有秩序的宇宙对万物都是相同的，它既不是神也不是人所创造的，它过去、现在和将来永远是一团永恒的活火，按一定的尺度燃烧，一定的尺度熄灭。"这里的"一定尺度"是指事物发展有一个自身的节奏，如生物的春生、夏长、秋收、冬藏，而这些阶段又会周而复始地出现，这就是事物运动的周期性。研究自然事物的周期性运动，了解事物的各发展阶段，也是我们掌握自然规律的重要手段之一。

一、运动与时间

在日常生活中，人们常常会利用某一事物的运动表示一段时间，如一根烟的工夫、一炷香的时间、弹指一挥间等。现代人有了钟表，计时就显得方便，如一节课 45 分钟，跑 100 米用了 13 秒等。显然，时间的长短可以由一根烟、一炷香、钟表等的"运动"来表示，但这些"运动"并不是时间本身。什么是时间？我们的时间观念是从哪里来的？这些问题都很难回答。但有一点值得注意，那就是时间与运动密不可分，下面我们就从运动的角度来探讨一下它们之间的紧密关系。

时间最像是天体的运动，尤其是太阳的运动造成的：太阳升起落下一次为一天，太阳一次次地升起落下，日子便一天天地过去。古代人发明日晷用以计时，正是利用了太阳的运动。在晴朗的白天，晷针的影子随太阳位置的变化而在晷盘上缓慢地移动，从辰移到午，从午移到申，这不断地告诉人们，时间正在流逝。古人"日出而作，日落而息"，按太阳的运动安排自己的生活。今天，我们的工作与生活也是以天为单位进行的。天是我们时间体系的中心，比天更短的时间单位有时、分、秒，是由天等分得到的，1 天等分为 24 小时，1 小时等分为 60 分钟，1 分钟等分为 60 秒。比天更长的时间单位为周、月、年。1 周之所以是 7 天，是因为古人认为天上运动的天体有 7 个，即太阳、月亮及 5 颗行星（金星、木星、水星、火星、土星）。古人把“7”当作是一个重要的数字，每周的第一天是 Sunday，为太阳日，第二天是 Monday，即月亮日，第三天为火星日，等等。月亮的视运动周期，即月相变化周期为一个月，约 29.5 天。太阳回归运动造成四季更替一次，那就是一年，约 365.25 天。可见我们平时用来计量时间长短的年、月、日、时、分、秒都是以天体运动为基础的。

时间当然不是天体运动造成的，我们可以设想，有朝一日，太阳消亡了，时间却还在流逝。时间不是任何物体的运动，但时间又离不开运动，我们的时间观念确实是从运动上得来的，我们无法设想一个没有运动的时间。亚里士多德曾经说“时间是运动的数”，并指出，可以用周期性的运动作为其他运动的量度，即周期性运动可以作为时间计量的基础。古人常用的水漏、沙漏是以水和沙的运动作为计时手段的，现代人则以钟表时针、分针和秒针的运动来进行精确计时。有了钟表这一经过精心设计的机械运动仪器后，人们的计时就方便多了。

我们的时间体系既然建立在天体运动的基础上，那么时间与天体的位置就有了紧密的联系。比如我们说中午，对应的就是一天中太阳处在最高位置的时刻。但是问题出现了，同样是中午，北京的中午与成都的中午并不是同时的，成都的中午要晚一些。这就是说，如果一个人长年固定地生活在某地，是可以根据太阳位置用日晷来计时的，但是当一个四处走动的商人也带个日晷计时，那就可笑了。根据太阳高度来确定的时间，我们称之为地方时，在同一经度上，地方时都是相同的。对于不同经度上的地方时，我们可以通过各地之间的经度关系，建立起各地方时之间的联系。太阳视运动周期为一天，对应转过的经度为 360°，所以 1 小时转过的经度为 15°，也就是说，经度相差 15° 的两个地方，同一时刻的地方时会相差 1 小时。

根据地方时与太阳位置的关系，我们就可以利用钟表来测定经度。在陆地上，一般总可以找到标志位置的事物，如一座山、一条河等来确定自己所处的位置。可是，在航海活动中，茫茫大海上，放眼望去都是无边无际的海水，这个时候要确定自己的位置就必须用经度和纬度。纬度可以由太阳的高度或北极星的高度来确定，那么经度怎么测量呢？这时，如果有一个非常精确的钟表，经度就很容易确定。假定我们的钟表表示的是北京时间，船员正午时刻到达某地时，当地钟表却显示 13 时，显然此地比北京早 1 个小时到达正午，即该地在北京的东边，经度与北京相差 15°。在钟表发明以前，人们需通过精确掌握日月星辰的运动规律来确定时间，从而计算出经度，这就需要对天体的位置，尤其是行星的位置有一个精确的测量，并把测量结果拟合到天体的运动模型中，以便通过对行星位置的精确观测来确定时间，从而确定经度，所以文艺复兴时期天文学的快速发展与当时航海活动的日益频繁是密不可分的。能精确表示时间的钟表发明以后，人们就经常利用太阳位置结合钟表来确定经度了。

无论是在日常生活中，还是在科学研究上，我们都是用运动来计量时间，也就是说运动的持续也要用运动来量度。

二、天体运动的周期

天体的运动具有精确的周期。天体运动周期有两种，一种是视运动周期，另一种是本身运动的周期。由于一天的时间是以太阳的视运动来规定的，由此可知，地球的自转周期略小于一天，这是因为地球公转每天行进约 1°，所以在地球上观察太阳，要让太阳在第二天出现在同一位置，地球大约需转过 361°。同理，由于地球的公转，月亮绕地公转周期与月相周期也是不相同的，月亮绕地球公转周期只有 27.3 天，由于我国的农历月是以月相周期来规定的，地球公转每月（阴历月）行进约 29°，所以月亮需多转约 29°（约 2.2 天）才会出现相同的月相，即月相周期为 29.5 天。

值得注意的是，月球的自转周期竟与其公转周期完全吻合，这使得月球朝向地球的总是同一面，以至于我们在地面上永远无法观测月球的另一面。科学研究表明，月球的公转周期与自转周期并不是一开始就相等，而是月球在长期的运行过程中，随着能量的损失，自转周期变长，最终自转周期等于公转周期。同样可以预期，地球由于潮汐作用等原因，导致能量损失，自转变慢，周期变长，在漫长的天文时间里，最终也会走上跟月球相同的道路。这意味着一天的时间长短在缓慢地发生变化，从前的一天比现在的一天要短一些，而将来的一天要比现在的一天要长一些。

人们根据天体运动规律制定历法。历法分阴历和阳历。阴历是按月相变化制定的，所以阴历的日期与月相是对应的。阳历是按太阳视运动周期而制定的，所以阳历的日期跟季节是对应的。公历采用阳历，但一年时间太长，所以公历又把一年分为 12 个月，公历的月与月相周期并不对应，所以无法根据公历的日期判断月相。中国的农历是阴阳历，它兼顾了太阳的视运动和月相的变化，既采用了阴历的月，又按太阳运动来定节气。在阴历中，完全看不见月亮称为朔，满月称为望，阴历的一个月也叫朔望月，朔日定为初一，望日有时在十五（前半夜），有时在十六（后半夜），人们常说“十五的月亮十六圆”，这是由于从朔到望有 14.7 天（大于 14.5 天），从概率上讲，望日落在十六的可能性更大些。朔望月有大有小，大月 30 天，小月 29 天。在朔日或望日，太阳、地球和月亮几乎在同一直线上，使得在引力作用下产生的潮汐现象与月相密切相关，钱塘江一年一度的观潮节定在农历八月十八，就是因为那一天的潮水比较大。在节气的制定中，人们把一年中正午太阳最高那天定为夏至，正午太阳最低那天定为冬至，把一年中昼夜平分的两天，一天定为春分，一天定为秋分。每个节气都对应太阳在黄道上的一个位置，周期性运动中，一个位置就是一个相位，所以一年有 24 个节气，就相当于给一年定了 24 个相位。中国古人根据节气来确定农时（而不是根据阴历的月份），这是非常科学的。因为地球的自转和公转造成了昼夜更替和四季变化，地球上的生物进化最终与之相适应。可见，我国的农历既科学又实用。

在古代，历法是很重要的，受到历代统治者的重视。可是因为太阳的起落周期、月相周期和回归周期三者并没有简单的整数比关系，这使得历法的制定变得困难，一部能在较长时间内有效使用的历法需要对这三个周期进行精确的测量，然后根据测得的数据进行推演，所以编一部历法既需要进行精确的观测，又需要进行大量的计算，这也是古人把天文学与数学归为同类的原因。唐朝天文学家僧一行制定的《大衍历》、元朝天文学家郭守敬主持编定的《授时历》是中国古代历法的杰出代表。

除了日、月、地三球体的周期运动，还有其他行星绕日的周期运动，卫星绕行星的周期运动，彗星的周期运动等。如果包括人造天体，那么此类运动数不胜数。同类天体的运动，它们的周期是有规律的。如行星绕日运动，离太阳近的行星周期较小——水星（离太阳最近）的公转周期约为 88 天，离太阳远的行星周期较大——海王星的公转周期约为 165 年。而对人造卫星来说，周期最小的是近地卫星，周期约为 84 分钟。更大的天体系统也具有周期性，如银河系有四条旋臂绕着银河系的中心运动，周期约为 2 亿年，银河系也在公转，其周期约为 2000 亿年。天体的运动比较整齐有序，触发了人类对自然运动的精确研究，并最终开启了近代科学的发展。

天体除了由机械运动造成的周期性，其自身的物质运动也具有一定的周期性。比如，太阳脉动周期约为 3 小时，太阳黑子活动周期约为 11.2 年。在对天体的长期观察中，人们注意到，有一类恒星亮度会随时间推移发生周期性变化，这类恒星叫变星。最典型的变星为造父变星，它们的光变周期是与绝对星等有关的，这在天文学的研究中有重要的应用。

三、振动

伽利略首先发现了单摆的等时性，而惠更斯则更进一步研究摆的等时性，他发现伽利略的单摆并不严格等时，只有当小球沿摆线运动时，才是严格等时的。惠更斯的解决办法是，使单摆悬线被两个摆线状的夹片所限制（如图 3-4 所示），这样摆球划出的就是一条等时的摆弧。惠更斯利用了摆的等时性发明了摆钟，这是第一个以振动周期为计时单位的计时仪器，此前所采用的非周期运动的沙漏、水漏等计时仪器的计时误差都比较大。摆钟的发明，标志着精密计时的开始。

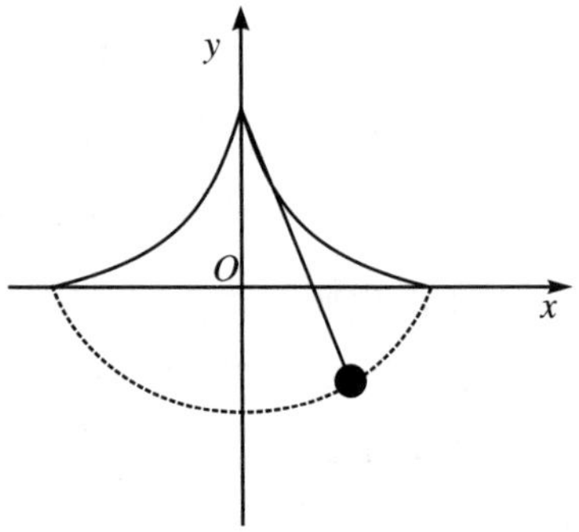

图 3-4

胡克研究了弹力，除了得到著名的胡克定律，还发现了弹簧振动的等时性，据此发明了用于钟表的游丝（也有人认为是惠更斯发明了游丝，因为惠更斯第一个成功制造出游丝钟表）。振动是最常见的周期性运动，但是一般物体的振动周期都很小，而单摆与弹簧振子则具有较大的振动周期，方便了人们观察，所以它们首先被人们研究。

牛顿力学建立之后，人们才有能力深入地研究物体的振动。研究发现，单摆和弹簧振子的振动都属于最简单的振动，即简谐运动。简谐运动是一种最重要的振动，研究其他振动都是以简谐运动为基础的。我们把匀速圆周运动投影到与圆面垂直的平面上，其投影的运动就是简谐运动。任何一个周期性振动都可以分解成若干个简谐运动，这些简谐运动中有一个最小的频率，我们称之为主频率（基音），其他频率是主频率的整数倍，称为倍频（泛音），倍频的振幅都比主频小。有一个数学方法，叫作函数的傅里叶展开，它可以把任何周期性函数分解为有限个正弦函数之和，这种数学方法正好用于振动的频谱分析。不同的乐器，同名的乐音的基音是相同的，泛音的不同使得各种乐器具有不同的音色。奇妙的是，乐器的振动通过声波传播到人耳时，人们能根据音色准确地辨认声音来自何种乐器。

物体自由振动时有一个固有周期，比如乐器的某根固定的弦，无论你如何弹拨它，发出的音的音高总是相同的。但是很多物体在振动的时候并不是自由的，外来因素会参与其中，甚至物体的振动完全由外来因素决定（如音箱的振动由声音信号决定）。周期性的外力也称驱动力，如果驱动力长时间作用于振动系统，那么系统中原来振动的能量就可以忽略不计，物体的振动周期就跟驱动力相一致。在这样的情况下，如果驱动力的周期跟系统的固有周期相差很远，那么外力引起的振动的振幅是有限的；如果外力的周期跟系统的固有周期接近，则会引起很大的振幅，这就是共振。共振现象说明“外因是通过内因起作用的”。共振在乐器上很容易发生，在声学中，这叫共鸣。《庄子·徐无鬼》中所记：“鼓宫宫动，鼓角角动，音律同矣。”说明早在战国时期人们就已经知道共鸣现象。二胡、琵琶、吉他、小提琴等乐器都有一个共鸣箱。生活中的共振有时会产生巨大的破坏性，所以车辆过桥、机器运转、轮船航行等都有速度限制，以防止共振的发生。

电荷在导体中运动也有一个类似的现象，电磁振动习惯上被称为振荡。任何导体都可以看作是一个 LC 回路。收音机接收信号时，通过调节 LC 回路的固有频率，使其与被接收的电磁波频率一致，产生电谐振，此时 LC 回路中相应频率的振荡电流达到最强。事实上单独的一个原子，也可以看作电磁振荡系统，一个原子能吸收或发射特定频率的光。人们利用原子的这一特性，再利用谐振腔把同一频率的光不断地放大加强，就产生了激光。

直到 20 世纪 20 年代，最精确的时钟还是依赖于钟摆的规则摆动。后来人们找到了频率更稳定的石英晶体，制造出了基于石英振动频率的时钟，这种时钟的误差每天不大于千分之一秒。即使如此精确，它仍不能满足科学家们研究爱因斯坦引力理论的需要。根据爱因斯坦的理论，在引力场内，空间和时间都会弯曲，因此，放在珠穆朗玛峰顶部的一个时钟，比放在海平面处完全相同的一个时钟平均每天快三千万分之一秒。要更精确地测定时间，唯一的办法是寻找更小的振动周期来作为计时的基础，于是人们想办法利用原子特性来制作精准的时钟。

20 世纪 30 年代，美国哥伦比亚大学实验室的拉比和他的学生研制出了原子钟。在原子钟里，一束处于某一特定的超精细态的原子穿过一个振荡的电磁场，场的振动频率与原子超精细跃迁频率越接近，原子从电磁场吸收的能量就会越多，并因此经历从原先的超精细态到另一态的跃迁，反馈回路可调节振动场的频率，直到所有原子均能跃迁。原子钟就是利用振动场的频率作为节拍器来产生时间脉冲的。目前，振动场频率与原子共振频率已达到完全同步的水平。1949 年，拉比的学生拉姆齐提出，使原子两次穿过振动电磁场，其结果可使时钟更加精确。由于原子振荡的频率具有高度稳定性，并且其振动过程很容易复制和再现，所以在科学体系里，人们已不再把天体的运动作为计时的标准，而是把原子的振动作为计时的标准，新的标准使时间测量有了更高的精度。我们现在所用的 GPS（全球定位系统），正是利用原子钟作为时间标准，才达到了很高的精度。

因科学的发展，我们对时间的计量越来越精确。但时间的本质到底是什么，还值得人们进一步去深思。

第四节 可测量的世界

要了解自然，就要参与自然。人参与自然的方式之一就是对自然的各个方面进行测量。

一、物理量的测量

通过测量我们可以了解一个人的身高、体重、血压和体温等指标，有了测量，我们就知道 100 m 谁跑得快，铅球谁扔得远，一座山有多高，月亮离我们有多远等。测量不但在生活中不可或缺，而且是认知自然的手段和科学研究的基础。在物理学中，所有的物理量都建立在可测量的基础上，物理学理论的正确与否，可以通过测量来检验。

测量包括测量标准和测量行为两部分。用尺子量一物体的长度，尺子上的刻度就是测量的标准；测量时把物体的一端对准零刻度线，读出另一端所对应的读数，这就是测量的行为。我们要想知道一个测量结果的现实情况，就必须知道测量的标准。在小说《三国演义》中，关羽身高九尺，如果按今天的标准，即一米为三尺的话，那么关羽身高达三米，这显然是不可能的。尺的标准在历史上有多次改变，不同朝代的尺是不一样长的，想知道关羽到底有多高，就需要考证三国时一尺究竟有多长。可见测量需要有一个固定的、统一的标准。测量的行为是进行比较。只有相同的量才能进行比较，不同的量是无法进行比较的，如 1 千克和 2 米是不能进行比较的。测量长度时，当物体两端分别与尺子的两条刻度线对准时，物长就等于尺子两刻度间的距离，这样我们就能从尺子中读出物体的长度。当然，我们也可以利用几何关系测量长度，比如利用日影测金字塔高度时，就利用了几何上的比例关系。同理，测量质量时，天平用的是等臂杠杆，称取的是与砝码相同的质量，杆秤则利用了比例关系，可以称量与秤锤不同的质量。

在古代，长度和质量的官方标准都采用实物，并没有一个客观的、自然的标准。与长度和重量不同，时间倒是自古就有一个天然的标准，即一天的时间，这一标准是客观稳定的。由于长度与长度、质量与质量之间方便比较，所以人们很早就能对长度、质量进行较为精确的测量。时间的测量是对运动的比较，因为人们早先没有发现地上事物的稳定的运动，所以比一天短的时间，人们一直缺乏精确测量的手段。直到钟表发明出来，人们才有效地解决了精确计时的问题，可以说，钟表的发明使得人们研究快速的运动成为可能，使时间成为科学研究中一个重要的物理量。在此之前，人们只对运动较慢（周期较大）的天体运动的观测达到了很高的精度，取得了很高的成就。

测量使我们对自然有更细致的了解。一门学科要获得发展，就要收集相关的数据，做相关的测量。温度是人们早就知道其存在，但一直无法测量的一个物理量。很早以前，人们在烧窑和冶炼时，通常凭借火焰和被加热物体的颜色来判断温度的高低。第一支温度计是伽利略发明的，有了温度计，温度就不再是主观感觉，而成了一个客观的物理量。只有当温度成为一个可测量的物理量时，才有了热学的发展。

测量的精度在某种意义上决定了人们对自然认识的深度。在伽利略的年代，人们能精确测量的只有物体的长度（包括面积和体积）和质量，以致伽利略把物体的质量和广延作为物体的第一属性。事实上，物体的属性是多种多样的，那么物体到底有哪些性质呢？答案往往不是取决于物体本身，而是取决于我们对它做了哪些测量。物体的温度决定了物体是固态、液态还是气态，物体的电阻反映了物体的导电性能，物体的折射率反映了物体的光学性质……1666 年，牛顿利用三棱镜把太阳光分解为七色光谱，由此发现白光是由各种颜色的光组成的，一举提出光的颜色理论，为后来光谱的研究奠定了基础。19 世纪发展起来的光谱学被广泛用于化学分析，人们发现每种原子都有其独特的光谱。通过光谱分析，人们就可以了解构成物质的原子或分子的种类及数目。如果物质的光谱分析能轻易地为人类掌握，伽利略是否会把物质的化学组成作为物质的第一属性呢？

人类通过测量，不仅加深了对自然的认知，而且也丰富了获取信息的手段。随着科学的发展，人们的测量手段也越来越多。我们能测出电路的电流、电压，也能测量电场强度和磁感应强度。我们能测量声音的强度和频率，也能测量人耳无法听到的次声波和超声波。我们能测量光的强度及光强随频率的分布情况，也能测出人眼无法感知的红外线、紫外线。通过测量，我们知道了放射性元素的存在，发现了宇宙的背景辐射。通过测量，我们甚至可以推知暗物质及黑洞的存在。

乔治·贝克莱曾说，“存在就是被感知”，对物理学来说，存在即被测量。如果一个事物无法通过任何测量得知它的存在，这一事物对我们来说是无意义的。以太就是这样脱离了可测量范围的事物，所以它最终被人们抛弃，绝对时间、绝对空间也同样由于具有不可测量性而成为多余的概念。牛顿提醒人们，在科学研究中，引入物理概念时须谨慎小心，所有的物理概念都必须与人们的测量行为有联系。

二、基本量和导出量

我们定义一个物理量时，通常要用到其他的物理量。比如导体的电阻定义为加在导体两端的电压与流过导体电流的比值，弹簧的劲度系数是弹簧的弹力与弹簧伸长量的比值，功是物体所受的力与物体在力的方向上位移的乘积，等等。这些量的定义是明确的，因为我们这样定义的时候，也给出了它们的测量方法：要测电阻，我们只要测出导体两端的电压和流过导体的电流；要测弹簧的劲度系数，我们只需测出弹簧所受的拉力大小和弹簧的伸长量。物理学中的大多数物理量都是这样定义出来的。

但是有的物理量，如质量，却不能用其他物理量来定义。在牛顿力学中，质量是物体惯性大小的量度，在万有引力中，质量是引力之源，但这些说法都没有给出质量的确切定义，更没给出测量质量的方法。如果我们（像牛顿一样）把质量定义为物体的密度与体积的乘积，就有了计算质量的方法。但密度怎么定义呢？如果说密度是质量与体积的比值，那么就陷入了逻辑循环。这里必须要做出一个选择，即以哪些量作为基础。现在规定，像质量这样的物理量，我们能用它来定义其他物理量（如密度、动量、动能等），却不再由其他物理量来定义它，这类物理量称为基本量。时间和长度也是这样的基本量。

基本量的选择并不是一成不变的，比如我们也可以把速度作为基本量，那么长度就可以定义为速度与时间的乘积。由于在真空中光速不变，所以长度就可由光的传播时间决定。在力学中，通常把长度、时间和质量作为基本量，从这三个量出发，我们就可以导出其他所有的力学物理量。

很多物理量的定义都要用到力的概念，如功、压强、冲量、弹簧的劲度系数等，可见力在物理学中是一个非常重要的概念。但什么是力呢？通常力被定义为“物体间的相互作用”，但这一定义只是指出了力的一种基本属性，既没有建立起与基本量之间的关系，又没有给出测量它的途径，所以需要其他定义来补充。那么怎么才能把基本量与力联系起来呢？我们可以从力的可测量性上去考虑。力有两种作用效果：一是使物体发生形变，二是改变物体的运动状态。弹簧测力计就是从力的形变效果来测量力的。人们通常用物体所受的重力来量度力的大小，即把力的大小标准建立在物重的基础上。由于物体所受的重力与质量成正比，在同一地方，比例系数（即重力加速度）对所有物体均相同，所以在同一地点，等质量的物体必然是等重量的。在日常生活中，人们对质量和重量通常不加以区分，这是因为在质量的测量上，我们特别地依赖于它的重量。事实上，质量一定的物体在不同的地方重量会发生变化，在地球上，物重会随纬度的变化而变化，而如果在月球上，同一物体的重量就只有在地球上的六分之一。所以严格来说，用物重来量度力的大小只适用于当地，但不能推而广之。

要建立严格意义上力的量度标准，可以从力能“改变物体运动状态”这一作用效果上着手。改变物体运动状态也就是使物体产生加速度，由实验可知，物体产生的加速度大小既与力有关，又与物体的质量有关，在力一定的情况下，物体加速度的大小与物体的质量成反比。如果力的量度不明确，从逻辑上，我们并不能通过实验建立起力和加速度之间的关系。既然如此，我们不妨直接把力定义为“物体的质量和加速度的乘积”，这样一来，既建立了力和加速度之间的关系，又解决了力的量度问题。可以说，在牛顿之前，力的概念一直没有得到明确的阐述，牛顿第一定律建立起力和运动的正确关系，牛顿第二定律明确了力的普遍适用的量度。

只有力的量度弄清楚了，那些通过力来定义的物理量才成为可测量的量。比如功定义为力与物体在力的方向上的位移的乘积，因为力和位移都是可测量的，所以功也是可测量的；电场强度定义为电荷所受的电场力与该电荷所带电荷量的比值，如果电荷量是可测量的，那么电场强度也是可测量的。

需要指出的是，测量行为的本质是比较，比较所得到的是一个相对量。比如我们知道刘备身高七尺半，关羽身高九尺，虽然我们不知道三国时一尺是多长，但我们知道关羽与刘备的身高关系。同理，有些科学规律的得出并不需要测量出所有相关的量。根据牛顿运动定律和开普勒的行星运动规律，牛顿推导出了万有引力定律，却没给出引力常量。在库仑所处年代，电量还没有单位，更谈不上电量的测量了，但是库仑利用他发明的精巧的库仑扭秤，得出了著名的库仑定律。库仑在扭秤实验中，并没有测量带电体的电荷量，但是他利用相同小球相互接触后电荷均分这一原理，得到了一系列不同的电荷量，巧妙地解决了当时电荷量无法测量的难题。当时连电荷量的单位都还没确定，静电力常量的测量也就无从谈起了。

牛顿没有给出万有引力常量，因为通常情况下两物体间的万有引力太小，无法用普通的测量仪器测得。大约过了一个世纪，万有引力常量才由卡文迪许利用精巧的扭秤首次测出。有了万有引力常量，我们便可推导出天体（包括地球）的质量，卡文迪许因此被称为“能称出地球质量的第一人”。测静电力常量与测万有引力常量不同，库仑已测出电荷之间的相互作用，只是不知道带电体所带的电荷量多少。要测出静电力常量，就要测带电小球的电荷量，而要测出电荷量的多少，就需要给出电荷量的定义和单位。如果我们从库仑定律出发来考虑问题，从逻辑上来讲，电荷量作为电学的基本量是合理的，但是物体所带的电荷量往往容易改变，且电荷量的直接测量也比较难，由于测量上的不方便，电荷量通常被看作是导出量。电荷移动形成的电流间具有磁相互作用，测电流要比测电荷量容易得多，所以电流取代了电荷量成为基本量。在电学中，并没有人专门去测量静电力常量，因为这一常量与真空介电常数有内在的联系，而真空介电常数是人们在研究电容器的电容时引入的，只要测出这一常数，就可以算出静电力常量。

在物理学中，常常会出现很多反映物理量之间关系的常量，这些物理学中的常量往往更深刻地反映了自然界的奥秘。如在量子力学中，到处都出现普朗克常量；在气体的状态方程中，有一个理想气体普适常数，这一常数与气体的温度、压强、体积均无关，却反映了理想气体最本质的特征。又如真空介电常数与真空磁导率出现在电磁波的波动方程中，这两者的大小决定了电磁波在真空中传播的速度，即光速，爱因斯坦指出，这一速度与参考系的选取无关，并且这是物体运动速度的极限。

三、单位制

随着自然科学的发展，物理量的测量必然涉及单位的统一，而统一单位最重要的就是制定单位的标准。

下面我们来看一下国际单位制中基本单位的由来和标准的制定。

18 世纪末法国创立米制，米制以经过巴黎的子午线的四千万分之一作为长度单位，定名为“米”；以米的十分之一长度的立方作为容量单位，定名为“升”；以一升纯水在 4℃时的质量作为质量单位，定名为“千克”。法国政府根据科学家们的实地测量结果，制成“米原器”和“千克原器”，保存在法国巴黎档案局。经法国政府的大力推广，米制逐渐被许多国家采用。为了满足国际上的贸易、工业以及科学技术交往的需要，法国等 17 个国家于 1875 年签署了一项国际公约——《米制公约》。《米制公约》中规定：长度以米为单位，质量以千克为单位，时间以秒为单位，这种单位制称为米·千克·秒（MKS）制。签署《米制公约》的 17 国以“米原器”和“千克原器”为样本，制造复制品作为各国的计量基准器。因为米、千克、秒这些单位量值取得比较合适，用起来比较方便，所以很快被各个国家所接受。

米制最初从自然事物中选取长度标准，但后来人们发现，“米原器”比经过巴黎的子午线四千万分之一的长度约短 0.2 mm，而“千克原器”也不是准确等于 $1dm^3$ 的纯水在 4℃时的质量。在实际应用中，原器成了最高标准，但是原器基准具有明显的缺点，因为这种基准建立在实物基础上，一旦实物变形、损坏或遗失，就会造成基准的变动甚至缺失。如果能把基准与自然事物中恒定不变的量或基本物理常数联系起来，以自然基准取代实物基准，就不会受到空间和时间改变的影响，测量准确度就会大幅度提高。

我们知道，最早采用自然基准的是时间。最初人们认为一天的时间长短是稳定的，由于地球沿椭圆轨道运动，每个太阳日的时间长短稍有不同，所以时间单位“秒”被定义为平均太阳日的1/86400。但是测量表明，地球自转并不稳定，平均太阳日不能保证必要的准确度。后来人们以地球的公转，即回归年为根据来定义秒，即秒为回归年的1/31556925.9747。

1960年第11届国际计量大会采用了米的自然基准，即米的长度等于氪86原子的2p10和5d5能级之间跃迁的辐射在真空中波长的1650763.73倍。这一基准建立在光波长的基础上，是比较自然的。相比于时间标准，这种在原子能级的基础上的定义标准显得更为稳定，因为天体的宏观运动总是会随着宇宙的演化而发生变化，而原子的能级分布则不会随时间变化。于是，1967年第13届国际计量大会又根据当时原子能级跃迁测量技术的水平，决定将秒的定义更改如下：秒是铯133原子基态的两个超精细能级之间跃迁的辐射周期的9192631770倍的持续时间。

根据新的标准计时的原子钟对时间的测量达到了非常高的精度，铯原子钟即使运行几千万年的时间，其误差都不会超过1秒。相比之下，原来长度的定义却达不到这样的精度。因为真空中光速为一定值，所以1983年10月第17届国际计量大会重新定义了米，即米是1/299792458秒的时间间隔内光在真空中行进的长度。这个新定义的精确度比之前的“米原器”精确度提高了几千倍。光速被用于长度的定义，其本质是赋予不变的光速一固定值，即光速被定义为299792458 m/s。从逻辑上来说，长度的这一定义，实际上是把光速作为更基本的量，而长度则成为光速与时间的乘积。

长度和时间都有了比较完美的自然基准，而质量却一直还使用实物基准——“千克原器”。这是因为“千克原器”的质量可以被高精度地复制出来，而所有用其他方法制定的质量基准，以目前的手段复现的精度还无法达到“千克原器”的水平。但是，“千克原器”历经一百多年后，其质量已发生了变化，不能再把它看作是零误差的基准了，所以质量标准亟待重新确立。理论上，质量标准应该很容易建立，因为原子的质量是稳定的，但是原子质量太小，我们无法直接比较物体质量与原子质量。假设我们能精确地数出一物体中原子的数目，则质量的标准就很容易建立在自然事物上了。佐治亚理工学院物理学院的名誉教授罗纳德·福克斯提议质量采用自然定义，即把 1 克定义成 18×14074481^3 个碳 12 原子的质量。

罗纳德·福克斯的质量定义相当于把阿伏伽德罗常数给确定下来了，因为作为基本量之一的物质的量单位“摩尔”是这样定义的：凡是含有阿伏伽德罗常数个结构微粒的物质，其物质的量为 1 摩尔。在微观上，人们已经把碳 12 作为质量标准，把它的相对原子质量定为 12，根据国际协议，1 摩尔的碳 12 的质量应为 0.012 千克。如果质量单位“千克”有着明确的标准，根据这一定义我们可以测出阿伏伽德罗常数。如果我们把质量的单位“千克”的基准建立在碳原子上，我们就可以定义一个固定的数为阿伏伽德罗常数（如前面光速的定义），从而得到千克的单位标准，即 1 摩尔碳 12 的质量就是 0.012 千克。从理论上来说，这是一个完美的方案，但在实验中，我们还无法精确地数出物质中含有的原子个数。

在热学中温度是个基本量，温度的单位为开尔文（K），这一单位是建立在热力学定律基础上的。在热学中，有一个绝对零度，这是实验永远无法达到的温度。为了定出 1 K 的大小，就选取水的三相点为基本定点，定义其温度为 273.16 K。从理论上来说，热力学温标是非常合理和科学的，但是要严格依据这一标准进行测温却非常困难，所以在测温时，人们通常采用实用温标。实用温标有 11 个可以复现的固定点，并在 13.81 K 到 1337.58 K 范围内规定用气体温度计测定固定点的温度值。这种实用温标不能代替热力学温标，但是可以根据当时测量技术的水平尽可能提高准确度，逼近热力学温标。

电学中的基本量是电流，电流的单位是安培（A）。在真空中相距 1 米的两条无限长且圆截面可忽略的平行直导线内通过一恒定电流，若这恒定电流使得这两条导线之间每米长度上产生的力等于 2×10^{-7} N，则这个恒定电流的电流强度就是 1 A。

光学中，光源的发光强度是一个基本量，发光强度 1 坎德拉（cd）

的定义为：发出单色辐射的频率为 540×10^{12} Hz 的光源在给定方向上的光强度，该方向上的辐射强度为 1/683 W/sr。定义中的 540×10^{12} Hz 辐射波长约为 555 nm，是人眼感觉最灵敏的波长。

2018 年 11 月 16 日，国际计量大会通过决议，国际单位制中的 3 个基本单位（千克、开尔文、安培）改由自然常数来定义，并于 2019 年世界计量日（5 月 20 日）起正式生效。1 千克定义为“对应普朗克常数为 $6.62607015 \times 10^{-34}$ J·s 时的质量”，1 安培定义为“1s 内通过 $(1.602176634)^{-1} \times 10^{19}$ 个电子电荷所对应的电流”，1 开尔文定义为“对应玻尔兹曼常数为 1.380649×10^{-23} J·K^{-1} 时的热力学温度”。同时重新定义了 1 摩尔，即“精确包含 $6.02214076 \times 10^{23}$ 个原子或分子等基本单元的系统的物质的量”。与此同时修改阿伏伽德罗常量为 $6.02214076 \times 10^{23}$ mol^{-1}。定义摩尔的阿伏伽德罗常量不属于自然常数，而是出于教学原因被用来表示粒子数量的固定值。至此，国际单位制 7 个基本单位全部由基本物理常数定义，量值的实现进入了量子化时代。

国际单位制，简称 SI 制，是一种科学、简单、实用的单位制。普遍推广国际单位制，可以消除因多种单位制和单位并存而造成的混乱，节省大量的人力和物力，有利于促进国民经济和国际交往的进一步发展。1999 年 9 月，美国发射了一个火星探测器，制造商对一项关键性操作提供的是英制单位的数据，而航宇局的导航人员想当然地以为是公制单位的数据，未加换算便直接将英制数据输入了采用公制数据的计算机系统内，导致探测器离火星过近，温度过高而烧毁，致使美国损失价值 1.25 亿美元的火星探测器。当今绝大部分工业发达国家都积极地推广国际单位制，原来采用英制单位的国家也决定放弃英制，采用或准备采用国际单位制。

在物理学，尤其是理论物理学的许多书籍和论文中，至今仍广泛采用厘米·克·秒制（CGS 制）。这种单位制选用厘米、克和秒作的基本单位。CGS 制有一个方便之处，就是 1 立方厘米的水，在其最大密度时具有近似为 1 克的质量。这种单位制是在英国科学进展协会标准委员会的倡导下建立的。三个基本单位确定后，按照一贯性的要求可以确定所有其他单位，即导出单位。但当涉及电磁现象时，导出单位的确立却不是唯一的，换句话说，就是导出单位的确立有两条不同的途径。其中一条途径的出发点是两个磁极之间的作用力反比于距离平方，另一条途径的出发点是两个电荷之间的作用力反比于距离平方。德国物理学家威廉·韦伯于 1851 年循着这两条途径得到了两种“绝对”单位制：根据电荷的静电相互作用建立的叫作绝对静电单位制（CGSE 制），根据磁相互作用建立的叫作绝对电磁单位制（CGSM 制）。

CGS 制至今仍作为一种保留使用的单位制。在只限于力学量和电学量的单位时，国际单位制中将安培作为基本单位，即共有四个基本单位，而在 CGS 制中，则只有三个基本单位，安培作为导出单位。国际计量委员会认为，在使用 CGS 制时，最好不与国际单位制单位并用。

在粒子物理学中，至今仍广泛采用一种特殊的单位制，即自然单位制。在自然单位制中，把基本物理常数 $\hbar$（普朗克常量除以 2π）和 c（光速）都取作 1，于是，基本物理量可以减少，从而能够选用能量作为唯一的基本物理量。在同粒子物理密切相关的其他物理学科中，有时也采用自然单位制。

随着科技的发展，新的物理量不断产生，如果为了量度这些物理量，割裂地、任意地选定它们的单位，则必然会造成极为复杂的局面。由于绝大多数物理量之间存在着客观联系，因此我们不应该也没必要为每一个物理量选定它们各自独立的单位。

为了使用方便，建立单位制应遵循下列原则：

（1）选择数量适宜、彼此独立的几个基本单位，并且应能方便地推导出所有其他导出单位。

（2）基本单位应有严格、准确的定义，并能以目前的科学技术所能达到的最高准确度来复现和保存。

（3）各个单位之间的关系应遵循一贯性原则，即在由基本单位导出所有导出单位的过程中，所用的定义关系式系数都是 1。

（4）倍数单位或分数单位的进制比较简单，导出单位的倍数或分数单位之间的关系也应简单、明确，计算方便。

物理理论的学习，很重要的一块内容就是掌握各种物理量的来源，及该物理量的大小如何测定，这样能保证物理理论与实验总是保持着密不可分的联系。

第五节　人类认知自然的限度

人们在认识自然时，总会受到一些因素的制约，这使人们对自然的了解总是有限的、不充分的，只能达到某一程度而无法窥尽自然的奥秘。这些制约因素，有的来自研究者所处的时代，有的来自研究者的思想成见，有的则来自自然本身。

一、时代的限制

理性认识自然，既需要对自然进行精密的观察，以充分了解自然的现象，也需要引入科学的概念，对自然进行准确的描述。在科学萌芽时期，人们对世界的观察是比较粗略的，对世界的描述以感性为主，所用的概念往往是模糊的、不准确的。

在古希腊，自泰勒斯开始发展起来的自然哲学到亚里士多德时期已经达到鼎盛阶段，形成了相对完整的体系。具有代表性的体系有两个，一个是德谟克里特的原子论，一个是亚里士多德的学说。德谟克里特的原子论表现出了古希腊人对自然的天才的直觉，但这并不是建立在实验基础上的原子论，它在说明事物的运动时有很多不足，原子的大小更是只字未提。相反，亚里士多德吸收了前人的成果，提出了四因机制和四元素理论，以定性的方式，系统地解释了自然界的各种问题，把自然界的事物安排得井井有条，给出了一个比较符合人们感官认识的自然体系。亚里士多德的体系成为古代人们认识自然的基础。

古希腊产生了一批伟大的天文学家，他们划分天区，建立天球坐标，创立球面三角，对天体运动进行仔细的观测和记录，对复杂行星的运动引入本轮－均轮模型，解决了行星运动的难题，这是一个结构严谨、内容丰富的地心说体系。这一体系与亚里士多德的理论是相容的，并且应用了数学，使得亚里士多德的宇宙体系显得更加精致、完美。另外，通过对天体的观测和计算，古希腊的阿里斯塔克提出了日心说，但这是一个超越时代的思想，当时的人们无法接受。因为如果承认日心说，那么就承认地球在转动，地动理论与亚里士多德的理论严重冲突，如果要接受这一理论，就必须推倒亚里士多德的整个体系。这在当时是一个无法克服的困难，这一困难导致日心说在古代无法得到广泛传播。

到了近代，日心说的提出、惯性原理的发现、自由落体运动的研究等使亚里士多德的理论体系危机四伏。伽利略提出了科学研究的方法，开普勒发现了行星运动的规律，实验手段的更新，数学的进步，使得建立一个新的体系的机会到来了，牛顿抓住了这个机会。牛顿筹划严密，论证细致，用质量、速度、动量、力等这些量化的概念来描述自然。牛顿运动三大定律和万有引力定律不仅完美地解决了行星运动问题，还把苹果落地运动、月球绕地运动、彗星运动、潮汐现象等都纳入同一体系。牛顿力学体系的建立，使亚里士多德的理论完全退出历史舞台，科学开始一步步取代自然哲学，成为人们认识自然的利器。

牛顿力学作为第一个科学体系，在形成公理化体系时，不得不引入一些基本概念，如质量（惯性）、时间、空间等。对于这些基本概念，牛顿在使用它们时虽然做出了一些说明，但没能给出明确的与测量相结合的定义。牛顿对这些概念的应用不无顾虑，但是在科学的起步阶段，谁也无法透彻地阐明这些基本概念。例如，惯性质量与引力质量是否等同？如何保证两地的同时性？这些疑难在牛顿的时代几乎没人思考，也难以解决。牛顿反思了这些问题，虚构了跟我们生活经验相吻合的绝对时间和绝对空间，使牛顿力学成为一个自洽的理论。牛顿认为超距作用是不可思议的，对于引力的本质，他认为在当时的情况下无法解决，这一问题只能留待后人去解决。这些当时无法解决的问题，最终成了牛顿力学体系的漏洞。爱因斯坦这样评价：“你发现了你那个时代唯一的路，只有具备最深邃思想和创造力的人才能找到的路。你创建的那些概念，甚至直到今天还在引导着物理学中的思考，虽然我们如今知道，它们将被其他一些从直接经验中脱离开来的观念所替代。”

在科学的发展过程中，新的观念的形成，新的实验事实的发现，不断改变着人们对自然的看法。现代物理拥有了更多精度更高的实验事实，对物理学的基本概念进行了更严密的考察，使人类对自然的认识达到了更高的层次。相对论和量子力学的发展表明，自然的奥秘有很多超乎人们想象的地方。科学的发展有一个不断交替进行的过程，使人们有了新的经历，而新的经历又会导致科学新的发展。

二、主观限制

物理学家眼中的自然与化学家眼中的自然会有诸多不同，而生物学家眼中的自然又会是另一番景象。在认识自然时，不同的人从不同的角度去探索和思考，客观的自然规律就有了主观的理解和表述。

伽利略发现了惯性原理，指出物体的运动并不需要外力来维持。那么物体在不受外力作用时的运动是什么样的运动呢？由斜面实验可知，小球从斜面上滚下来是加速运动，小球滚上斜面是减速运动，高度的下降是小球加速的因素，高度上升是小球减速的因素，而一旦小球在水平面上运动，不上升也不下降，既没有加速的因素，又没有减速的因素，小球就保持原来的速度一直运动下去。在天文学中，人们一直都认为天体做最完美的匀速圆周运动。伽利略秉承了完美运动的思想，考虑到地球是球体，物体在水平面上的匀速运动实际上是以地心为圆心的匀速圆周运动，所以认为物体的惯性运动是匀速圆周运动。在竖直方向上，物体做最简单的匀变速直线运动，而在水平方向上，则做最完美的匀速圆周运动，这对伽利略来说，确实是一个关于运动的令人满意的方案，满足和谐原则。不过与伽利略同时代的开普勒已经发现行星运动的轨道实际上是椭圆，但伽利略似乎对此视而不见，在他的著作中，还是把匀速圆周运动放在一个崇高的位置上，以至于他发现的惯性原理存在缺陷。

光的波动说兴起后，1818 年法国科学院提出了征文竞赛题目：一是利用精确的实验确定光线的衍射效应；二是根据实验，用数学归纳法推求出光通过物体附近时的运动情况。菲涅耳向科学院提交了应征论文，用半波带法定量地计算了圆孔、圆板等形状的障碍物产生的衍射花纹。菲涅耳的波动理论遭到了光粒子论者的反对。光粒子论的支持者泊松指出，根据菲涅耳的理论，应当能看到一种非常奇怪的现象：如果在光束的传播路径上放置一块不透明的圆板，由于光在圆板边缘的衍射，在离圆板一定距离的地方，圆板阴影的中央应当出现一个亮斑。在当时来说，这简直是不可思议的，所以泊松宣称，他已驳倒了波动理论。菲涅耳接受了这个挑战，立即用实验检验了这个理论预言，非常精彩地证实了这个理论的结论——影子中心的确出现了一个亮斑。泊松是光的波动说的反对者，但他的计算反而支持了光的波动说，所以后人称这个亮点为泊松亮斑。

面对人生目标的选择时，普朗克选择了物理，他说：“我并不期望发现新大陆，只希望理解已经存在的物理学基础，或许能将其加深。”他在研究黑体的规律时，利用内插法得到了与实验相吻合的辐射定律——普朗克公式，但是这一公式只是经验公式。为了能从理论上推导出该公式，普朗克提出能量子假说，并引入普朗克常量（h），利用统计理论成功地导出了黑体辐射的普朗克公式，圆满地解释了实验现象。后来物理学的发展表明，能量子概念和 h 是物理学中最基本的概念和极为重要的普适常量，但是对普朗克来说，他对能量子的引入一直惴惴不安，因为这与经典的理论不协调。在后来的时间里，普朗克一直试图将自己的理论纳入经典物理学的框架之下，但是毫无结果，他曾写道：“我的那些试图将普朗克常量归入经典理论的尝试是徒劳的，却花费了我多年的时间和精力。”普朗克当时也许想不到，他的这个与经典物理学相悖的量子假说后来竟成了量子物理学诞生的标志。

爱因斯坦发表了广义相对论后，1917 年用广义相对论的结果来研究整个宇宙的时空结构，首次用引力场方程来研究宇宙的整体，开创了理论宇宙学这一新学科。在他提出“有限无界的静态宇宙”模型时，已经感觉到了“宇宙有引力收缩的趋势”，为了不让这个不情愿的趋势破坏美好的静态，他特意引入了一个反引力的宇宙常数以抵消这种引力收缩的趋势。事实上，爱因斯坦在黑洞问题上最初也有反对意见。1916 年，史瓦西从爱因斯坦的场方程得出了引力坍缩的解，即描述黑洞的解，可是爱因斯坦当时却认为物质不可能如此紧致，认为这是荒谬的。后来历史证明，黑洞是天体物理中重要的物体，近年来的天文观测使人们普遍认为在众多星系的中心存在着质量巨大的黑洞。1929 年哈勃观察到星系光谱红移和距离的线性关系，得出了哈勃定律。人们把红移归结于宇宙的膨胀，并推论宇宙是由一百多亿年前的一次大爆炸产生的，创立了标准的大爆炸宇宙学理论。当爱因斯坦得知哈勃发现的“宇宙普遍在膨胀”

的事实后，他承认自己引出的宇宙常数犯了一个关键性的错误。

新的物理理论在诞生之初总是会遇到很多反对的声音，因为旧理论的支持者已经形成自己的思维模式，所以很难改变他们的思想。矩阵力学诞生时，虽然理论与实验吻合得很好，但还是引起了老一辈物理学家强烈的不满，不仅是因为新的理论破坏了经典理论所固有的因果律，还因为矩阵力学所采用的数学形式与经典物理很不一样，而当薛定谔给出了微分形式的波动方程时，老一辈的物理学家对量子力学才稍感满意。普朗克指出：“新的科学真理不是靠说服反对者，并使他们看到光明而获胜，而主要因为反对者终于死去了，熟悉这一真理的新的一代成长了。”

三、客观限制

人们认知自然，依赖于相互作用。眼睛视物，是光的作用;耳听声音，是声波作用；触觉、味觉、嗅觉更是基于物质直接作用于器官。除了感官，人类还可以通过工具探知自然：雷达探测电磁波，声呐探测超声波，科学仪器探测星体的光谱、高能的宇宙射线。无论是哪种探测，都离不开相互作用。一个盲者，即使春天的花开得再艳丽，他也不会有任何印象，更不用说把春天的万紫千红描述出来;一个聋人，再美妙的音乐奏起，他也是无动于衷，因为声音进入不了他的世界。感官的缺陷可使某些人无法认识常人能轻易认识的事物，同理，仪器的缺陷也会使我们无法认识世界的某些方面。

在宇宙学中，人们发现宇宙物质的观测密度远小于理论密度，这意味着在宇宙中有大量的物质还在我们的观测范围之外，人们现在把它们笼统地称为暗物质。暗物质的存在是根据引力作用推知的，人们希望暗物质存在除万有引力之外的其他相互作用，以便探知暗物质的其他性质。对于黑洞，除了引力，我们能获取的信息几乎为零。正如光子携带原子、分子的信息，引力波也会携带黑洞的信息。理论上，任何物质的加速运动都会引起引力波，通过对波形进行分析，我们就能判断物质的质量及运动情况。但是，由于物体周围的空间通常太过平滑，加速运动造成的时空扰动根本就无法观测，即使像地球绕太阳这种有大块物质参与的加速运动，产生的时空涟漪也微不足道。只有当两个黑洞相互接近发生合并时，才会产生巨大的时空涟漪，产生能够被人类探测到的引力波。2015 年 9 月 14 日，人们在地球上首次探测到了引力波。探测引力波的两套设施分别位于美国西北部（华盛顿州）以及美国东南部（路易斯安那州），因为引力波以光速传播，对于一个引力波，同一个仪器不可以进行两次测量，所以要对测量进行验证就必须有两套设施，只有这两套设施观测到同样的信号，才能够肯定我们的确是观测到了引力波信号。

通过引力波研究黑洞跟通过光子研究原子有相似之处，同时也有很大的不同。由于微观粒子具有全同性，所以原子每次都可以产生相同的光子，人们可以多次重复测量。而黑洞合并在宇宙中是小概率事件，并且合并之后就不会分开再合并了，如果人们下次又探测到引力波，那就不是原来的那两个黑洞，而是别的两个黑洞产生的，所以人们探测两个黑洞合并产生的引力波的机会只有一次。

科学研究事物着眼于其共性和必然性，因为偶然原因造成的事物差别我们无力研究和描述。比如我们认识一棵树，但不可能了解这棵树上的每一片树叶的叶脉分布情况；认识一粒沙子，我们也无法确切知道沙子中完全的原子排列，无法追踪单个原子的运动情况。我们研究事物，是从自身的角度出发，认为其对人类有普遍意义，但自然的存在和演化不会舍弃任何一个细节，这就是我们获取的信息的有限性与自然信息的无限性之间的矛盾。即使我们只关心事物的某个单一方面，我们也不能精准掌握。比如一个人的体重，不同的时间下测量的结果是不一样的，不同的秤测量的结果也会不一样，通过测量获取的信息总是有一个可变的范围，即测量不可能绝对精确。根据现在的气象测量条件，我们可以整合大量的数据，使得短期的天气预报可以很准确，但是长期的天气预报有着很大的不确定性，这就是混沌理论中的蝴蝶效应。因为事物在发展过程中，有的细节会被湮没，不留下任何痕迹，有的细节则会被放大，对后来事物发展产生重大影响，而我们永远也无法掌握事物运动的全部细节。

德国物理学家海森伯 1927 年提出了不确定性原理，这一原理表明我们对于自然的观测存在着一个极限。如果想要测定一个粒子的精确位置，那么就需要用波长尽量短的波，但是波长越短的波对粒子的扰动会越大，对它速度的测量也会越不精确；如果想要精确测量一个粒子的速度，就要用波长较长的波，但这样就不能精确测定它的位置。经过一番推理计算，海森伯得出：粒子位置的不确定性 Δx 和动量的不确定性 Δp 存在 $\Delta x \cdot \Delta p \geq \frac{h}{4\pi}$ 的关系；粒子能量的不确定性 ΔE 和经历时间的不确定性 Δt 存在 $\Delta E \cdot \Delta t \geq \frac{h}{4\pi}$ 的关系。

可见我们对自然的认识总是有限的，自然的秘密我们无法尽窥。牛顿时代，人们发现科学的力量很强大，人类似乎可以掌握自然的全部真理，但是现代物理学表明，对于自然我们只能观测到自然允许我们观测的那一部分，我们可能永远无法知道事物运动的全部真相。

第四章　物理学中自然规律的统一性

自然现象丰富多彩，自然的运动也多种多样，人们相信在这多姿的现象背后存在着统一。物理学的发展，就在于一步一步地揭示了自然的统一性。从日常生活的角度看，天地相差很大，但是在万有引力面前，它们是统一的；人们根据自然的不同方面，一开始分别研究了光、电、磁等现象，但在电磁场理论建立起来后，便统一了光、电、磁。自然的运行受一些守恒定律的支配，其中能量守恒定律扮演了最为重要的角色，各种不同形式的运动都可以用能量来统一量度。人们依次发现了自然界的四种基本相互作用，而物理学家则相信这四种基本相互作用是同一种相互作用的不同表现。

第一节　天地统一

在古代,天与地不同。地上的事物因其“接地气”而为我们熟知,“天意”则常不可知，天具有神圣性和神秘性，被视为超越人类认识的领域。科学的发展则打破了天与地的壁垒。

一、打破神权思想

在亚里士多德的体系中，地球静止不动，处在宇宙的中心，所有天体都绕着地球运动;宇宙分为月上世界（即天上）和月下世界（即地上），月上世界的事物是由没有生灭的单一元素“以太”构成的，所以月上世界是永恒的，而月下世界的事物则是由土、水、气、火四元素构成，四元素的聚散离合造成了事物的生灭变化。确实，就人们日常所见而言，天上的事物和地上的事物有着明显的区别：天上的事物总是非常有规律，太阳每天东升西落，月亮总有阴晴圆缺，而满天的星星（除了少数几颗行星）犹如镶嵌在一个固定的天球上，更是永恒不变；地上的事物却是多变的和不易捉摸的，动植物有生长变化，食物会变质，金属会生锈，山会崩塌，江河会改道，即使是坚实的大地，也会在地震中改变地貌。所以亚里士多德总结为天上事物永恒不变，地上事物变化无常。

科学从神学中摆脱出来是从天文学开始的。古希腊的天文学既采用了亚里士多德的体系，又采用了严密的数学方法，加上精密的观测，形成了托勒密的地心体系。托勒密的天文学本身是一个非常精致的理论，得到了神权的认可之后，成了天文学的正统理论。但是，到了文艺复兴时期，随着航海活动的发展，人们对天体的位置进行了更多的观测，为了使理论跟观测相一致，托勒密的体系变得越来越复杂，每个行星需要不止一个本轮，有时还需要“轮上轮”，并且还要引入“偏心点”和“偏心等距点”等复杂概念，这就使地心说失去了原有的简洁性。

哥白尼曾十分勤奋地钻研托勒密的著作。托勒密的著作中充满了研究天文学的科学方法，哥白尼认识到，托勒密理论最精华的部分并不是它的结论，而是在三角术的基础上通过观测、演算和推理去发现天体运行的原因和规律这种科学的研究方法。哥白尼认为天文学的发展道路不是继续“修补”托勒密的理论，而是要构造更合理的宇宙体系。通过研究古希腊著作，哥白尼发现，并不是所有的人都认为地球不动：毕达哥拉斯认为地球与其他行星及太阳都是绕着中央火转动的，阿里斯塔克则明确地提出了日心说，并给出了一些理由和解释。哥白尼通过多年的文献研究、理论推导和天文观测，最终提出了日心说理论，撰写了《天体运行论》一书。日心说最革命的地方就在于把地球从宇宙的中心移开，降为一颗普通的、绕太阳转动的行星。

哥白尼提出日心说后，有识之士对其进行了进一步研究。1563 年，第谷观察木星和土星接近时，注意到两颗星靠近的时刻比星历表预言的早了一个月，他意识到当时用的星历表不够精确，于是决心编制更精确的星历表，为此他进行了长期的天文观测。1572 年 11 月 11 日，他看到仙后座中有一颗新的明亮恒星，就对这颗星进行了一系列观测，直到 1574 年 3 月，它变暗到看不见为止，这颗星的出现和消失，进一步动摇了亚里士多德的天体不变的学说。第谷在丹麦的文岛建立“观天堡”，并在里面工作 20 多年。临终前，他把自己几十年辛勤工作积累下来的观测资料和手稿全部交给开普勒使用。开普勒详尽地研究了第谷的记录，发现第谷的观察与哥白尼的学说并不完全吻合，通过多年的研究和艰苦的计算，开普勒发现了关于行星运动的三大定律，完美地解决了一直困扰人们的行星运动的问题，被人们誉为“天空的立法者”。伽利略则通过望远镜发现了很多新的天文学现象，比如太阳有黑子，木星有四颗卫星，月亮表面有起伏等。伽利略指出，我们看不到天体上的变化是因为我们离它们太远，如同我们在高山上看一条河流，感觉不到河水的流动。第谷、开普勒、伽利略等人的研究使日心说得到进一步的发展，标志着自然科学走出了神学的阴影，走向了自我发展的道路。

二、原子论的复活

哥白尼的日心说不但动摇了亚里士多德的关于宇宙的理论，也动摇了亚里士多德关于自然的整个体系。但是哥白尼的学说只纠正了天体的运动情况，而关于整个自然体系的运作情况，还有待新理论的提出。

关于世界的本质，早在亚里士多德以前，德谟克里特就提出了原子论。德谟克里特认为，世界的现象与本质是不一样的，依照通常的说法："甜总是甜，苦总是苦，冷总是冷，热总是热，颜色总是颜色。"人们习惯把感觉的事物当作是实在的，但是真正说起来，它们不是实在的，只有原子和虚空是实在的，世界的本质就是原子在虚空中的运动。伊壁鸠鲁追随着德谟克里特，相信世界是由原子和虚空构成的，但是他又赋予原子一定的自由，认为原子在下落运动中会稍微地偏离一直向下的轨道而与其他的原子碰撞，碰撞造成的旋涡就构成了这个运动的世界。

在亚里士多德的世界里，留了一个上帝的位置——原动天。而在原子论中，上帝就消失了。世上的一切，只是原子在虚空中的运动，事物的运动变化并不是取决于上帝的意志，而只取决于构成事物的原子本身的运动。

文艺复兴时期，卢克莱修的长诗《物性论》系统地保存和宣传了伊壁鸠鲁的学说，《物性论》的出版使原子论被世人重新提起。特别是法国学者伽桑狄等人的努力使德谟克里特的原子论在17世纪得以"复活"。当时人们已不再满足于用原子论来定性地解释这个世界，而是要在原子论的基础上，建立起具有逻辑体系的物理学及化学的基本理论。笛卡儿认为最初的宇宙是由大小相同的粒子组成的，这些粒子沿封闭曲线形成旋涡，在运动中分化出土、空气和火三种元素，土形成行星，火则形成太阳和恒星，这些粒子的性质可由质量、速度和运动的量等进行定量的描述。笛卡儿虽然引入了动量等概念来描述运动，但他并没有深入下去。意大利天文学家博斯科维奇则试图以没有大小只有力学作用的原子模型来说明所有已知的物理现象，这为后来的气体分子运动论打下了基础。在化学方面，玻意耳认识到物质的组成可以是一种或多种原子的组合。

牛顿也认为组成世界的物质是一些坚硬的、不可入的粒子，但牛顿结合前人研究的成果，提出了关于物质运动的三大定律，并发现了万有引力定律，使得原子论脱离了原来的哲学形式而建立起了科学的、关于物质运动的学说。在牛顿的体系中，运动的研究对象要么是质点，要么是质点组，质点或质点组在力的作用下运动，其运动状态的变化由牛顿第二定律定量地决定。牛顿还引入了物质运动的舞台，即绝对时间和绝对空间。万有引力的发现，更是把地上物体的运动和天体的运动统一到同一个力学体系中，实现了自然科学的第一次大统一，这是人类对自然界认识的一次飞跃。

牛顿运动定律体现了高度统一性。运动定律中的“一切物体”，包括天上和地上所有的物体，甚至也包括光。因为牛顿认为光也是由粒子组成的，光是光源发出的粒子流，这些光粒子进入人的眼睛就引起了视觉。光的粒子说很容易解释光的直线传播、反射和折射现象。牛顿将分离出的单色光束照射到不同的物体上，发现了色光不会改变颜色，也就是说光具有像原子一样保持自身性质不变的特性。

牛顿构造的体系是“粒子－力”体系：地面上的物体运动时，物质被当作质点；行星绕太阳运动时，行星被当作质点；光被界面反射时，光被看作是粒子；在给出平板在气流中所受阻力时，牛顿对气体采用的也是粒子模型。牛顿的“粒子－力”模型还被成功地运用到热学中。物质是由大量分子组成的，对具有极大数目的粒子的运动，人们将统计方法和牛顿运动定律相结合，成功地导出了很多热学规律。在有关连续介质的理论中，人们采用微分的方法，把事物分成很小的部分进行力学研究，并取得了成功。这是一个不同于亚里士多德体系的崭新的体系，在这一体系中理性具有无上的地位，事物的运动都遵循既定的自然法则，从理论上来说，自然界的一切都是可以完全被人们所认识和掌握的。

19 世纪道尔顿提出了科学的原子论。道尔顿把关于元素的学说和原子论结合起来，提出有多少种不同的化学元素，就有多少种不同的原子；同一种元素的原子在质量、形态等方面完全相同，在进行化学反应后，原子自身仍保持不变。道尔顿的原子论为化学发展奠定了基础。现代物理学研究表明，原子并不是最基本的粒子，它还可以再分。不过我们也可以这样认为，铁的始基是铁原子，水的始基是水分子，原子、分子就是构成各种事物的始基，原子或分子再分就使粒子失去了原有的性质。在化学反应中，原子是最小的物质单位。

现代的原子论中，原子的不可再分性消失了。即使我们把原子再分解为更基本的质子、电子和中子等，它们也不是永恒的，这些粒子也都是可以产生和消失的，所以世界上不存在真正意义上的不生也不灭的原子。但是，根据量子法则，自然界能产生的粒子是可以确定的，并且，自然界产生的电子永远跟原来相同，产生的原子、分子也永远跟原来相同，即物质的存在形式在微观上是可以确定的。

三、万有引力

牛顿不仅给出了处理物体运动的基本方法，还揭示了物体间的一种基本相互作用力——万有引力。牛顿通过对行星运动的研究发现了万有引力，并把这一结论推广到地球与月球的相互作用、木星和卫星的相互作用、地球与地面物体的相互作用。结果把行星的运动、卫星绕木星的运动、月球绕地球的运动以及自由落体运动，都统一到一个公式中。卡文迪许通过扭秤实验成功地测出了引力常量，由此人们可求得自己所居住的地球的质量。而海王星的发现进一步说明了万有引力的正确性，展示了牛顿引力理论的巨大威力，把牛顿力学的应用推向了高潮。

万有引力是两物体因为具有质量而产生相互作用的力，万有引力与电荷相互作用以及磁相互作用不同，电的相互作用和磁的相互作用都是既有引力又有斥力，而万有引力却只表现为引力。虽然相比于其他几种相互作用，万有引力显得非常弱，但由于它只产生引力，不产生斥力，并且又是长程力，所以它可以积少成多，在宇宙的行为中获得了绝对的优势。万有引力对大质量的物体的运动产生了决定性的影响，太阳系的秩序是万有引力维持的，银河系的形成是万有引力在发挥作用，整个宇宙的结构更是由万有引力所决定。

所有具有足够大质量的天体在引力的作用下都会变成球体。地球就是质量足够大的天体，所以地球呈球形。而地面上的物体因为质量不同，地球引力对其影响也不同。对微观粒子来说，相比于电场力和磁场力，万有引力太小了，完全可以忽略不计。对动物来说，像蚂蚁这样的小动物，重力对其活动的影响很小，因此蚂蚁在水平的桌面上爬行和在竖直的墙壁上爬行，区别并不大，但对我们人类来说，走 1000 米的平路和爬一座 1000 米的高山，那是有天壤之别的。

地球的重力是温和的，这种温和的重力使得地球上的物体具有丰富的结构（包括生命的结构）。若引力太弱，则物质不能充分集聚，像水这样的液体可能就会挥发殆尽，生命也就无从诞生。而若引力太强，则物质无法形成一个复杂的结构，也就无法形成生命，比如中子星的表面，物质如原子之小都承受不了其强大的引力，电子和质子被强行结合到一起形成中子，这样的星球是单调的。地球之所以能诞生生命，进化出人类，正是因为一切都恰到好处。

可见，虽然万有引力的形式是单一的，但是其作用效果却是多变的，在不同的情况下，对事物的结构与运动会有截然不同的影响。

引力是怎么产生的？虽然引力相互作用最早被人们发现，但引力的本质却很难研究清楚。牛顿只发现了引力相互作用的规律，对引力本质，牛顿未做说明。引力产生于两个有质量的物体之间，可见，质量是引力之源。那么，什么是物体的质量呢？物体的质量又是如何来量度的呢？在实验中，我们往往用天平称取质量，这利用了杠杆原理。天平是等臂杠杆，所以这里的质量相等实际上是两物体的重力相等，即地球对它们产生相等的引力作用，所以用天平称取的质量，其实是引力质量。根据牛顿运动定律，物体都有惯性，惯性会使物体抵抗运动状态的变化。我们知道，相同的力作用于不同的物体会产生不同的加速度，物体的质量越大，加速度就越小，产生的加速度与物体的质量成反比。质量（惯性大小）可由作用于物体上的力与物体产生的加速度来衡量，这一质量定义称为惯性质量。物体的引力质量与惯性质量有什么关系呢？牛顿意识到了它们的不同，但并没有深究下去，而爱因斯坦则在寻求物理规律的协变关系时，深入地研究了这一问题。

伽利略的自由落体实验表明，在只有重力作用时，任何物体以相同的加速度下落，这意味着在引力作用下的物体的加速运动，质量是一个无关量。对于这样的结果，爱因斯坦认为只有一种解释，即物体的引力质量与惯性质量相等。爱因斯坦把这一结论作为广义相对论的基本假设。既然物体的引力质量与惯性质量相等，那么在一个很小的区域内（在这一区域内，物体具有相同的加速度），我们就无法区分一个物体的加速运动是引力引起的，还是参考系的加速运动引起的。比如，一个在密闭的电梯内的人发现电梯内的物体变重了，但他在电梯内无法判断物体变重的原因（或许是电梯在向上加速，或许是电梯所处的地方引力变强了）。

所以一个加速运动可以用一个引力作用来代替，反过来，一个引力作用也可以用一个加速运动来抵消。

引力相互作用是怎样发生的呢？牛顿的引力公式中不包含时间，这意味着两物体的引力相互作用是瞬时发生的，其本质是超距作用，即引力传播的速度无限大。爱因斯坦认为，相互作用的传递速度不能超过光速，即引力作用不是瞬时发生的，引力作用是近距作用，引力的传播速度等于光速。爱因斯坦修正了牛顿的万有引力定律，提出了更完善的引力理论——广义相对论。根据广义相对论，引力的本质是物质周围的时空发生了弯曲。这是一个几何化的宇宙模型。

引力相互作用产生的微观机制人类还不是很清楚。在量子场论中，传递引力相互作用的粒子是引力子，但引力子到现在还是假想粒子，有待于通过实验进一步观测证实。

第二节　电磁统一

电和磁是开在电磁学枝头的两朵花。从表面上看，两朵花是不一样的，电就是电，磁就是磁，两者没有什么联系。但是随着研究的深入，人们发现，电能生磁，磁也能生电，两朵花开在同一枝头，是密不可分的。人们对电磁学的研究，不仅统一了电和磁，还把光学也纳入其中。更重要的是，人们在电磁学的研究中引入了场的概念，继而又证实了场可以离开电荷、电流而独立存在，这使人们认识到，在物质的存在方式中，不仅有原子、分子等这样的实物粒子，还有场的存在方式。

一、电现象与磁现象，电流的磁效应

人们很早就发现了静电现象和磁现象。16 世纪末 17 世纪初，英国医生吉尔伯特对磁与电进行了科学的实验研究，最终写成《论磁》一书，系统地总结了磁现象和电现象，揭开了近代电磁学研究的序幕。

小磁针静置时会指示南北，指北的叫北极（N 极），指南的叫南极（S 极），且同名磁极相互排斥，异名磁极相互吸引。地球是一个巨大的磁体，根据磁极相互作用的规律可推断出地球的北极是磁南极，地球的南极是磁北极，地理上的南北极与磁南北极并不重合，而是存在一个磁偏角。磁体可以使某些物体磁化，从而对其产生力的作用。像铁这样能被强烈磁化的物质，我们称之为铁磁性物质。除了铁磁性物质，磁体对其他物体的作用是很弱的。

琥珀、玛瑙等物体被摩擦后可以吸引轻小的物体，这就是静电现象。电可分为两类，即松脂电和玻璃电，一个物体带电，要么与松脂电相同，要么与玻璃电相同。同种电荷相互排斥，异种电荷相互吸引。富兰克林通过风筝实验研究了雷电，他发现雷电与摩擦产生的电的本质是一样的，从而消除了雷电的神秘感。富兰克林还提出了正电、负电的概念及电荷守恒的思想，他认为物体带电是因为物体含有某种电流体，电流体是不生不灭的，它只能从一个物体转移到另一个物体，当物体缺少电流体时

就带负电，当物体多出了电流体时就带正电。现代科学表明，电荷是不连续的，物体带电是由于构成物体的电子、质子本身就是带电粒子，物体带电与电子的移动、得失有关。人们规定电荷正负的时候并不知道物质结构，只是偶然地把电子的电性规定为负的。当电子被发现后，这一规定就显得有些别扭：在化学中，分子得到电子变为负离子，失去电子变为正离子，这种以得为负、以失为正的命名方式与我们日常生活习惯正好相反；在电路中，电流的方向则与电子移动的方向恰好相反。如果当初把电荷的正负规定反过来，就既不需要修改我们既有的电学理论，又能在讲述正、负离子及电流方向时显得更加自然。假设有个地外文明也精通电学，一定会对我们现在的这种电荷正负的规定感到奇怪。

电学的定量理论始于对静电力的测量。1755 年，富兰克林发现空心的带电罐子对放在外面的带电小木块有强烈的吸引，但是当把带电小木块放到罐子里面时，小木块却没有受到力的作用。富兰克林对此迷惑不解，于是他把这个现象告诉他的朋友——英国化学家普利斯特列。普利斯特列重做了这个实验，证明了空心的带电体对其内部的电荷确实没有力的作用。普利斯特列立即通过这一事实想到牛顿的万有引力定律。牛顿发现万有引力定律后，用数学方法证明了如果平方反比定律有效，一个均匀球壳对其内部的物体（内部任何位置，不一定在球心）没有引力的作用，而且任何不满足平方反比关系的力都不会有此结果。普利斯特列由此提出电荷间的引力作用与万有引力一样，也遵循平方反比规律。1773 年，英国物理学家卡文迪许在前人实验的启示下，做了同心球实验，发现电荷间力的作用非常接近平方反比关系。法国物理学家库仑发明了扭秤，这一发明使得他可以精确地测量静电力和磁力。1785 年，库仑通过扭秤实验发现电荷间的作用力与两电荷量的乘积成正比，与它们距离的平方成反比，这就是著名的库仑定律。

静电相互作用与磁极相互作用有很多相似之处，那么它们之间有没有什么联系呢？长期以来，磁现象与电现象是被分别进行研究的，特别是吉尔伯特对磁现象与电现象进行对比后，断言电与磁是两种截然不同的现象，没有什么一致性。在 18 世纪末 19 世纪初，许多科学家还相信电和磁是相互独立的，不存在什么联系。库仑也曾断言，电与磁是两种完全不同的实体，它们不可能相互作用或转化。

稳定电流的获得使人们从对静电的研究转为对电流的研究。在电学研究的早期，人们是靠莱顿瓶放电来获得电流的，这样获取电流非常麻烦，而且获得的电流很短暂。意大利的解剖学教授伽伐尼首先得到持续的电流。他发现，如果使青蛙的神经和肌肉同两种不同的金属（例如铜丝和铁丝）接触，青蛙腿就会发生痉挛。伽伐尼认为蛙腿的痉挛现象是“动物电”的表现，由金属丝构成的回路只是一个放电回路。另一位意大利科学家伏打不同意伽伐尼的看法，他认为电存在于金属之中，而不是存在于肌肉中。1800年，伏打将含盐水的湿布夹在银和锌的圆形板中间，堆积成圆柱状，制造出最早的电池——伏打电池。电池的发明使人们可以很方便地获得电流，人们从此可以从各个方面研究电流产生的效应。

丹麦物理学家奥斯特是康德哲学思想的信奉者，深受康德等人关于各种自然力相互转化的哲学思想的影响，坚信客观世界的各种力具有统一性。在这种思想的支配下，奥斯特开始了对电、磁的统一性的研究。事实上，早在1751年，富兰克林就用莱顿瓶放电的办法使钢针磁化。富兰克林的发现对奥斯特启发很大，他意识到电向磁转化不是能不能实现的问题，而是如何实现的问题。牛顿力学获得成功后，人们普遍相信物体间的相互作用力都像万有引力一样，必然是沿着物体的连线方向的，后来人们发现电荷间的相互作用也是沿着两电荷的连线发生的，就更加坚定了这种信念。这一信念导致了奥斯特的实验迟迟不能成功。

经过一次又一次的失败后，奥斯特终于在1820年4月的某次讲课中发现了在电流作用下小磁针的摆动。他为了进一步弄清楚电流对磁针的作用，于1820年4月到7月，花费了三个月的时间，做了六十多个实验：把磁针放在导线的上方、下方，考察电流对磁针作用的方向；把磁针放在与导线不同距离处，考察电流对磁针作用的强弱；把玻璃、金属、木头、石头、瓦片、松脂、水等放在磁针与导线之间，考察电流对磁针的影响……奥斯特于1820年7月21日发表了题为《关于磁针上电流碰撞的实验》的论文，这篇论文仅用四页纸，十分简洁地报告了他的实验，向科学界宣布了电流的磁效应。电流磁效应的发现揭开了电磁学的序幕，标志着电磁学时代的到来。

奥斯特的发现震动了欧洲科学界，法国物理学家阿拉果听到消息后，迅速回国向科学院做了报告。本来从事数学研究的安培听了阿拉果的报告后，立即转向了对电学的研究。安培的研究富有成效，在很短的时间内就取得了大量成果。安培发现，不仅通电导线会对小磁针产生力的作用，磁铁对通电导线也有力的作用。安培还根据通电螺线管的磁性与条形磁铁相似，提出了著名的分子电流假说，不仅揭示了磁现象的电本质，而且还把电流、磁体的各种相互作用统一为电流之间的相互作用。毕奥和萨伐尔通过实验发现直线电流对磁针的作用力正比于电流的强度，反比于它们之间的距离，作用力的方向则垂直于磁针到导线的连线。后来法国数学家拉普拉斯根据毕奥和萨伐尔的实验推导出电流元施加在磁针上的作用力的规律，该力的大小也与距离的平方成反比。

二、电场与磁场，近距相互作用

电相互作用的规律被人们发现了，磁相互作用规律也被人们揭示了，包括前面牛顿发现的万有引力，人们发现了自然界的三种基本相互作用。这时，一个古老的问题又被人们提了出来：这些隔着一定距离的两个物体是直接发生相互作用，还是通过中间的媒介发生相互作用？早在17世纪，关于物体之间的相互作用就存在两种对立的观点。笛卡儿吸取亚里士多德的以太观念，提出以太涡旋说，认为两个远离物体之间的作用力必须通过某种中间媒介传递，不存在任何超距作用。当时的大多数自然哲学家认为超距作用带有神秘的色彩，更倾向于近距作用观点。1687年，牛顿的力学经典著作《自然哲学的数学原理》正式出版，该书是以牛顿运动定律和万有引力定律为基础的。关于万有引力的成因，牛顿本人并不认为是超距作用，反倒更倾向于以太观点。但是在《自然哲学的数学原理》这一著作中，关于万有引力定律，采用了超距作用的表述，在引力公式中，没有出现时间因子，这意味着两星球之间的万有引力是瞬时作用，当物体间的距离发生变化时，这种引力作用随之发生变化，并不需要传递的时间。由于牛顿的方法在处理太阳系内的星体运动时获得了极大成功，而人们对于以太的探索却未有任何实际结果，超距作用观点因此而流行。后来，拉格朗日、拉普拉斯和泊松等人又从引力定律发展出简单而优美的势论，更加支持了超距作用的观点。到了 18 世纪末，超距作用已成为科学界的主流观点，库仑、卡文迪许和安培等科学家都采用超距作用观点来解释静电相互作用和静磁相互作用。

法拉第却与众不同，他坚持近距作用观点，提出了“电场”“磁场”等全新的概念。根据法拉第的思想，*A*、*B* 两电荷间的相互作用可以用图 4-1 表示，即电荷 *A* 产生的电场对电荷 *B* 产生力的作用，电荷 *B* 产生的电场对电荷 *A* 产生力的作用。

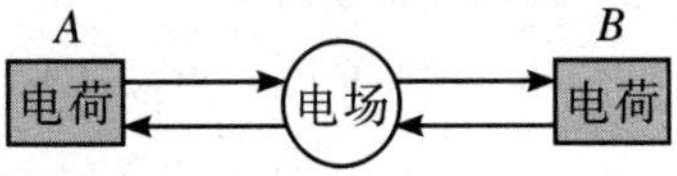

图 4-1

法拉第还用电力线（现在叫电场线）来形象地描述电场。在他看来，电荷或磁体（电流）的周围充满着由它们产生的力线，这些力线形成力场。用力线的观点就很容易解释物体间的相互作用为何是平方反比关系。我们用电场强度来表示电场的力的性质，根据法拉第的力线观点，空间某点电场强度正比于该点处电力线的密度。就像光线从点光源发出一样，电力线从点电荷发出，离电荷越近的地方电力线越密，离电荷越远的地方电力线越疏，根据电力线条数守恒可得，电力线密度跟到点电荷的距离的平方成反比，即电场强度与距离的平方成反比，这一结论与库仑定律是等价的。

从静态看，根据力线的思想所得结论与超距作用是完全相同的，但物体运动时，两者就有了差别。根据法拉第的观点，当物体运动时，物体发出的力线也随之变化，这种变化由近及远向外传递，处在一定的距离之外的物体只能在一定时间后才能感觉到这种变化，而不是瞬时感觉到这种变化，即力的传递是需要时间的。根据超距作用的观点，力的作用是不需要时间传递的。麦克斯韦从法拉第的力线思想出发建立起来的电磁场理论就是以近距作用为基础的，而爱因斯坦在 1905 年提出的狭义相对论指出，真空中的光速是一切物理作用传播速度的极限，这就在整个物理学中排除了瞬时超距作用的可能性。

三、电磁场理论，电磁相互作用

奥斯特发现电流磁效应后，物理学家们就开始寻找它的逆效应，即利用磁场能否产生电流。1822年，阿拉果和洪堡在测量地磁强度时，偶然发现金属对附近磁针的振荡有阻尼作用。1824年，阿拉果根据这个现象做了铜盘实验，发现转动的铜盘会带动上方自由悬挂的磁针旋转，但磁针的旋转与铜盘不同步，稍滞后。这其实是电磁感应现象中的电磁阻尼和电磁驱动，但当时人们并没有观测到感应电流。

1831年法拉第发现了电磁感应现象。他在实验中发现，当通电线圈的电流刚接通或中断的时候，另一个线圈中的电流计指针有微小偏转。这一偏转使法拉第认识到，产生感应电流可能与一个动态相联系，而不是与稳态相联系。在前一实验的基础上，法拉第又设计了多个实验来研究获取感应电流的方法，最后总结出能产生感应电流的5类情况：变化着的电流、变化着的磁场、运动的稳恒电流、运动的磁铁、在磁场中运动的导体。1845年，德国物理学家纽曼在法拉第工作的基础上，从理论上导出了法拉第电磁感应定律的定量表达式。

法拉第没有受过正规的数学训练，所以在用抽象的数学语言来精确地表达物理规律上是有所不足的，但是法拉第丰富的思想和众多的电学实验研究是物理学的一个巨大的宝藏。精通数学的麦克斯韦发现了这个宝藏，潜心研究了法拉第关于电磁学方面的新理论和思想之后，坚信法拉第的新理论包含着真理，于是他抱着给法拉第的理论“提供数学方法基础”的愿望,决心将法拉第的天才思想以清晰准确的数学形式表示出来。

19世纪下半叶，麦克斯韦系统地总结了宏观电磁现象的规律，并大胆引进位移电流的概念，建立了完整的电磁场理论。他认为位移电流跟普通电流一样，也能产生磁场。位移电流的本质是变化的电场，位移电流能产生磁场，意味着变化的电场能产生磁场。在电磁感应中，变化的磁场可以使线圈上产生感应电动势，即变化的磁场能驱动电荷运动，可见变化的磁场产生了电场，因为只有电场才能对静止电荷施加力的作用。这样，电磁场的核心理论就诞生了：变化着的电场产生磁场，变化着的磁场产生电场。这一思想体现在著名的麦克斯韦方程组中。通过这一方程组，麦克斯韦从理论上预言了电磁波的存在，并且计算出电磁波传播的速度，这一速度与实验测得的光速相等，所以麦克斯韦又预言光就是一种电磁波。这两个预言后来都被德国物理学家赫兹的实验所证实。

电磁波的理论发现和实验证实，说明法拉第关于场的观点是正确的。电磁波可以脱离电荷而存在，表明电场和磁场不仅是为了描述方便而引入的一种工具，而是一种实实在在存在于我们周围的物质，这是人类对自然界认识的一大进步。1931 年，爱因斯坦在纪念麦克斯韦诞辰 100 周年时说，法拉第和麦克斯韦的工作是自牛顿以来“物理学公理基础的最伟大的变革”，“连续的场同质点一起看来都是物理实在的代表”。同时，电磁波的发现还使人们认识到光是一种电磁波，完成了光学和电磁学的统一。

新理论也带来了新的问题。我们知道电场是由静电荷产生的，磁场是由运动电荷产生的，那么现在设想一列带电的火车在行驶，地面上的人会认为电荷在运动，所以火车周围有磁场，而火车上的人则认为电荷没有运动，所以火车周围并没有磁场，那么火车周围到底有没有磁场呢？同样，在电磁感应中，如果磁体运动而导体静止，那么导体因为处在变化的磁场中产生了感应电流，这时是变化的磁场产生电场；如果磁体静止而导体运动，虽然也能产生感应电流，但这时磁体附近是没有电场的。可见在电磁现象中，所选参考系的不同，电磁现象的规律似乎便会有所不同。更令科学家感到惊奇的是，根据电磁场理论推导出来的电磁波的速度（即光速）是一个定值。我们知道，声波在空气中的传播速度约为 340 m/s，这是相对空气来说的，那么电磁波的速度又以什么为参考系呢？

人们原来设想，理论推得的光速是电磁波相对于绝对空间的绝对速度，在不同的参考系中，光速会不一样。这样一来，电磁规律就与力学规律有了明显的区别，因为根据伽利略的相对性原理，力学规律对所有的惯性系都是等价的，所以我们无法通过力学实验来判断自己是静止还是在运动，即用力学方法无法找到绝对空间。而在电磁学中，如果由波动方程所得到的电磁波的传播速度（即光速）是相对于绝对空间而言的，那么我们可以通过测量的光速找出绝对空间（以太），但是所有以寻找绝对空间为目的的实验均以失败告终，其中最著名的要数迈克尔逊－莫雷实验。这些实验的失败意味着，电磁学规律可能也像力学规律一样，在所有的惯性参考系中都是一样的。爱因斯坦把伽利略的相对性原理推广到整个物理学领域，把相对性原理作为一个基本假设，从而建立起了狭义相对论理论。用相对论的眼光看，电场和磁场就不再是两种完全不同的场，而是统一的电磁场的两个分量。正如斜面上的物体，其重力可以分解为沿斜面的力和垂直于斜面的力，这两个力看似不同，一个力使物体压向斜面，另一个力使物体下滑，但其实是同一个力表现出来的两种作用效果。

原来人们分开研究的电相互作用和磁相互作用是紧密联系在一起的，现在统称电磁相互作用。在牛顿的体系中，物体间的作用力都是中心力，中心力沿两物体的连线方向，要么排斥，要么吸引，整个宇宙是在中心力的作用下运转的。但是到了电磁领域，人们却发现电磁力是非中心力。不仅如此，在牛顿的体系中，力与物体运动的速度是无关的，而电磁力却特别依赖于电荷的运动，磁场对运动的电荷才有力的作用。可见，电磁力是一种比万有引力更复杂的作用力，它的发现使人们认识到世界并不像牛顿体系那么简单。

电磁力作为一种基本作用力，在我们的世界中扮演着极为重要的角色。在原子中，电磁力决定了原子的结构，在分子层面上，电磁力表现为化学键和分子力，而我们通常讲的弹力和摩擦力，都是分子力的宏观表现。宏观物体的结构是由电磁力决定的，地球上的物体之所以有不同的结构，正是因为原子、分子间存在着不同的电磁相互作用，复杂的生命现象也是与电磁力息息相关的。可以说，宏观世界的绝大多数的物理现象都是由电磁相互作用决定的。

第三节　守恒定律

物质及其运动是我们认识自然最基本的两个方面。我们的思想、理性总是希望能用不变的东西去把握变化的东西。物质的量在变化中的不变，这是物质守恒的思想，运动的量在物质运动时保持不变，这是动量和能量守恒的思想。从原初素朴的思想到后来守恒定律的确立，并不是一蹴而就的，而是经过了否定之否定的螺旋式的发展，只有经历了这样的发展而建立起来的守恒定律才是最丰满的。

一、物质守恒思想

自然哲学一开始就试图用守恒的思想来把握这个世界。古希腊最早的哲学家泰勒斯猜想，在事物生与灭的背后应该存在着一个本原，万物由此而生，毁灭后又复归于它，万物的性质虽然多变，但万物的本原是不变的。泰勒斯认为这个本原是水。后面的哲学家继承了这一思想，但提出的本原有所不同。站在本原的角度看，世界始终如一。如果说水是万物的本原，那么一万年前的水和今天的水是相同的，水的性质不会随时间发生变化。

古希腊哲学中的本原思想与现代化学的元素思想是很接近的。17世纪，英国化学家玻意耳提出了元素的思想，元素在化学反应中保持不变。比如金刚石和石墨，在宏观上它们几乎没什么相似的地方，但它们都是由碳元素构成的，在燃烧时都可以与氧元素结合得到二氧化碳。在化学反应中，碳元素的性质始终如一，它可以形成金刚石，可以形成石墨，也可以形成煤、木炭，或与其他元素组合形成各式各样的物质，但碳元素在化学变化中却从来没有发生变化。

随着化学的发展，人们发现在化学反应中，反应物的总质量与生成物总质量总是相等的，于是人们提出了质量守恒定律，拉瓦锡首先阐述了反应过程中物质守恒的思想。后来道尔顿又把原子论引入化学，用原子论思想可以很容易地解释化学中的质量守恒定律及定比定律。近代化学取得了成功，化学家们不仅成功地找到了组成自然事物的元素，并发现了它们的性质，而且成功地编排出元素周期表，使事物的组成理论达到了相对完善的地步，在某种程度上可以说现代的化学家找到了古代哲学家提出的本原。

在电现象中，人们发现了两种电荷。物体可以通过摩擦、感应、接触等方式带上电荷，两个不带电的物体相互摩擦后就带上异种电荷，而等量异种电荷又可以发生中和而使物体呈电中性。通过实验对静电进行研究，美国科学家富兰克林提出了电流体理论。他认为物体带电是由于电流体的存在，电流体不均匀地渗透在一切物体中。当某物体内部的电流体与其外界的电流体处于平衡时，该物体便呈现电中性；当物体内部的电流体多于外界时，物体呈正电性，反之则呈负电性。由于电流体的总量保持不变，因此电荷总量保持不变，这就是电荷守恒定律。后来人们发现电荷具有粒子性，物体带电并不是因为物体所拥有的电流体的富余和缺失，而是组成事物的基本单元本身是带电的。原子核带的是正电荷，绕核运动的电子带的是负电荷。物体的带电可以看作是电子的得失。富兰克林的电流体假说被证明是不对的，但他的守恒思想依然是正确的，因为带电过程的本质是电子的得失，电子在转移过程中电子数是守恒的。

在热学中，人们也提出过热质说，该学说曾在热学中占据统治地位。人们通过实验发现，热量在几个物体之间转移时其总量保持不变，这个规律很容易用热是一种实物来说明。拉瓦锡和拉普拉斯等人认为，热是由渗透到物体当中的所谓的热质构成的。热质被看作是一种不可称量的“无重流体”，热质粒子彼此排斥，但与组成普通物体的粒子互相吸引。在热质说中，热质无法产生或消灭，因此热质是守恒的。热质说成功地解释了许多物理现象。根据热质说理论，物体温度的变化是吸收和放出热质引起的，热传导是热质的流动，空气受热膨胀是因为空气分子吸收热质后体积变大。热质说还可以解释热辐射、物体的相变化，甚至大部分的气体定律。19世纪初，傅立叶还在热质说的基础上建立了热传导理论，卡诺从热质传递的物理图像及热质守恒规律中得到了卡诺定理。热质说在理论上简单、和谐，又与很多实验事实相吻合，所以人们很容易就接受了它。

二、运动守恒的思想

如果说事物的组成依凭本原，那么事物的运动又依凭什么呢？

虽然亚里士多德关于运动有很多错误的论述，但是他对世界运动本质的认识是深刻的。他指出“运动必然永远存在而无中断”。他是这样得出结论的：如果没有时间，怎能有先后呢？如果没有运动，又怎能有时间呢？如果说时间是运动的数或者本身就是一种运动，那么既然时间是永存的，运动必然也是永存的。

卢克莱修在他的《物性论》中分析物体的运动时指出，“每样东西虽然重量不相等，却必定以同等的速度冲下，通过静寂的虚空在运动”。解释了我们实际上看到的物体以不同的速度下落的原因，“乃是由于水和稀薄空气两者的物体绝不能相等地延阻每一物”。卢克莱修正确地意识到，如果不受空气的影响，重的物体和轻的物体下落是一样快的。关于运动的永恒性，他在书中写道：“一切的运动永远是互相联系的，并且新的运动总是从旧的运动中按一定不变的秩序产生出来……运动的总量，正像是物质的总量一样是不变的。”

笛卡儿提出了运动量守恒的思想。他认为整个宇宙是由物质及其运动组成的，碰撞是物体改变运动的唯一原因。显然，笛卡儿继承了卢克莱修的思想，认为世界的本质可以用组成世界的粒子的运动和不断的相互作用来说明，把碰撞问题视为新物理学的首要问题。他提出解决问题的思路是运动量守恒原理，因为在他看来，宇宙是上帝创造的一台机器，这台机器一旦启动就永无休止地运动，而这需要运动量守恒作为保证。

质量的量度用天平就可以很简单地解决了，而运动的量度却是一个问题。笛卡儿提出动量守恒原理，将运动量定义为质量与速率的乘积。但是这样一个定义在解决一般情况下的碰撞问题时，既不能确定两个物体碰撞之后速度的大小，也不能确定碰撞后的物体运动的方向。不仅如此，两个完全没有弹性的物体相撞后会粘在一起，如果它们原来的质量相等，速度大小相等而方向相反，那么粘在一起后的速度为零，这个结果意味着，笛卡儿意义上的运动量会越来越小，除非所有的碰撞都是完全弹性碰撞，才能保持笛卡儿的“宇宙机器”理想。

虽然笛卡儿没有解决碰撞的问题，但是他的工作为后人提供了思路。

惠更斯将动量定义为质量和速度的乘积，在考虑了动量的方向性后，在任何碰撞过程中，物体的动量的确是守恒的，从而得到了正确的动量守恒原理。惠更斯在做完全弹性碰撞的实验时发现，除了动量守恒外，还有一个量是守恒的，即质量与速度平方的乘积。

和笛卡儿一样，莱布尼茨也相信宇宙中运动的总量必须保持不变，不过和笛卡儿不同的是，他认为应该用质量与速度平方的乘积来表示这个量（他把这个量称为活力）。莱布尼茨把他的活力守恒思想推广到碰撞以外的问题中，认为“力必须由它所产生的效果来衡量，例如以它能将一个重物举起的高度来衡量”，他把物体的重量和上升的高度的乘积作为运动的量度，这相当于我们现在所定义的功。他根据伽利略落体定律计算出物体下落的高度和它下落此高度所获得的速度的平方成正比，由此得出应以质量与速度平方的乘积，即活力作为运动的真正量度。对应这种量度，物体在上抛过程中活力显然减少，莱布尼茨坚持认为活力并未消失，而是以某种形式被储存起来了，当物体回落时这储存的活力又被释放了出来。他的这种活力被储存起来的想法是后来势能的先声。显然，莱布尼茨已察觉到机械能守恒了。

在非弹性碰撞中，动量是守恒的，活力是减少的，但莱布尼茨仍坚信活力是守恒的。为了说明在非弹性碰撞中活力并没有减少，莱布尼茨提出了一个巧妙的解释，即认为碰撞物体在整体上所减少的活力并未消失，而只是被物体内部的微小粒子吸收了，微粒的活力增加了。当时还没有现代的分子原子概念，莱布尼茨的这种解释纯属哲学上的猜想。根据莱布尼茨的猜想可以发现，他把热看作是一种运动。不仅莱布尼茨如此，很多哲学家和科学家都倾向于把热看作是一种运动。比如培根从摩擦生热等现象中得出，热是一种较小粒子的运动；胡克用显微镜观察了火花，认为热并不是什么其他的东西，而是物体各个部位的非常活跃和极其猛烈的运动；牛顿也认为热不是一种物质而是组成物体的微粒的机械运动；罗蒙诺索夫甚至用分子动理论推导了气体的玻意耳－马略特定律。如果把热看作是一种运动，那么莱布尼茨的活力守恒思想就非常接近能量守恒思想了。

三、守恒定律

热质说碰到的最大困难是对摩擦生热现象的解释。18 世纪 90 年代，伦福德伯爵在慕尼黑指导军工生产时发现，给铜炮钻孔时，用不了多长的时间，炮筒的温度就升得很高，而且只要继续钻孔，就会不断地产生出大量的热来。伦福德对此感到十分惊奇：这么多的热是从哪里来的呢？他觉得用热质说是很难解释的。经过大量的实验，伦福德最终得出了热是一种运动的结论。1799 年，英国科学家戴维在冰点以下的环境里，让两块冰相互摩擦，结果冰融化了。戴维由此认识到“热质守恒”是不成立的，热质也是不存在的，他认为热的本质是“摩擦引起物质微粒的振动，而这种振动就是热”。对热质说的否定，使人们重新走到莱布尼茨所指出的正确道路上来。

18 世纪末和 19 世纪初，各种自然现象之间的联系相继被发现。伦福德、戴维的摩擦生热实验否定了热质说，把物体内能的变化与机械运动联系起来。伏打电池被发明后不久，科学家又发现了电流的热效应、磁效应和其他一些电磁现象。生物学界证明了动物维持体温和进行活动的能量跟它摄取的食物的化学能有关。

焦耳用定量实验来证明热是一种运动，他设计精密的实验测定了热功当量的数值。热功当量的测定是对热的唯动理论的有力支持，它的测定具有决定性的意义。机械功可以转化为热，同样热也可以转化为机械功，卡诺的热机就是把热转化为机械功的机器。焦耳做了大量的实验以验证能量守恒，他在研究使机械功转化为电流，电流再转化为热时发现，这一过程和直接把机械功转化为热的过程生成的热是一样多的。

迈尔从“无不生有，有不变无”的哲学观念出发，表达了能量守恒的思想。亥姆霍兹则系统严密地阐述了能量守恒原理，把能量的概念推广到各个领域，提出能量的各种形式相互转化和能量守恒的思想，并指出永动机是不可能被造出来的。就这样，不同的科学家通过不同的途径都得出能量守恒这一共同的结果。

能量转化和守恒定律是科学发展的必然结果，它揭示了自然科学各个分支间的普遍联系，并提醒着人们，我们的自然是统一的。恩格斯曾经把这一定律称为“伟大的运动基本定律”，认为其是 19 世纪自然科学的三大发现之一。能量守恒定律之所以获得这么高的评价，是因为其他守恒定律的守恒量的表现形式是单一的，如电荷量守恒就是电荷量，质量守恒就是质量，动量守恒始终表现为质量和速度的乘积。而能量则有多种表现形式，在机械运动中，能量表现为动能、重力势能和弹性势能；在电磁运动中，能量表现为电场能和磁场能；在热学中，能量表现为内能；在光学中，能量表现为光能；在化学中，能量表现为化学能……不仅如此，能量守恒定律还可以用来解释一些科学定律，比如楞次定律。楞次定律可表述为感应电流产生的效果总是要阻碍引起感应电流的原因。如图 4-2 所示，平行金属框架一端接一定值电阻 R，金属棒 ab 与框架接触良好，整个装置置于垂直于纸面的匀强磁场中，当 ab 棒以平行于框架的速度向右运动时，它所受安培力的方向一定是水平向左的。因为感应电流在电阻 R 上产生了热，根据能量守恒定律，导体棒的动能必减少，所以导体棒必做减速运动，故安培力的方向必向左。可见，能量守恒定律既美妙无比，又十分有用，并且还完美地诠释了哲学上一与多的关系。

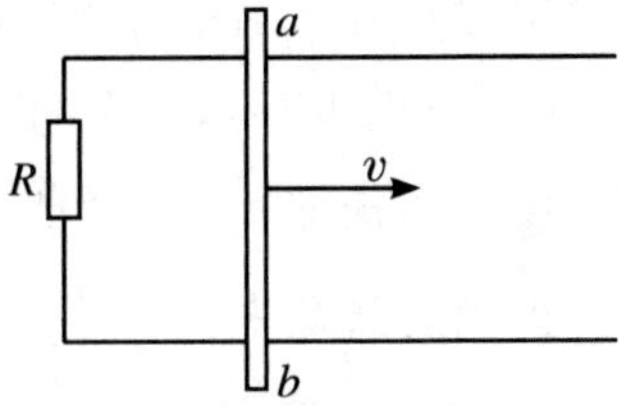

图 4-2

能量守恒定律也曾遭到怀疑。1922 年，研究者在研究原子核的 β 衰变时发现有能量莫名其妙地消失了。对此玻尔认为，在 β 衰变中，对于每个电子的发射过程，能量可能并不守恒，β 衰变能量守恒只具有统计学意义。但大多数物理学家不同意玻尔的意见。1931 年，玻尔的学生、奥地利物理学家泡利提出中微子假说，认为在衰变中放出了一种静止质量为零、呈电中性、与光子有所不同的粒子，所以出现了能量亏损。由于这种新粒子的质量为零，又不带电，所以很难被观测到。泡利的中微子假说曾被认为只是为了挽救能量守恒定律而提出的一种特设性假说。但到了 20 世纪 50 年代，中微子终于被观测到了，泡利的假说最终得到了证实。中微子的发现又一次说明能量守恒定律是普遍适用的。

数学家欧拉曾说，因为宇宙的结构是最完善的，所以，如果在宇宙里没有一种极大或极小的法则，那就根本不会发生任何事情。物理学中描述物理实在结构的方法之一就是作用量方法。这种方法从功能角度去考察和比较客体一切可能的运动（经历），认为客体的实际运动（经历）可以由作用量求极值得出，是其中作用量最小的那个。这个原理称为最小作用量原理。德国女数学家诺特指出，作用量的每一种连续对称性都有一个守恒量与之对应。人们把这种对称与守恒的联系称为诺特定理。

根据诺特定理，物理学中存在着许多守恒定律，如能量守恒、动量守恒、角动量守恒、电荷守恒定律等。这些守恒定律的存在并不是偶然的，它们是自然规律具有各种对称性的结果：能量守恒定律跟物理规律随时间平移不变相联系，动量守恒跟物理规律的空间平移不变相联系，角动量守恒是物理规律具有空间旋转对称性的结果，电荷守恒定律是带电粒子与中性粒子的相对相位在电荷规范变换下具有不变性的结果。

第四节　统一理论

大多数哲学家对世界的看法都是采用一元论的，从理论上来说，只有一元论才是彻底的理论。物理学家已经知道，目前自然间的基本相互作用有四种，分别是万有引力、电磁力、强力和弱力。电力和磁力的统一，使物理学家们相信，自然的四种力并不是独立的，在一定的条件下，四种力会有相同的表现形式，即四种力是同一种力的四种分化而已。物理学家也跟哲学家一样，相信把世界联系在一起的各种相互作用一定是相通的。

一、物质结构与温度

分子的热运动和分子力是构成事物的一对矛盾。分子的热运动是使物质结构破坏的因素，分子力则是使分子形成稳定排列的因素。固体中的分子（或原子、离子，下同）之所以能有序排列，是因为分子力束缚了分子的运动，使之只能在平衡位置附近运动。液体中则是大部分分子受分子力束缚，少数分子能摆脱分子力束缚而到处游走。气体中分子力太弱，分子运动几乎不受拘束，所以气体分子在微观上是完全无序的。

同样是在常温下，有的物质呈固态，有的呈液态，有的呈气态，说明不同的物质其分子力的大小不同。分子力大小跟原子种类及结合方式有关，通常原子间作用力的大小可以用结合能（键能）表示，如碳碳单键的键能为345.6 kJ/mol，键能越大物质结构就越稳定。分子热运动的剧烈程度取决于物质的温度，根据分子动理论，可求得分子热运动的平均动能与温度的关系为 $\overline{E}_k=\frac{3}{2}kT$（$k$ 为玻尔兹曼常数，$k=1.38\times10^{-23}$ J/K）。改变温度可以改变物态：温度降低，分子热运动减弱，可使气体液化，液体凝固；温度升高，分子热运动加剧，可使固体熔化，液体汽化。可见温度对物质结构有决定性的影响。

高温下，固态、液态物质变为气态，复杂的分子被裂解为简单分子或原子。高温气体化后，相同分子构成的事物，差别完全消失，如高温下的金刚石和石墨变成完全相同的气体。温度的降低则会显现不同分子的差别，比如通过降温液化，可以分离不同的气体。在温度降低时，分子从无序走向有序，即使是相同分子构成的物质，也会由于环境差别而形成不同的排序，比如世界上任何两片雪花不会完全相同。

我们可以通过改变原子的组合或排序来改变物质，比如通过化学反应生成新物质，通过改变原子排序把石墨转化为金刚石等，但我们无法通过改变原子排序把石头转变成黄金，因为构成石头与构成黄金的原子是不同的。原子在化学变化中保持不变，具有非常好的稳定性。

原子由原子核和核外电子组成。原子核集中了原子几乎所有的质量和全部正电荷，这使得原子的体系变得简单。每种原子都有一个属于自己的能级结构，原子的性质就是由这个能级结构所决定，只要原子核不变，原子的能级结构就不变。可见，原子的稳定性取决于原子核的稳定性。如果物质温度不断升高，原子的核外电子发生电离，这时物质就变成了等离子体。恒星主要由等离子体构成。物质温度越高，被电离的电子也就越多，直到最后只剩下原子核。但这种电离也无法改变原子种类，当温度降低时，原子核俘获电子后，又会变回原来的原子。

原子核非常小且带正电，核与核之间的库仑斥力使原子核难以相互接近，即每个原子核都是一个相对独立的系统。显然，要改变原子，就要改变原子核。原子核由核子组成，核子包括质子和中子，核子之间存在着非常强的核力。核力比分子力强好几个数量级，所以要改变原子核，一般需要极高的温度才行。但是有的原子核本身并不稳定，即核会自发地衰变。另外，由于中子不带电，因此很容易接近原子核，当原子核获得中子后就变成了新核。有的新核不稳定，会发生衰变或裂变，使原子核进一步转变。

如果温度升高到核子也能自由运动，原子核就不复存在，这时碳核就不再是碳核，金核也不再是金核，它们都被分解为质子、中子，原子核之间的差别消失了，物质变得更简单，几乎只有质子、中子和电子了。当温度从这一高温开始降低，质子和中子又会组合成不同的原子核，不同的原子核获得电子后，不同的原子就被创生出来了。但是这么高的温度在现在的宇宙中也很少出现，即使太阳的中心也没有这么高的温度，只有当超新星爆炸时，才能达到这么高的温度。我们地球上的重元素，事实上都是通过超新星的爆炸得到的（也有观点认为地球上的黄金、铂金和其他重金属元素可能来自太阳系诞生前几亿年中子星碰撞的大爆炸）。现在人们更多的是通过加速器加速带电粒子轰击原子核，使原子核发生变化，被加速的粒子具有非常大的动能，它与原子核相撞时，相当于达到了极高的温度。

质子和中子也不是最基本的粒子。自由中子几分钟就会发生衰变变成质子，同时放出一个电子和中微子。显然质子和中子也有结构，那么在更高的温度下，中子、质子以及电子还能不能进一步统一呢？现在，人们利用大型加速器研究质子和中子的结构，利用高能粒子的碰撞来观察物质变化情况，结果发现很多新的粒子在更高的温度下，种类反而增多了，物质的基础结构又变得复杂起来。人们根据粒子产生的规则，很快又找到了物质组成的新理论——夸克模型。夸克有6种，加上它们的反夸克，总共12种，质子和中子都是由夸克组成的。

那么在温度更高的情况下，夸克与夸克之间，夸克与电子之间，是否也会趋于统一呢？它们是不是物质真正的母体在温度降低时的一种分化呢？最新的弦理论认为组成所有物质的最基本单位是一小段“能量弦线”，大至星际银河，小至电子、质子、夸克一类的基本粒子，都由这占有二维时空的“能量弦线”所组成。但是如果要检验该理论，观察弦结构，需要物质达到不可想象的高温，人类目前的实验手段与这一目标温度还相距太远。

二、量子场论

电子和光子是两个极为重要的角色，我们差不多是生活在光子和电子相互作用的汪洋大海中。虽然原子核对原子的结构有决定性的影响，但是原子核总是隐藏在原子深处，它是通过控制核外电子的运动来控制原子的。

玻尔提出定态、能级和跃迁等概念，成功地解决了氢原子的光谱问题。后来人们通过量子力学理论，计算出不同原子的能级分布情况，完美地求解出不同元素的光谱。但是老问题解决了，新问题又来了。根据定态理论，处于定态的原子都是稳定的，不仅基态是稳定的，那些激发态也是稳定的，正如一个球不仅可以放在地面上，也可以放在每一个台阶上。在台阶上的球，除非有外力推动，否则是不会自发滚到下一个台阶的，同理，处于定态的原子在没有外来扰动时是不会自发地发生跃迁的。而事实上，处于激发态的原子很快就会自发地向低能级跃迁，并放出光子。为了弄清楚原子自发辐射的问题，人们建立起了电磁场的量子理论，即量子电动力学。

电磁场在量子化以后就不再是一种空间上的连续分布，而是由大量具有波粒二象性的光子所组成的一种统计分布。电磁场在量子化以后，即使在真空的环境中，也不断地有光子的产生和湮灭，这些光子无法用实验测量，我们称之为虚光子。量子化的电磁场的真空涨落是有直接观测效应的，例如，由于真空涨落，不带电的平行板电容器极板间存在微弱的引力，这已由实验证实。根据真空涨落理论，在原子处于激发态时，虽然没有真实的光子存在，但在虚光子的作用下，电子仍能向低能级跃迁并产生真实光子。有了这一模型和相应理论，人们就可以计算出处于激发态的原子在向各低能级跃迁时各种跃迁方式的概率，从而求得各种光的相对光谱强度。

量子电动力学中，是把电子当作点粒子处理的，这在低能量、远距离的情况下，是完全可以的。实验表明，在 10^{-18} m 以外的电子可以认为是点状的，即电子如有结构，也至少要在 10^{-18} m 以下。但是把电子当作点粒子，在计算中会引起发散困难，由此得到电子的电磁质量是无穷大的，而实际上电子的质量是有限的。人们利用重整化的方法来调和理论和实验间的这一矛盾。经重整化后的量子电动力学是一个非常成功的理论，根据这一理论得到的结果在很高的精度上与实验相一致。

量子电动力学的成功，促进了量子论场的发展。在量子电动力学中，电磁场被量子化了，带电粒子之间的相互作用不是通过经典的、连续的场发生，而是通过具有波粒二象性的光量子场发生，它们通过交换光子产生相互作用力。这种通过交换粒子而产生的相互作用的模型，后来成为研究各种相互作用的基本模式。所有的微观粒子被分成两类：自旋为整数的粒子（例如光子）统称玻色子，服从玻色－爱因斯坦统计；自旋为半整数的粒子（例如电子）统称费米子，服从费米－狄拉克统计。对光量子来说，由于光子是玻色子，大量光子可以聚集到一块儿，所以量子化电磁场的极限就是经典电磁场（例如无线电波），在光子数目很大时，电磁场的性质就由经典的麦克斯韦方程组描述。而电子是费米子，量子化电子场却没有类似的经典极限，因为根据泡利不相容原理，在一个状态上最多只能存在一个电子，与其对应的场方程是狄拉克方程，该方程本身就是量子化的。

场的量子化实际上是量子力学的自然推广，无论是经典的粒子还是经典的场，现在都统一用波函数表示，即量子场论把粒子和场都纳入了统一的、微观世界所特有的波粒二象性图像中。

三、统一理论

爱因斯坦完成了引力理论后，就一直在为统一万有引力和电磁力而努力。不过统一理论的复杂性和艰巨性超出了爱因斯坦的想象，虽然他后半生的几乎全部精力都花在了统一理论上，但并没有取得实质性的进展。爱因斯坦的统一理论建立在经典场的基础上，不涉及场的量子效应，而后来的统一理论是随着量子场论的发展而发展的。

当量子电动力学还处于草创阶段，人们开始认识到光子是电磁场的“量子”时，1935 年汤川秀树就对强相互作用的机制提出了介子学说。他认为在强相互作用中的介子，就跟在电磁相互作用中的光子一样，是传递相互作用的粒子。电磁相互作用通过交换光子完成，光子因静质量为零而能以光速运动，由于光子的行动敏捷而迅速，所以电磁力表现为长程力。强相互作用是短程力，所以传递强相互作用的介子是有质量的，根据强相互作用的强度和强相互作用的力程大小，可以推测出介子的静质量约为电子的 200 倍。后来人们在宇宙射线中发现了汤川秀树所预言的介子。

1956 年，李政道、杨振宁在分析最轻的奇异粒子衰变时遇到了难题，提出弱作用下宇称（P）可能不守恒的假说。这个假说在 1957 年被吴健雄等人的实验及其他实验证实，这些实验同时也证实了在弱作用下电荷共轭宇称不守恒。这一发现促使人们注意到弱相互作用和电磁相互作用之间有某种共同点，从而进一步考虑两者之间的统一性。

由于弱力是短程力，其强度只有电磁力的千分之一，根据量子场论，传递弱力的中间玻色子质量很大，它的质量约为质子质量的几十倍甚至百倍，如此大的质量使该粒子行动迟缓，寿命极短，所以在弱相互作用中，一个作用粒子发出的中间玻色子很难到达另一个作用粒子，这导致了弱力的作用非常微小，作用距离也非常近。光子和中间玻色子的巨大差别怎么统一到同一理论框架中呢？格拉肖、温伯格和萨拉姆三人差不多在同时提出了弱电统一理论，巧妙地解决了上述问题。弱电统一理论认为，弱力和电磁力实际上是同一种力——电弱力的不同表现，在高能量（极高温度）下，光子和中间玻色子的差别将消失，此时电磁相互作用与弱相互作用的大小是一样的，但温度降低时，它们就出现了分化。为了验证这一理论，需要在实验中寻找弱作用传播子 $W^{\pm}$ 和 Z°。1983 年 1 月 20 日至 21 日，在欧洲核子研究中心的质子 - 反质子对撞机上工作的两个实验组分别宣布发现了特性与弱电统一理论所期待的完全相符的 $W^{\pm}$。1983 年 5 月 4 日，鲁比亚的实验组又找到了 Z°。$W^{\pm}$ 和 Z° 粒子的发现及其性质最终肯定了弱电统一理论。

进一步的工作是要把强相互作用与弱相互作用统一起来。对于强相互作用，人们由强子的夸克模型和规范场的概念出发，提出了量子色动力学，这个理论中强相互作用的来源是组成强子的夸克之间通过一些称为胶子的规范粒子场传递的作用。与量子电动力学中传递电磁作用的光子相对应，这里有自旋为 1 的规范粒子（胶子），可被夸克所吸收或发射，并传递夸克之间的色作用力。这种力把夸克束缚在强子中，形成夸克禁闭，夸克禁闭意味着我们无法在实验中观测自由夸克。

强相互作用力与电弱力的强度差别巨大，那么有没有办法把它们也统一起来呢？经过长期研究和探索，科学家们建立起被称为“标准模型”的粒子物理学理论。根据标准模型，强相互作用和弱相互作用在更高的温度下也会达到相同的强度而变得不可区分。

最后还剩下人类最早发现的引力相互作用没被统一进来。爱因斯坦的引力理论与量子场论之间存在着深刻的矛盾。爱因斯坦的引力理论是经典场论，是建立在时空平滑基础上的，而量子场论则首先要把场进行量子化，量子化后的时空从大尺度上看还是很平滑的，随着空间尺度的缩小，时空就会出现波动、扭曲，在极小的范围内，引力理论完全不再适用。用量子场论的语言来描述，引力相互作用是用引力子来传递的，可是要建立起引力场的量子化理论，有一个巨大的难题，那就是引力场是无法重整化的。

为了解决引力无法重整化的问题，理论物理学家们想出新办法，建立起了可以把四种相互作用都统一起来的理论，其中影响比较大的理论是弦理论（该理论具有超对称性，也称超弦理论）。弦理论的一个基本观点是，自然界的基本单元不是电子、光子、中微子和夸克之类的点状粒子，而是很小很小的线状的弦（包括有端点的开弦和圈状的闭弦或闭合弦），弦的不同振动和运动就产生出各种不同的基本粒子。根据弦理论，我们所处的宇宙空间可能是 9+1 维时空中的 D3 膜，在极高的温度下，四种基本相互作用的强度都变得一样，不再区分。弦理论是目前最有希望将自然界的基本粒子和四种相互作用统一起来的理论。

第五章　宇宙学及哲学启示

天文学是最古老的自然科学之一，人类认识宇宙及确认地球在宇宙中的地位是从天文观测开始的。20世纪，在大量天文观测和现代物理学的基础上，产生了现代宇宙学。牛顿力学给出了一个井然有序的世界体系，但也留下了第一推动之谜。现代宇宙学是随着爱因斯坦广义相对论的建立而开启的。对于宇宙的存在，人们总是心存疑惑：宇宙是有限的还是无限的？宇宙是从来就有的还是创生的？如果宇宙一直存在，何以会处在现在这个阶段？如果宇宙有创生，它是怎么演化而来的？德国哲学家康德有一句名言："世上有两样东西最使我敬畏，那就是头上的星空和心中的道德律。"这句话至少告诉我们一点，在人类思维的发展过程中，有一个永恒的主题——宇宙。

第一节 宇宙的测量

一、四把“量天尺”

人们要深入了解宇宙，首先需要知道天体的大小和它们之间的距离。关于天体大小的第一次科学测量大约发生在公元前 240 年，天文学家埃拉托色尼运用几何学方法测出了地球的周长和直径（见本书第一章第一节）。

月球的大小是阿里斯塔克通过观测月全食获得的。他测量了月全食时月亮从进入地球本影开始到完全被遮住之间的时间，发现月亮在阴影中的时间约为这个时间的 1.5 倍，由此推断在月球轨道处，地球影子的宽度是月球直径的 2.5 倍。阿里斯塔克还考虑到太阳不是点光源，地球阴影会随着太阳与地球距离的增大而变窄，同样，月球的阴影随着太阳与月球距离的增大而变窄。当发生日全食时，月球的阴影从月球到地球的距离上几乎缩减到零，因此地球阴影在同样的距离上也要缩减相同的量，即一个月球直径 d（如图 5–1 所示）。由此，阿里斯塔克得出结论：地球直径 D 约是月球直径 d 的 3.5 倍。

图 5–1

月球与地球之间的距离则可通过简单的三角学来估算。把一枚分币放在约一臂远处，移动它直至刚好遮住月亮圆面，使分币的视角与月亮的视角相同，测量分币的直径及离眼的距离，它们的比值就等于月亮直径与月地距离的比值。阿里斯塔克测得这个比值约为 1/110，所以月地距离 $l=110d \approx 63R_{地}$。这与现代的测量值很接近。

太阳离地球很远，在没有望远镜的年代要准确测量日地间的距离是很困难的，阿里斯塔克却利用巧妙的方法（见本书第一章第一节）得出了日地距离约为月地距离的20倍。这个值大概比实际值小了20倍，但他的方法是正确的，只不过需要一种在他那个年代不可能达到的精度来测量角度。古希腊学者估算的天空系统的尺寸，几乎未被他们的后继者做多少修改而沿用了许多世纪。

几何学中有一条定理，已知三角形两角和一边便可求解该三角形。1672年，法国天文学家卡西尼利用基于这一定理的三角视差法测出了火星与地球之间的距离。对于遥远的恒星，三角形的顶角极小，为了提高精度应尽量扩大底边。在地面上进行测量，所能利用的最大“底边”是地球公转轨道的直径。地球公转轨道半径对某恒星所张的角度为1秒（即1°/3600）时，可以算出它距离地球为3.26光年，这个距离称为1秒差距（记为1pc）。离太阳系最近的恒星叫比邻星，距离为1.33pc，它的视差角已小于1秒。随着大口径光学望远镜的投入使用，三角视差法的适用范围也大大扩展了。目前，利用这种方法能测定约500光年范围内的亮星。但从天文学角度来看，这个范围太小了，人类还得寻找新的“量天尺”。

20世纪以后，天文学家开始利用分光视差法测定恒星与地球的距离。该方法的核心思想是利用分光技术获得恒星的光谱，从谱线的强度等特征推知恒星的光度（绝对星等），再测出视星等（眼睛或望远镜接收的光的强度），然后通过绝对星等M、视星等m与距离r的关系式$M=m+5-51gr$（r表示距离，以秒差距为单位）计算出天体与地球的距离。凡是具有特征谱线的恒星都可以用分光视差法测定它们与地球的距离。目前已获得分光视差数据的恒星有6000颗以上，适用范围扩大到了10万光年左右（银河系边缘）。这是人类的第二把“量天尺”。

大质量的恒星演变到晚期的时候会出现不稳定的脉动现象，其光度会发生周期性的变化，称为脉动变星。在这些脉动变星中，有一类脉动周期非常规则，很容易辨认和测出周期，中文名叫造父变星。1912年，美国女天文学家勒维特在研究小麦哲伦星系内的变星时发现了周光关系，即光变周期越长，变星的光度越大。这样，通过测定变星的光变周期就可以推算它的光度，有了光度，再测量亮度就可以获得距离的信息。利用造父变星，测量范围可达1000多万光年，远大于视差法的测量范围。测量光变周期比获得光谱并确定谱型要容易而且更准确，因此造父变星法被称为人类的第三把“量天尺”。

1755年，康德提出星云假说，他认为在银河系外存在着无数个与银河系类似的星系，包括最著名的仙女星系。更多的人却认为星系只是银河系内由低密度物质聚成的团块。两种相左的观点一直僵持不下，判断的关键在于准确地测定星云的距离。1923年10月，美国天文学家哈勃利用威尔逊山天文台一台当时最大口径的望远镜，拍摄了仙女星系的照片。哈勃从照片中认出了多颗造父变星，并推算出仙女星系与地球的距离为254万光年，这远远超出了银河系的范围。河外星系确实存在，一场旷日持久的大争论终于有了明确的结果，人类对宇宙的认识前进了一大步。

1927年，哈勃发现河外星系普遍存在着谱线红移现象。所谓红移是指当天体远离我们而去时，由于多普勒效应引起的谱线向长波端移动的现象。1929年，利用已经通过其他方法确定了距离的20多个星系，哈勃发现星系光谱的红移量 z 与距离 r 成正比，即 $z=\dfrac{\lambda-\lambda_e}{\lambda_e}=\dfrac{H_0r}{c}$，$\lambda$、$\lambda_e$ 分别为星系光谱波长和在地球实验室测得的同一谱线波长，c 为光速，H_0 为哈勃常数。利用多普勒公式可以推导得到 $z=\dfrac{\lambda-\lambda_e}{\lambda_e}=\dfrac{v}{c}$，所以天体的退行速率 $v=H_0r$，这就是著名的哈勃定律。由于 z 比较容易测出，遥远的河外星系距离乃至宇宙半径可以依据 $r=cz/H_0$ 算出。目前估计宇宙半径为150亿～200亿光年。利用这把“量天尺”的关键是确定 H_0，而 H_0 只能通过前面介绍的3种方法一步步测定。几十年来，H_0 的值几经变化，至今还有较大的不确定性。尽管如此，描绘了一幅正在膨胀的宇宙图像的哈勃定律仍是20世纪天文学最伟大的发现之一。

人类从认识自己居住的地球开始，不断扩大视野，探索宇宙奥妙。18世纪以前，人们只认识太阳系，视野不过30分钟的光行距离；18世纪以后，借助光学望远镜知道了银河系；近一个世纪以来，人们又认识到河外星系、星系团和总星系。在不过200年的时间里，人类的视野扩展到了 100 多亿光年的远方，人类认识宇宙的速度远远超过了“一日千里”。

二、天体的质量

天体的质量是一个重要的参数，它不仅影响和支配着天体的运动，而且还决定着天体演化的进程。人类首先测出的是地球的质量。牛顿发现万有引力定律之后，测量地球质量成了可能。假设地球为一理想球体，质量 M 完全集中在地心，地表的物体 m 所受的引力为 $G\frac{Mm}{R^2}\approx mg_{表}$，约去 m，有 $M=\frac{g_{表}R^2}{G}$。1798 年，英国物理学家卡文迪许通过设计精巧的扭秤实验，测出了两个已知质量的重球间的万有引力，得到了 G 值，从而间接地计算出了地球的质量和密度。这段科学历史已为大家所熟悉，卡文迪许开创了弱力测量的时代，被誉为“第一个称量地球的人”。

同样的方法可用于月球质量的测定。为了准确测量月球表面附近的重力加速度，阿波罗 17 号的宇航员于 1972 年在月球上设置了月面重力计。现已知道月面的重力加速度约为 1.62 m/s²，月球的半径 $R_{月}=1.738\times10^6$ m，则有 $M_{月}=7.35\times10^{22}$ kg。另一种方法是根据地月系统的质心位置，先得到月、地的质量比，再求出 $M_{月}$。设地球质量为 $M_{地}$，地心到系统的质心距离为 x，月地距离为 d，根据角动量守恒定律有 $M_{月}\omega(d-x)=M_{地}\omega x$，于是 $\frac{M}{M_0}=\frac{x}{d-x}$。测出 d、x，代入地球质量即可求得月球质量。

确定行星、太阳的质量，最基本的方法是动力学法。假设环绕天体绕中心天体做匀速圆周运动，环绕天体的向心力由万有引力提供。设环绕天体的质量为 m，环绕半径为 r，中心天体的质量为 M，则 $G\frac{Mm}{r^2}=m\left(\frac{2\pi}{T}\right)^2r$，可得 $M=\frac{4\pi^2r^3}{GT^2}$。此式只能测量中心天体的质量，不能用于测量环绕天体的质量。将上式改写为 $\frac{r^3}{T^2}=\frac{GM}{4\pi^2}$，即开普勒第三定律。对于椭圆轨道，只需将 r 换成半长轴 a。实际上这里的两个天体是一个二体问题，它们绕着共同的质心转动，牛顿推导的准确结果为 $\frac{a^3}{T^2}=\frac{G(M+m)}{4\pi^2}$，这就是修正后的开普勒第三定律。通过观测得出转动周期和轨道半长轴，算出两天体的质量之和；再由两天体离质心的距离之比求得质量比值，进而求得每个天体的质量。对于任何带有天然卫星的行星，只要测出它们的轨道参数，都可以按上述方法求质量。人们自 20 世纪 30 年代发现冥王星后，一直测不准它的质量。最先测定的冥王星质量是地球的 0.8 倍，1971 年重新测定为地球质量的 0.11 倍，直到 1978 年发现它有一颗卫星，才根据动力学法定出其质量为地球质量的 0.0024 倍。

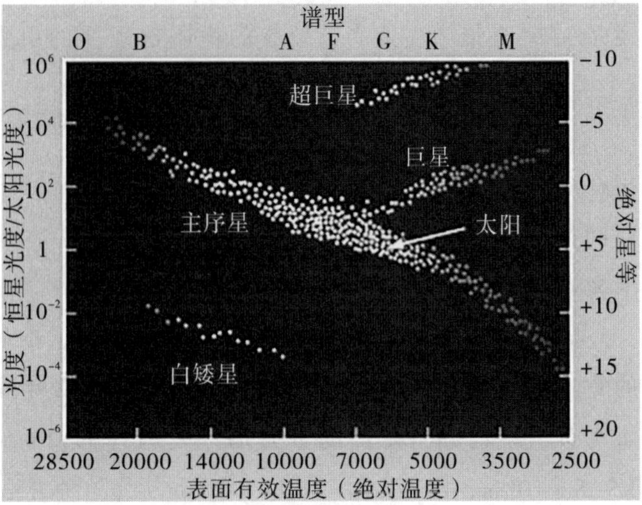

图 5-2

对于单个、遥远的恒星不能用上述方法测量质量，只能根据它的光度进行间接的测量。丹麦天文学家赫茨普龙和美国天文学家罗素分别于 1911 年和 1913 年，研究了恒星的光谱和绝对星等之间的关系。两个互不相识、相距遥远的人几乎同时研究着同样的问题，得出了几乎完全相同的结论，这类科学界的佳话再次出现了。他们以绝对星等为纵轴，以光谱型（或表面有效温度）为横轴，把恒星用点标在图上，得到了一张恒星的光谱－光度图，现称为“赫罗图”，如图 5-2 所示。从图中可以看出，成千上万的恒星在赫罗图上不是杂乱无章地分布的，而是形成了几个序列。从左上角到右下角的一条对角线上，是恒星的密集区，80% ～ 90% 的恒星都处在这条稍被扭曲的对角线及其邻近区域上，我们称它为主星序，在这区域中的恒星叫作主序星，太阳在主星序的中段。在主星序的右上方，有两条大致呈水平方向的序列，这就是巨星序和超巨星序，它们的光度很大。在主星序的左下方，是白矮星序，它们的光度很小，是非常暗弱的恒星。对于主序星，质量 M 和光度 L 之间存在着一定的关系，叫作质光关系，光度越大，质量也越大。人们由观测资料得出近似的关系：对于光度大于太阳的主序星，有 $\frac{L}{L_{太}}\approx\left(\frac{M}{M_{太}}\right)^4$ ；对于光度小于太阳的主序星，有 $\frac{L}{L_{太}}\approx\left(\frac{M}{M_{太}}\right)^{2.8}$ 。因此，对于大多数的恒星，只要测出它们的光度，就可以根据质光关系估计它们的质量。当然，这种质光关系是大量观测的统计结果，带有一定程度的误差。

对于星系的质量，可以通过星系的自转曲线进行估算。所谓星系的自转曲线是指天体绕星系中心的运动速度与离中心的距离之间的关系。测得自转曲线后，可计算在 R 处一定质量的天体所受的向心力，向心力由半径 R 内所有物质的总引力提供。根据向心力随 R 的变化情况便能分析物质的分布，求得星系的总质量。近年来的观测表明，银河系从太阳轨道向外，天体的自转速度（即对中心的绕行速度）并不下降。这表明随着距离的增大，轨道以内的质量也在增大，但那里可见的天体并不多，这意味着还存在着大量看不见的物质，这种物质被称为暗物质。暗物质不能通过测光的方法来发现，但可以在动力学中反映出来。

需要说明的是，人类对宇宙天体的认识，既离不开科学的测量方法，也离不开精密的测量仪器。大型光学望远镜、射电望远镜的成功制造，各种特殊用途仪器的先后出现，为天文学家进行科学观测创造了良好的条件。电子技术、雷达技术、自动化技术、计算机网络技术等在天文学领域中的应用越来越广泛，再加上火箭、高空气球、人造卫星等新工具，科学家可以主动地对要研究的天体进行科学实验。

三、宇宙有限还是无限

天体间距离和天体质量的观测是研究宇宙的第一步。人类在这些观测事实的基础上一步步地建立起现代宇宙学理论，获得对宇宙比较系统的认识。天文学家面对的一个老问题是，宇宙究竟是有限的还是无限的？如果我们回顾世界上各个不同地区不同时代的文明关于这个问题的论述，可以发现主张宇宙有限和主张宇宙无限的学者都很多。

持宇宙无限论观点的人，常常用下面两个问题来反驳宇宙有限论者：

(1)如果宇宙有限,它总有个边界,那么边界在哪里?边界之外又是什么?

(2)如果宇宙有限,它总有个中心,那么宇宙的中心又在哪里?这是两个难以回答的问题,因为在传统的逻辑里,这些问题本身构成了哲学上的悖论。如果边界之外还有东西,那么边界之内就没有整体性;如果边界之外没有东西,那么从不同地方看(比如从区域深处和边界附近看),宇宙会明显不同。但是从大尺度角度看,宇宙在整体上是均匀的,宇宙没有中心,任何一个典型星系上的观测者所看到的宇宙都是一样的。

有趣的是,持宇宙有限论观点的人,也反问了两个问题,一个叫奥伯斯佯谬,另一个叫西利格之谜。

1826 年,德国天文学家奥伯斯提出了一个习以为常却又很难回答的问题:晚上,天空为什么是暗的?或者说,为什么恒星在夜晚的天空中只产生微弱的光,而不像太阳在白天那样光彩夺目呢?

设想星系中的恒星均匀地分布在整个空间内,单位体积内的恒星数为 n,把恒星的光度取一个平均值 L,则距离为 r 的一颗恒星,其流量为 $f=\frac{L}{4\pi r^2}$,这里的流量是指单位时间内垂直于恒星方向的单位面积上接收到的能量。随着距离的增加,流量会变得非常小,这样,会自然地认为远处恒星对夜光的贡献是微不足道的。但是,如果考虑如图 5-3 所示的情境,在一个厚度为 a 的薄球层内有很多的恒星,该层的体积为表面积乘以厚度,即 $a\times 4\pi r^2$,这个球层内包含有 $4\pi ar^2\times n$ 个恒星,于是球层内所有恒星的总流量为 $\frac{L}{4\pi r^2}\times 4\pi ar^2 n=anL$(此式的计算用到重积分转化而来的等效方法),令人惊奇的结论是恒星总流量与距离 r 无关。单个恒星由于距离遥远,变暗完全可以由均匀分布的恒星数目的增加来补偿,如果宇宙无限,一个个同心球层的亮度贡献加起来,一直加到无穷远,总亮度将是无限大。显然,这样的结论与实际不符。这就是奥伯斯佯谬。该佯谬的前提条件是恒星在无限时空中均匀分布且稳定存在。这里的推

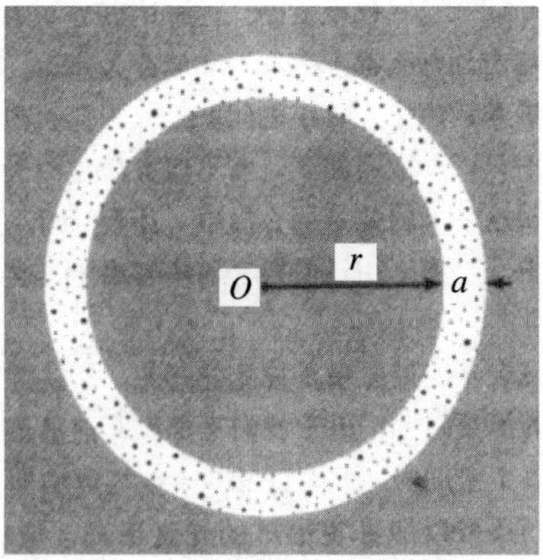

图 5-3

理是成立的，对无限宇宙论是致命的一击。对于 19 世纪的天文学家来说，能找出问题的症结吗？

想通过恒星辐射到地球的途中被空间介质遮挡或吸收来回避结论是无济于事的，因为遮挡、吸收辐射的介质会被加热，然后再重新辐射，不用多久，介质辐射的能量和吸收的一样多，同样的问题依然存在。

从上面的讨论中我们看到，问题出在平方反比律。万有引力定律也遵循平方反比律，可以设想也会出现类似的矛盾，这就涉及西利格之谜：无穷远处恒星对某个物体譬如一个苹果产生的引力也会无限大。不过与亮度不同的是引力是矢量，虽然各个方向对苹果的引力都是无限大，但不同方向的作用会抵消，这种抵消涉及“$\infty - \infty =$？”。这处理起来要特别小心：如果宇宙的物质分布不是严格均匀的，“$\infty - \infty$”可以是不小的值，甚至可以是无穷大；如果宇宙的物质分布是严格均匀的，“$\infty - \infty$”的结果仍然存在着不确定性。

让我们换个角度来看。如图 5-4 所示，按照牛顿的万有引力定律，在球对称的情况下，球外物质对处于球面上的 A 质点的引力作用互相抵消，A 质点只受球内物质的引力作用，且引力方向指向球心 O。对于一个均匀的、没有中心的无限宇宙，球对称对空间任何一点都成立，对称球可以画在任何地方，画成任意大小。画过 A 点的不同的对称球，质点 A 所受的引力大小和方向均会不同。如果在 A 点放一个苹果，则它所受的万有引力是不确定的，因而我们不能称量这个苹果到底有多少重。

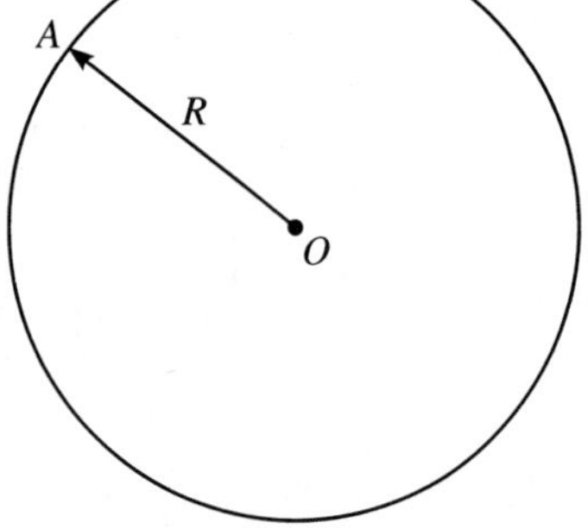

图 5-4

西利格之谜是宇宙无限论者又一个难以回答的问题。于是，宇宙有限与无限之争打成平局。

如果宇宙的年龄有限，则奥伯斯佯谬可以得到合理的解释。从一颗距离地球为 r 的恒星发出的光，传播时间为 r/c。而如果宇宙的年龄为 T，也就是说，如果在时间 T 之前恒星都不存在，这样距离大于 cT 的恒星发出的光不可能到达地球。因此，前面所讨论的一系列球层必然在距离 cT

处被截断，对地球上流量有贡献的球层数目是有限的，只要 T 不是特别大，流量就可能很小，因而夜空是暗的。这样的解释被 19 世纪的天文学家普遍接受。

在现代，一般认为反驳奥伯斯佯谬的主要观点是宇宙在膨胀。当恒星以一定的速度远离时，我们所接收到的能量会减少，流量公式应修改为 $f=\frac{L}{4\pi r^2(1+z)^2}$，其中 z 为星系光谱的红移量。如果恒星远离的速度达到光速，z 值为无限大，则完全接收不到恒星发来的光。红移量 z 的影响使恒星发出的光对地球的贡献比距离平方反比规律减少得更快，这样，即使把流量都加在一起，也是一个不大的量了。

解答奥伯斯提出的这个问题，并没有使宇宙无限论者胜利，因为在解决奥伯斯佯谬的同时，并未支持宇宙无限的观点。

第二节　宇宙的演化

一、宇宙模型

宇宙有限与无限之争的平局状态首先是被爱因斯坦打破的。1917 年，爱因斯坦开始把目光转向浩瀚的宇宙，因为他知道，只有大尺度的宇宙结构，才可以充分体现广义相对论的价值。同年，他发表了《根据广义相对论对宇宙学所作的考查》一文。在这篇论文中，爱因斯坦提出了一个有限无边的宇宙模型，这是现代宇宙学诞生的标志。

爱因斯坦认为宇宙中的物质分布从大尺度来看是恒定不变的，因此他对引力场方程进行了修改，在方程的左边加上了一项宇宙项 $\lambda g_{\mu v}$（λ 称为宇宙常数），即 $R_{\mu v}-\frac{1}{2}g_{\mu v}R+\lambda g_{\mu v}=kT_{\mu v}$ 。爱因斯坦新引进的 λ 代表宇宙中的斥力，可以平衡引力从而得到引力场方程的静态解。爱因斯坦还放弃了传统的宇宙空间的三维欧几里得几何无限性，主张就空间广延来说，宇宙是一个闭合的连续区，连续区的体积是有限的，但它是一个弯曲的封闭体，所以没有边界。

为了形象地说明爱因斯坦的思想，我们设想一个有限、无界的二维空间——球面。若球面上均匀分布着许多星星，生活在球面上的人沿着任何方向观测，星星的分布都是均匀的，在球面上随便怎么走动，都不会遇到边界，但球面的总面积是有限的，球面上的任意位置都可以看作中心，又都不是中心。有限、无界的三维空间无法画出来，但它的性质与二维的类似，可以由光的轨迹表现出来。比如沿着某一方向发射光信号，它将从相反方向返回原处。或者说北京天文台拍摄下某一恒星的照片，而位于地球另一端的阿根廷某天文台在相反方向上也拍摄下一颗恒星的照片，这两颗恒星有可能是同一颗恒星，这种情形就像发自阿根廷的雷达信号沿着地球表面从相反方向到达北京的某个位置。

爱因斯坦的宇宙模型符合当时已知的观测事实，但是它有一个缺点，即不稳定。假如某个时刻宇宙受到了一个微小的扰动，例如略微变小了一点，则宇宙中所有物体之间的距离都将缩短，从而引力增强，又促使宇宙进一步收缩。反之，一旦有个微小的膨胀，必将一直膨胀下去。这样的宇宙就像一根尖头朝下竖立的针，难以长时间保持岌岌可危的平衡。

1922 年，苏联数学家弗里德曼将引力场方程用于均匀并各向同性的宇宙，得到了普遍的动态解。弗里德曼假设宇宙在膨胀，而且膨胀是从物质密度为无穷大的奇点开始的。奇点的解释是宇宙学中的一个难题，它的存在一方面意味着在宇宙的非常早期，不能用经典的时空概念来描述，另一方面意味着宇宙在时间上可能有一个开端。由于空间是根据物质的质量而弯曲的，如果宇宙平均密度 ρ 小于某个临界值 ρ_c，宇宙将一直膨胀下去，宇宙就是开放的、无限的；如果平均密度等于临界密度，则宇宙是平坦的，一个平坦的宇宙会一直膨胀下去，但它的膨胀速度会变慢；如果平均密度大于临界密度，则意味着宇宙的物质多、引力大，引力大到足以使宇宙的膨胀速度减为零，使之转为收缩，宇宙将重新回到超密状态，这样的宇宙是闭合的、有限的。图 5-5 描绘了宇宙半径 R 随时间 t 变化的三种可能的情形。弗里德曼提出的宇宙膨胀理论改变了人们的宇宙观，激发了天文学家对宇宙演化的思考。

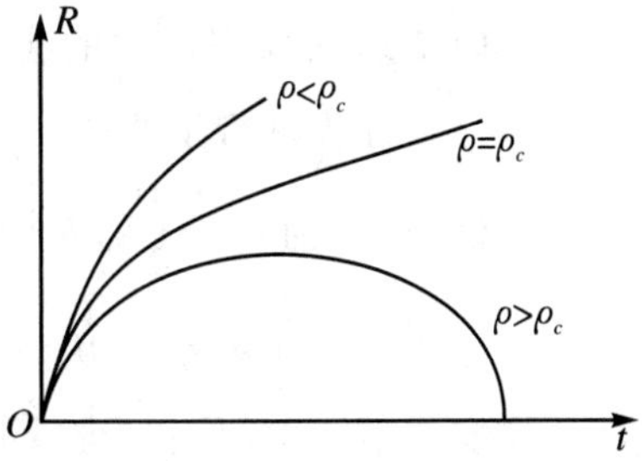

图 5-5

1932 年，比利时天文学家勒梅特认为，宇宙的全部物质最初聚集于一个原始原子（亦称为“宇宙蛋”），现在观测到的宇宙是由这个“宇宙蛋”突然爆发而形成的，向四面八方飞奔的碎片渐渐演变成恒星、星系。勒梅特最先考虑从膨胀的宇宙模型追溯宇宙的起源，但他未能说明宇宙中的元素是如何形成的。

1948 年，俄裔美籍物理学家伽莫夫提出了宇宙大爆炸模型。伽莫夫参加过原子弹的研制，精通核物理学，他把宇宙的状态想象成与原子弹爆炸一样，不但有一段物质由密到疏的膨胀过程，而且是一段温度由高到低的变化过程。在温度、密度不断下降的过程中，基本粒子逐步形成中子、质子和原子，产生了气体，气体逐渐凝聚成星云，进一步变成恒星和星系，最终形成人们现在看到的宇宙。伽莫夫创造性地把化学元素的生成同整个宇宙演化的动力学联系起来，把核物理的成果同广义相对论巧妙地结合起来，力图找到各种物质的形成与宇宙膨胀这一总背景的内在联系。这个研究思路对后来的宇宙学发展产生了深刻的影响。伽莫夫还预言了如今宇宙中有大爆炸后残留的剩余辐射。他的同事阿尔法和赫尔曼对此做了更深入的研究，认为早期宇宙遗留下来的背景辐射与 5 K 的黑体辐射相当。由于观测条件的限制，至 20 世纪 60 年代初，宇宙的背景辐射一直没有得到验证。此外，根据当时测得的哈勃常数估算的宇宙年龄约为 10 亿年，与已经确定的太阳系年龄相比，宇宙的年龄太小了。因此，大爆炸模型受到怀疑。在这种情况下，稳恒态宇宙模型应运而生。

1948 年，英国天文学家邦迪、霍伊尔和戈尔德提出了一种新的学说，他们保留了宇宙膨胀的概念，但放弃宇宙始于密集状态的思想。他们认为，既然时间、空间是统一的，宇宙间物质分布均匀且各向同性，那么在时间上物质的密度也应该是恒定不变的，这必须假设有新的物质不断地自发产生。稳恒态模型避免了宇宙在一瞬间突然被创造出来，许多学者认为这个学说颇为可取。但是它也使人感到不安，因为它假设物质是无中生有地凭空产生的，这就与物质守恒定律相违背，也与唯物主义的观点相冲突。为此，霍伊尔提出了“创生场”的概念试图走出物质“从无”产生的困境。如果真是这样，我们只要承认“创生场”像电磁场一样是物质的一种特殊形态，那么就无所谓物质从无产生，而只是从一种形态转变为另一种形态，这样就不会与传统的观点相矛盾。物质既不能创造又不能被消灭是被人类实践与科学反复证明了的，永动机的研究以及对 β 衰变、电子对湮灭的深入分析等，一次又一次表明它是不可推翻的。

现代天文观测已经证明稳恒态宇宙模型是不正确的。人们对遥远天区和邻近天区的射电源进行了计数，比较发现其密度分布随距离有明显的变化，这说明宇宙的物质密度随时间在变化，宇宙并不是稳恒的。此外，宇宙的稳恒态模型也不能解释宇宙微波背景辐射、元素的形成和丰度等问题。至于从宇宙人择原理来否定稳恒态模型，我们将在本章的第四节中再进行讨论。

二、大爆炸理论的观测事实

要推动宇宙学的发展，提出新的理论固然重要，但如果没有观测事实的支持，理论就不会被普遍接受。而要不断发现新的天文现象，在很大程度上取决于观测工具的发展。在望远镜发明之前，人们借助量角器、象限仪、天球仪等进行目视观测。人们从 17 世纪开始使用光学望远镜，19 世纪中期分光学、光度学和照相技术被广泛应用，人们开始对天体的物理状态和化学组成进行研究。20 世纪 30 年代以后，诞生了利用射电望远镜接收无线电波来研究天体的射电天文学。射电望远镜的使用波段为 1 mm ～ 30 m，这个波段的电磁波能够穿过云层与尘雾，而且不分白天和黑夜都能用它进行观测，这种能全天候进行观测的望远镜给观察宇宙打开了一扇新窗户，使人们看到了与光学天空完全不同的景象。

巨大的天线是射电望远镜最重要的部件。1964 年，美国贝尔实验室的两位工程师彭齐亚斯和威尔逊安装了一台用以接收“回声号”卫星信号的 20 英尺长的角状天线。他们要利用这台方向性很强的天线来查明太空中的各种噪声，用无线电领域的专业术语来说，即测量天空中的有效噪声温度。这里的噪声是指广播通信中影响正常信号传送的无规则信号，如半导体材料中电子热运动所产生的噪声。噪声的大小和温度有关，那些不是由热运动造成的噪声，可以用一个等效温度来表示其辐射强度。彭齐亚斯和威尔逊做了初步测量，他们在 7.35 cm 波长的微波段上接收到了 6.7 K 的噪声，在扣除了大气、地面和天线结构的影响后，还剩 3 K 左右的微弱噪声。为了找到这些噪声的来源，他们仔细检查了天线金属板的接缝，重新组装了某些部件，甚至清洗掉角落里的鸽粪，种种努力却总是不能消除这烦人的噪声。而且，他们还发现这噪声既没有周日变化，也没有季节变化，而是各向同性，弥漫在整个天空背景上。显然，它不可能来自人造卫星、太阳或银河系，也不可能来自河外星系的某个射电源，它必定是宇宙本身所固有的。

与此同时，普林斯顿大学的一个研究小组也在做宇宙辐射的理论工作，在得知彭齐亚斯和威尔逊的测量结果后，立即通电话，共同研究，他们在同一期的《天体物理学报》中分别以《在 4080 兆赫上额外天线温度的测量》和《宇宙黑体辐射》为题发表论文，宣布了 3 K 宇宙背景辐射的发现。虽然大爆炸理论预言的数值与这个温度有差距，但两者相差不大，可以说理论与实测基本吻合。宇宙背景辐射的发现是对大爆炸理论的最有力支持，打破了原先认为宇宙永恒不变的观念，推动了宇宙演化问题的研究，使现代宇宙学发展到了一个新的阶段。宇宙背景辐射的发现还改变了人们对于宇宙空间的认识：原来宇宙空间并不是漆黑一团，一无所有，而是充满了物质，它既有光，也有热。这进一步证实了辩证唯物论关于世界的物质性和物质形态多样性的观点。

大爆炸理论的另一个成功之处在于解释了宇宙中氦元素的丰度（指元素的相对含量，常以质量百分数表示）。在地球上，氦是一种稀有的惰性气体，但在宇宙中氦的丰度仅次于氢。我们知道，每一种元素都有其特定的谱线，比较一个天体的光谱中各元素对应谱线的相对强度，可以推算出元素的丰度。通过对一些河外星系的光谱(包括可见光谱和射电谱)的测量，人们发现不同星系有大致相同的氦丰度，数值在 25% ～ 33%。这么多的氦是怎么产生的？虽然在恒星的形成、演化和死亡过程中会产生氦，但氦的生成是非常缓慢的，靠恒星内部的热核反应不能使宇宙中的各类天体得到如此多的氦。这被称为氦丰度困难。

大爆炸理论认为，随着宇宙的不断膨胀，当温度下降到 10^{13} K 时，产生了质子和中子。当温度下降到 10^{9} K 时,质子和中子聚变生成了氘核。温度继续下降，以氘核为原料，通过一系列的核反应，大约在大爆炸后的 3 分钟合成了氦。其中一种可能的系列核反应如下所示：

$${}_{1}^{1}H+{}_{0}^{1}n\rightarrow{}_{1}^{2}H+\gamma$$

$${}_{1}^{1}H+{}_{1}^{2}H\rightarrow{}_{2}^{3}He+\gamma$$

$${}_{2}^{3}He+{}_{2}^{3}He\rightarrow{}_{2}^{4}He+2{}_{1}^{1}H$$

这一串核反应的净效应是 2 个质子和 2 个中子合成了一个氦核。如果最初质子数和中子数的比值是 $\frac{n_p}{n_n}$（$n_n<n_p$），当氦核生成阶段结束，所有中子都被用于核合成，氦的丰度 Y 将达到最大值，其值可根据关系式 $Y=\frac{2}{1+\frac{n_p}{n_n}}$ 计算。在热动平衡条件下，粒子的数密度满足玻尔兹曼分布，

有 $\frac{n_p}{n_n}\approx 6.8$，代入上式可得到氦丰度的理论值为 $Y\approx 0.26$，这与观测值十分接近。

大爆炸宇宙模型从提出到被接受，天文观测在其中起了重要的作用。虽然宇宙学不能称作真正的实验科学，但是观测与实验一样是实践，尤其是利用现代天文仪器所做的精密观测是重要的科学实践。宇宙学正是因为具有一些可靠的观测证据，才使它脱离了纯粹思辨，也完全不同于依靠直观猜测的古代自然哲学。当然，与其他成熟的自然学科相比，宇宙学的观测资料还显得零散且不充分，这是它的一个短板。正因为如此，宇宙学需要发展理论模型，需要借用各种物理学理论作为它的理论基础。由于研究对象发生了变化，这就涉及物理理论外推的有效性问题。人们把相对论、核物理学、统计物理学等知识应用于整个宇宙，发现它们是有效的，可是，人们又常常批评克劳修斯把热力学第二定律外推到整个宇宙。怎么把这些东西协调起来呢？从个别到一般，再从一般到个别，这是认识事物的一般规律。由个别到一般所确立的科学理论具有普遍性，但理论的普遍性有一定的适用范围，超过这个范围，外推就会犯错误，因而理论外推有一定的不确定性。一个理论的适用范围是由科学实践来确定的，当外推结果与科学实践发生冲突时，就要寻找新的理论来发展它。这是大爆炸宇宙模型带给人们的哲学思考。

三、宇宙演化简史

讨论宇宙的演化，即宇宙的物态怎样随时间而变化，首先需要考虑的一个问题是，我们该用什么量来表示时间？用秒、分钟、小时、天或年来描述时间，这当然是可以的。随着宇宙的尺度 R 在增大，密度 ρ 在变小，温度 T 在降低，我们也可以用 R、ρ 或 T 来描述时间，就像我们要描述从北京沿京沪线往南走的距离，既可以用公里数来描述，也可以用乘火车的时间长短来描述。宇宙的 R、ρ 不易测量，T 比较容易测量，T 与物态有密切的联系。在温度为 T 时，粒子的热运动能量约等于 kT（k=1.38×10^{-23} J/K，k 为玻尔兹曼常数），粗略地说，绝对温度 10000 K 相当于粒子热运动能量 1 eV。所以，不同的温度标志着不同的粒子热运动能量，相应的物理过程也就不同。

美国物理学家温伯格在《最初三分钟：关于宇宙起源的现代观点》一书中，向人们描绘了一幅非常生动的宇宙演化图景。

在大爆炸之后约 10^{-44} s，宇宙处于普朗克时代，温度高达 10^{32} K，空间的尺度约为普朗克长度 1.6×10^{-35} m。引力从统一的四种基本相互作用中分离出来，产生了夸克、轻子、胶子等粒子。每个基本粒子的能量约为 10^{19} GeV，比目前世界上最大加速器的能量还高 16 个数量级。

大爆炸后约 10^{-6} s，温度下降到 10^{13} K 左右，具有分数电荷的夸克开始结合成质子、中子、π 介子等强子，成为强子时代。自强子时代开始，人们可以用粒子物理学、广义相对论、统计热力学等成熟的理论比较准确地描绘宇宙的演变。可以说宇宙进入了“信史”时代，而在这之前“传说”成分居多。

宇宙年龄为 10^{-3} s，进入了轻子时代。温度下降到 10^{11} K 时，只剩下少量夸克，自由的光子、中微子和电子等轻子大量存在，这些粒子都在不断地碰撞、转化和湮灭。由于弱相互作用已经比电磁相互作用和强相互作用弱得多，只参与弱相互作用的中微子率先从热平衡状态中脱耦，此时温度约为 10^{10} K。

大爆炸之后的 3 分钟，进入了核合成时代。此时温度降到了 10^9 K，中子和质子结合成氘核，并很快生成氦核，同时由氚核、氦 3 等轻核生成。由于自由中子的半衰期约 10 分钟，在这 3 分钟内要衰变 20% 左右。这种衰变使中子数减少，质子数增加，比值 $\frac{n_p}{n_n}$ 增大到 6.8，此时几乎全部的中子躲进氦核内不再衰变。正是由于氦核的庇护，我们的物质世界才保存了大量的中子。

在大爆炸 1 万年之后，温度降到了 10^4 K，此时的宇宙由电子、质子和氦核的混合电离气体组成。大爆炸 10 万年之后，温度降到 3000 K 左右，电磁力开始起作用，氢核和氦核捕获电子，自由电子不再横冲直撞，中性的氢原子和氦原子产生了，宇宙进入了一个新的时代——物质时代。温度继续降低，光子受到自由电子碰撞的机会减少，辐射与实物粒子的相互作用减弱，光子可以顺利穿过宇宙空间，宇宙开始变得透明。某些由中性原子构成的尘埃在引力的作用下逐渐成团，演化为绚丽多姿的星云团。星云团进一步凝聚使得引力势能转变为内能，温度升高。当温度升高到一定程度时，氢聚变为氦的热核反应开始，云团向外辐射能量，表现为一个发光的恒星。辐射产生的向外的压力与引力产生的收缩压力平衡，这时星体稳定下来，恒星在这个阶段停留的时间最长。太阳目前正处于这一阶段的中期，要再过 50 亿年才会转入另一个演化阶段。

当恒星核心部分的氢耗尽，核反应变弱，星体就进入了老年期。星体内部的压强顶不住引力时，收缩重新开始，使核心温度进一步提高，氦核聚变为碳核，再依次合成氧和硅，直到内部形成一个稳定的铁核，恒星便进入晚年。

恒星最后的归宿有三种可能：如果恒星的质量小于太阳质量的 1.4 倍，它会演变为白矮星；如果恒星质量是太阳质量的 1.4 ～ 3 倍，强大的压力使得原子被压碎，电子和质子被压在一起，整个恒星成为中子组成的天体，即中子星；当进入老年期的恒星质量超过太阳质量的 3 倍，强大的引力会使恒星一直坍缩下去而成为一个黑洞。

在上述宇宙演化进程中，宇宙的物质基础居然是在 10^{-44} s 时奠定的，丰富多彩的物质世界的基础又是在最初的 3 分钟内打下的，在这么短的时间内完成如此艰巨的任务，真是不可思议！从物理上讲，进行一个反应，完成一项任务，关键不在于时间，而在于效率。宇宙早期是高温、高密度的状态，粒子碰撞极其频繁，效率极其高，那岂止是“天上一天，人间一年”的效率，那是“一秒等于上亿年”的效率！

宇宙的起源和终局，是人类最想了解的事情之一，但是宇宙的终局是一个非常不清楚的问题，原因就在于不确定的因素有很多。有一个对于宇宙终局有决定性影响的问题：质子会不会衰变？物理学家设计了一些实验以探索质子是否稳定，观测表明质子的寿命在 10^{32} 年以上。如果哪天质子衰变了，那么所有化学元素都将瓦解。没有了质子，原来已死亡的恒星也不能继续存在了，质子衰变产生的正电子会与电子一起湮灭，于是宇宙中只剩下中微子和光子。这样的结局与质子不会衰变所演化的终局大相径庭。若要等确定质子是否会衰变以后再来回答宇宙的终局，那是 10^{32} 年以后的事了。这大概是相比较而言人类更关心宇宙的过去的原因。

第三节 标准模型的困难

一、标准模型的困难

大爆炸理论取得的成功是毋庸置疑的，它已被天文学界广泛接受以至于被赋予了“标准模型”的称号。然而，标准模型只能算作是早期宇宙研究春天里的第一只燕子，存在的问题不少，有的还相当严重，主要有视界问题、平坦性疑难和磁单极子之谜。

首先是视界问题。什么叫视界呢？用一句通俗的话说，就是指宇宙中彼此间有因果关系的区域的大小。由狭义相对论可知，任何物理作用或信息都不可能比光传播得快。假设在大爆炸之初有光产生，由于宇宙年龄不过一百多亿年，目前的视界范围即为一百多亿光年，这就是宇宙的“边界”。设想天外有天，在视界以外还有许多星系，这些星系发出的光线或信息不可能传到地球，无论怎样改造天文望远镜，或者采用什么奇妙的仪器都不可能接收到它们。视界之内的各个地方可以通过引力作用或电磁作用彼此联系着，视界之外发生的事情对我们毫无影响，跟我们不会有因果联系。而在宇宙的早期，情况就不同了。标准模型的计算告诉我们，大爆炸后 10^{-35} s，其尺度约为 1 cm，这时的视界线度约为 $d=2ct=6\times10^{-27}$ m。这意味着，宇宙的线度在那个时候大概比视界大 24 个数量级，从体积上来看，宇宙有 10^{72} 个相互没有因果联系的区域。但是现在的宇宙，其物质分布在大范围上是均匀的、各向同性的。这就像在地球上不同地方某一天内诞生了几万个婴儿，他们彼此之间没有血缘关系，20 年后他们都成年了，但是人们发现，他们的身材、相貌、爱好竟然一模一样，这怎么可能！视界问题，其实就是宇宙结构在大尺度上为何均匀的问题。

其次是平坦性疑难。在上一节中我们提到了弗里德曼宇宙模型，宇宙演化的总趋势取决于物质密度，或者说取决于宇宙中全部物质的质量。问题是宇宙的密度到底是多大呢？利用光度法，人们测得了宇宙的平均密度 $\rho\approx5\times10^{-28}$ kg/m^3。但是利用动力学法，天文学家测得星系的动力学质量比光度质量大几十倍，这说明星系和星系团中还存在着大量看不见的暗物质。暗物质究竟是什么物质？一些理论预言了可能是暗物质的"候选者"，如中微子、轴子、引力微子、磁单极子等。这些"候选者"中，只有中微子已被确证。中微子原是泡利为了解释 β 衰变中丢失的能量而提出的一个假设，它不带电，不会反射、折射和散射，穿透力极强，只参与概率极小的弱相互作用。直接探测中微子是一个非常困难的工作，经过整整 1/4 世纪的努力，美国物理学家莱茵斯等人终于在 1956 年检测到反中微子的存在。另一位美国物理学家戴维斯从 1964 年开始研究太阳中微子，他发现到达地球的太阳中微子只是理论预言的 1/3。如果中微子有静止质量，太阳中微子失踪之谜就很容易解释。粒子在具有不同静止质量的情况下可以互相转化，太阳内部产生的电子中微子在飞抵地球的过程中，有 2/3 可能转变为其他类型的中微子了。更重要的是，若中微子具有静止质量，它可能成为宇宙的主宰：中微子的静止质量只要达到几十个电子伏，其质量总和就会大大超出可见物质质量的总和，使宇宙最终成为闭合的宇宙。但是，现在人们还无法准确测定中微子的静止质量，只能测定静止质量的上限，而且不同的实验测定的上限也有所不同。天文学家花费了极大的精力，测得宇宙的平坦度（平均密度与临界密度的比值，用 Ω 表示）为 0.1 ～ 2，看来宇宙正好介于开放与闭合之间。以目前的 Ω 逆推回去，在大爆炸后 1s 末，$\Omega = 1 \pm 10^{-15}$；追溯到宇宙初期 10^{-35} s，则 $\Omega = 1 \pm 10^{-51}$，即那时宇宙空间偏离平坦的程度只有 10^{-51}。为什么宇宙物质密度会如此接近于临界密度？或者说，为什么宇宙早期空间性质会如此接近于平坦空间？标准模型对此无法做出解释。

最后是磁单极子之谜。我们知道，电荷有正、负之分，正、负电荷相隔一小段距离，可以组成一个电偶，正、负电荷就是电单极。磁也有南、北极之分，但是磁铁的南、北极总是成对出现，从未见过单独的磁北极或磁南极。磁单极子最早是由狄拉克在 20 世纪 30 年代研究电荷量子化时预言的，后来大统一理论也预言了磁单极子的存在。按照大统一理论，当粒子能量超过 10^{15} GeV 时，强相互作用、电磁相互作用和弱相互作用是统一的，当粒子能量降到 10^{15} GeV 以下时，强相互作用就与电磁相互作用和弱相互作用分离，真空对称发生自发破缺。破缺后的真空会形成许多区域，磁单极子就出现在这些区域的交界处，磁单极子的数量与真空区域的数量大致相同。如果这些大爆炸的残骸全部健在，那么今天宇宙中的磁单极子数密度是非常大的，磁单极子应该很容易找到（事实却是一个也还没有找到）。按照磁单极子的质量和数量进行估算，它对宇宙平均密度的贡献会使得$\Omega \approx 10^{13}$，这么大的密度将使宇宙年龄缩短到荒谬的地步（只有几万年）。这就是磁单极子之谜。

要解决上述疑难问题，需要突破原来的大爆炸模型，寻找一种新的机制，使得宇宙至少在一段时间内曾经快速膨胀过。

二、暴胀宇宙学

1981 年，美国物理学家古斯利用当时粒子物理学正在研究的真空对称自发破缺、真空相变等概念，提出了暴胀宇宙学。

我们先对真空的对称自发破缺做解释，因为它是理解暴胀宇宙模型的关键。什么是真空？真空的本意是空虚、了无一物的地方，现代物理学中的真空概念，则是指系统能量最低的状态。什么是对称自发破缺？我们先举一个生活中的例子来说明。譬如茶话会用瓜子招待宾客，每人面前均有一份瓜子放在碟子里。服务员将餐具对称地布置在圆桌上，各个碟子间等距，碟子间的擦手小餐巾也放得不偏不倚，如图 5-6 所示。入席时各人坐在碟子的后面，与两边的小餐巾距离相等，宾客食用瓜子前要取小餐巾擦手，再假设所有人都没有偏爱用某只手取小餐巾的习惯，于是在未开席之前这体系是左右对称的。突然某个人急不可待地先拿起了小餐巾，假如他拿起的是左手边的小餐巾，邻座的人也不得不拿左手边的小餐巾，这个过程迅速传遍了全桌，左右对称性就被打破了。一个体系的稳定性往往与内部或外部的参量有关，当有关参量达到临界值时会突然失稳，对称性就会自发破缺。我们再举一个例子。设想削一支铅笔，铅笔本身很均匀，削得也非常完美，笔头和笔杆可看作严格轴对称的圆锥体和圆柱体。设桌面也是严格水平的，室内空气很平静，我们小心翼翼地将铅笔尖朝下竖立在桌面上，尽量使轴线没有一点偏斜。将手放开，铅笔受到微扰

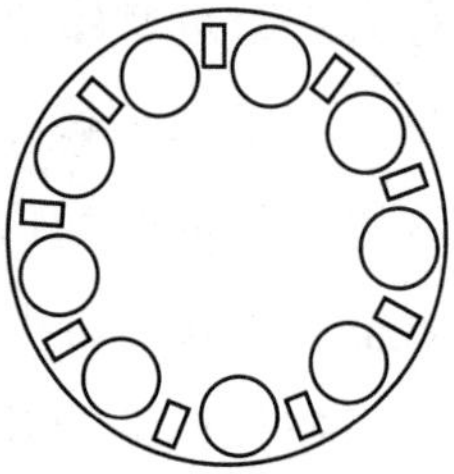
图 5-6

后就会倒下，倒向哪一边则是难以预料的。铅笔未倒下之前，对于铅垂线具有轴对称性；倒下之后，轴对称被打破了。这就是一种对称的自发破缺。

古斯设想宇宙在极早期的大统一时代曾经历过一次从对称到破缺的真空相变。在那时用以描述时空性质的场，既不是电磁场也不是引力场，而是一种古怪的希格斯场。希格斯场的能量密度 E 与场强 φ 有关，也与温度 T 有关，图 5–7 定性地画出了不同温度下 E 随 φ 变化的两种情形。当温度 T 远远大于临界温度 $T_c \approx 10^{28}$ K 时，能量密度最小的真空态（$\varphi=0$）只有一个；随着宇宙的膨胀，当温度降到小于临界温度时，会出现两个具有同一能量值的状态，真空的对称性发生了破缺，实际的真空要么处于 $\varphi=+\sigma$ 态，要么处于 $\varphi=-\sigma$ 态，这称为破缺真空（原来 $\varphi=0$ 的真空态称为对称真空）。随着宇宙温度的继续降低，破缺真空的能量渐渐低于对称真空的能量。从热力学观点看，对称真空能量较高，是亚稳态，破缺真空能量较低，是稳定态。如果没有势垒，宇宙会自发地过渡到破缺真空。因为有势垒的存在，宇宙会在对称真空上短暂停留一段时间（约 10^{-33} s），这就像凝聚态物理中的过冷现象，如果水足够纯净，它可以在一段时间内保持 0 ℃以下而不结冰。在这段短暂的时间内，真空的涨落造成希格斯场偶然穿过势垒转换成破缺真空，凝聚为若干个“气泡”，每个“气泡”就是一个稳定的真空，它按照指数规律猛增几十个数量级，暴胀速度相当于眼睛一眨一粒豌豆胀成了银河系的大小。这样，今天观测到的宇宙尺度实际上是由大统一时代远小于视界的一个极小区域膨胀而来，宇宙自诞生时刻起，各个部分都可以有因果联系，完全有条件使其各部分均匀化。所以不难理解微波背景辐射何以如此各向同性，因为从各个方向传来的背景辐射，它们的“源”原来都拥挤地聚在一起，有过密切的相互作用和相互影响。如此看来，视界问题或均匀性问题得到了解释。

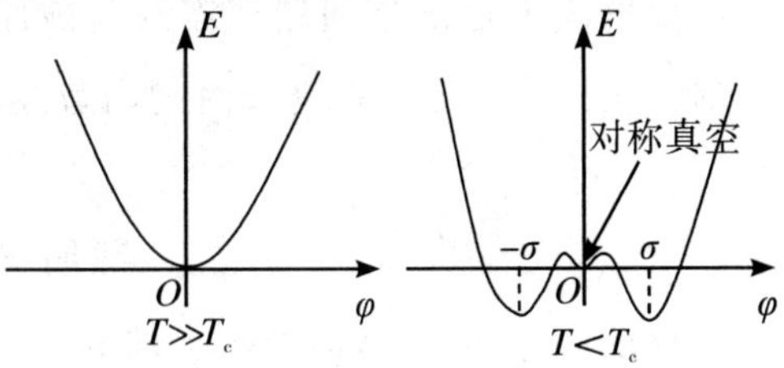

图 5–7

利用暴胀宇宙模型，平坦性疑难也容易解释。由于有一个暴胀阶段，不管在暴胀前宇宙的平坦度 Ω 为多少，它都会很快趋于 1，宇宙诞生之初的弯曲空间很容易经暴胀被抹平。这就像一个弹性极好的气球，如果不断地快速充气，气球迅速膨胀，其表面会变得越来越平坦，越来越光滑，气球最后的状态不受原来状态的影响。对于暴胀模型来说，平坦性不仅不成为问题，反倒成了支持该理论的重要依据之一。磁单极子之谜也可以迎刃而解，因为今天观测到的宇宙来自暴胀前一个极其微小的真空区域，产生于不同真空区域交界点的磁单极子自然少到几乎不存在了。就是说，人们没有观测到磁单极子，并不是磁单极子不能存在，而是在观测到的宇宙范围内一直没有提供生成磁单极子的条件。

暴胀模型不仅解决了标准模型中存在的一些基本问题，而且与标准模型的其他演变过程也衔接得很好。暴胀只发生在宇宙极早期仅 10^{-33} s 左右的短暂时间内，暴胀后的真空相变释放出大量能量使宇宙重新加热，产生各种粒子，随后的演变与大爆炸模型的描述自然接轨。所以说，暴胀模型并不是推翻了标准模型，它只是对标准模型动了一次“微创手术”，对宇宙的某段演化做了更精细的描述。从中我们也可以体会到新、旧理论之间的继承与发展的普遍关系：旧理论的缺陷为新理论指明方向，提供基础，新理论则吸收旧理论中的合理成分，提出区别于旧理论的创新之处。随着时间的推移，新理论也会出现局限性，将有更新的理论来补充或替代，科学理论总是这样曲折发展，逐步逼近真理。

三、新的困难

标准模型和暴胀模型很好地解释了大爆炸 10^{-35} s 以后的宇宙演化进程，但还有一些问题有待澄清，比如奇点问题、宇宙膨胀快慢问题等。

人们把宇宙演化的起点叫作奇点。霍金等人证明了，只要广义相对论是正确的，奇点就不可避免。然而在奇点处，温度、能量、物质密度、时空曲率都无穷大，空间概念没有了，时间概念没有了，过去、现在、将来以及因果关系都失去了意义，这是很多人无法接受的。为了避免奇点造成的困难，英国物理学家彭罗斯提出了“宇宙监督假设”，即存在一位宇宙监督者，他要求奇点必须包在黑洞里面，这样，生活在黑洞外部的人就不会受到奇点的影响。不难看出，“宇宙监督假设”只是一种权宜之计，实际上没有解决什么问题。看来奇点是否真的存在，奇点有哪些性质等问题还有待于新的理论来回答。

此外，宇宙在膨胀已是公认的事实，但万有引力的存在使大爆炸的动能不断转化为引力势能，宇宙膨胀只能减速，或一时达到平衡而匀速膨胀，不可能加速膨胀。人们花了几十年时间试图测出宇宙膨胀的减速因子，却分歧极大，得不到协调的结果。

为了测定宇宙膨胀的减速因子，必须找到一种作为标准烛光的极强光源。标准烛光是为了可以通过亮度比较来确定距离，强光是为了放在遥远的宇宙学距离上仍能观测到。天文学家想到了发光强度特别巨大的超新星。超新星实际上是晚期的恒星。当一颗恒星的热核反应终结，演化到晚期，如果剩余质量超过1.4倍太阳质量（称为钱德拉塞卡极限），就会发生强烈的爆炸，最终变成黑洞或中子星。但一般爆炸的超新星由于质量相差较大，放出的光和热相差很大，因此无法作为标准进行比较，然而有一种Ia型超新星非常特殊，它是由白矮星和伴星组成的双星系统，白矮星不断从伴星吸积物质，当质量达到钱德拉塞卡极限时爆发形成超新星。每颗这样的超新星爆发时质量都相同，所以它是一个很好的标准烛光，成了人们理想的“量天尺”。

1998年，有两个独立的研究小组对50余颗Ia型超新星进行光度测量，经过诸多校正后发现这些超新星的亮度都比预期的更暗，这意味着它们处在比经典理论推算的更远的位置上，这只能用宇宙在加速膨胀来解释。为什么宇宙加速膨胀的结论令人震惊？施密特做过一个恰当的比喻：这好像向空中抛出一个球，球不落向地面，反而飞向了天空。这个发现动摇了物理学的理论基础。物理学认为自然界只有四种基本相互作用，宇宙加速膨胀意味着存在斥力，这就需要修改牛顿的万有引力定律和爱因斯坦的广义相对论，或者至少要增加一种新的力，抑或增加一种能产生斥力的新的物态。

宇宙中斥力的产生机制是什么？回顾历史，人们想到了当年爱因斯坦为了获得静态宇宙而在引力场方程中加入的宇宙常数。当哈勃发现宇宙在膨胀以后，爱因斯坦就放弃了这个常数，并承认这是他一生中最大的失误。有趣的是，在天体物理学中，每当出现新问题时，人们就会想到宇宙常数，当问题暂时得到解决后，人们又把它扔掉。如今发现了加速膨胀，人们再次想到，宇宙常数或许是解开此谜的一把钥匙。当年爱因斯坦加进宇宙常数时，是把它放在方程式的左边。如果我们把它移到方程式的右边，意义就完全不一样，它代表了一种新的能量密度。一般说来，能量密度会随着宇宙膨胀而减小，现在，与常数对应的能量密度不改变，就需要补偿因膨胀而损失的能量，人们把这种特殊的能量称为暗能量。暗能量产生斥力使宇宙加速膨胀。斥力和引力之间的角力自宇宙诞生起就没有停止过：在很久以前，物质的密度较大，宇宙处于减速膨胀的阶段；随后物质的密度不断减小，而暗能量几乎保持不变，斥力从引力手中夺得了控制权，使宇宙加速膨胀。从哲学的角度来看，引力和斥力可以成为对立统一的双方。当年康德提出星云说来解释太阳系的形成，万有斥力被角动量理论所取代。今天，引力和斥力在宇宙膨胀中的角色正如矛盾的双方，两者的互相较量演绎着辩证法中量变引起质变的规律。

有的物理学家认为暗能量在宇宙中像真空一样无处不在，它就是真空能。如果真空的能量真是暗能量，它应该具备能量的基本属性和力的基本特征，那么真空就可以称为独立于万有引力、电磁力、强相互作用和弱相互作用以外的第5种力。除此之外，人们还提出了精质模型、幽灵模型等来解释暗能量，以至于有“有多少暗能量专家，就有多少暗能量模型”的说法。也许这种说法有些夸张，但暗能量在理论方面的混沌状况，从中可见一斑。

暗能量使人类的认知走进了一个怪圈，即宇宙中所占比例最多的，反而是最晚也是最难为人们所了解的暗能量（暗能量约占宇宙总量的73%，暗物质约占23%，可见物质仅占4%左右）。我们一直以为满天繁星决定了宇宙的密度，现在才发现这满天繁星却是“弱势群体”，剩下的绝大部分是我们知之甚少甚至一无所知的东西。这怎不让人心惊！从19世纪到20世纪，物理学晴朗的天空中有两朵小小的乌云，最后酝酿出巨大的风暴，动摇了几个世纪以来建成的物理学大厦。雨过天晴，相对论和量子力学两座现代物理学理论建筑巍然耸立。这一次，暗物质和暗能量这两朵新乌云又出现在天边，它们将会把人类认识宇宙的能力推向一个怎样的高度？让我们拭目以待。

第四节 人择原理

一、大数假说

物理学的每一个领域均会涉及各种物理常数，这些常数支配了我们对客观世界的描述。恩格斯曾从量变和质变的角度来说明什么是物理常数：物理学的所谓常数，大部分不外乎是这样一些关节点的标记，在这些关节点上，运动的量的变化（增加或减少）会引起该物体状态的质的变化，所以在这些关节点上，量转化为质。在这里，恩格斯所说的物理常数实际上指的是物质状态变化的临界值，如熔点、沸点等。这些物理常数与物质的某种性质有关，不出现在基本方程中，缺乏普适性，人们称之为一般物理常数。

物理学中还有一些是基本物理常数，它们与具体的物质性质无关，如万有引力常量 G、真空中的光速 c、普朗克常量 h 等。这类常数通常出现在物理学重要的公式中，具有举足轻重的作用，哲学家罗素甚至认为“基本物理常数的发现和测量是现代物理学最坚实的成就”。物理学的每一次飞跃总是与基本常数的发现有关，如电子比荷的测量证实了原子的可分性，使人们对物质的结构产生了突破性的认识；普朗克常量的发现，使人们认识到宏观与微观物质运动规律的差异性。对于光速的认识也是如此，开始时光速只是作为光传播的属性进行测量，此后光速与真空介电常数、磁导率的关系 $c=\frac{1}{\sqrt{\varepsilon_0\mu_0}}$ 的发现，使得光学与电磁学得到统一，且随着光速不变性的提出，光速又成为狭义相对论的理论基础，成了区分经典力学与狭义相对论的关节点。普朗克在 1912 年将 G、h、c 三个常数组合起来得到了两个重要的物理量，即普朗克时间 $t_p=\left(\frac{Gh}{c^5}\right)^{\frac{1}{2}}\approx10^{-43}\ \mathrm{s}$ 和普朗克长度 $l_p=\left(\frac{Gh}{c^3}\right)^{\frac{1}{2}}\approx1.6\times10^{-35}\ \mathrm{m}$。根据测不准关系，在大于 t_p、l_p 的情况下，对宇宙进行时空描述是有效的，但越过这些条件后，就需要应用新的理论来描述宇宙极早期的演化，人们相信，t_p 和 l_p 是整个时空观念的关节点。因此，比利时科学家普利高津认为基本物理常数的存在限定了理论的适用范围，导致了理论“普适性的完结”。有意思的是，有学者还用 G、h、c 来划分物理学的三个发展阶段：17 世纪至 18 世纪，牛顿力学是主线，用 G 来表征；19 世纪，电磁理论是主线，用 c 来表征；20 世纪以后，量子力学是主线，用 h 来表征。

对于一般物理常数，人们采用“拿来就用”的态度，比如物体间的动摩擦因数，我们关心它的数值，而不关心它为什么是这个数值。虽然人们提出了多个理论来解释摩擦产生的原因，但在实际应用中，我们不关心到底是哪个因素决定了动摩擦因数，我们不会为“为什么木块与金属间的动摩擦因数是 0.2 而不是 0.3”这样的问题而烦恼。然而，对于基本物理常数，物理学家的态度却不是这样。鉴于基本物理常数在物理学中的重要作用，如何理解它们成了物理学家需要解决的核心问题之一。

在解释氢原子光谱精细结构的过程中，德国物理学家索末菲提出了一个无量纲的常数——精细结构常数 α（数值约为 1/137）。后来，人们发现它是氢原子基态轨道上电子运动速度与光速的比值，在量子电动力学中，它则反映了电子与电磁场之间相互作用的强弱。人们在讨论 α 的物理意义的同时，还在思考它的值为什么是 1/137，而不是 1/136 或其他数值。英国物理学家爱丁顿认为 α 是解开宇宙构造方式的关键，他曾用对称的 16 阶方阵独立元的个数来解释 α，认为 $\frac{1}{\alpha}=\frac{16^2-16}{2}+16+1=137$。虽然爱丁顿的观点没有被同行们接受，但他尝试对物理常数进行数字分拆和组合的思路对后人还是很有启发的。

以追求理论完美形式而著称的狄拉克在 1937 年提出了大数假说。他认为自然界中的一些基本量之间存在着某种奇怪的巧合，它们能凑得一些无量纲的巨大数字，如氢原子中静电力与万有引力之比 $a_1=\frac{ke^2}{Gm_pm_e}=2.3\times10^{39}$，宇宙半径与经典电子半径之比 $a_2=\frac{m_ec^3}{ke^2H}=7\times10^{39}$，以质子的质量单位表示的宇宙总质量 $a_3=\frac{8\pi\rho c^3}{3m_pH^3}=1.2\times10^{78}$。从数量级上看，$a_1\approx a_2\approx a_3^{\frac{1}{2}}\approx10^{39}$。狄拉克认为这些大数近似相等绝不是偶然的，而是反映了宇宙中尚未被人类知晓的某种内在联系。10^{39}这个大数N把表征宇宙总体特征的量（万有引力、宇宙半径、宇宙质量）和表征微观世界的量（电磁力、原子时标、质子质量）联系了起来，它是宇宙演化到某个特定阶段所具有的某个特殊值。大数N是我们现在生活的宇宙的根本特征，而且一切出现在宇宙学或物理学基本定律中无量纲大数都可表示为（10^{39}）^{n}。狄拉克还发现，按照宇宙的大爆炸模型，a_2的数值应不断增加，a_1、a_3的值也将不断增加，因此他认为万有引力常量G会随时间而减小，且宇宙总质量会不断增加。狄拉克提出的大数假说把至大无外的宇宙与至小无内的基本粒子联系起来，说明宇宙这个最大的系统和基本粒子这个最小的系统实际上是相通的。这启示人们，自然界中的基本物理常数跟宇宙结构之间可能有迄今尚不为人所知的深刻关系。

二、人择原理

1961年，美国学者迪克从人类诞生的角度对大数假说提出了全新的解释。他认为不能把大数相等看成是偶然的巧合，实际上是由于人的存在，这些大数必然相等。迪克的思想可以用下面的比喻来形象地说明。假设有一种蝴蝶，它在春天孵化，在秋天产卵，然后终其一生。蝴蝶感受到的世界总是气候温暖、草木茂盛的，但是世界既有夏天，也有寒冬，蝴蝶之所以感到自己所处的环境总是那么温暖，原因是蝴蝶只生活在这样一段时间内，这只是一种巧合。迪克认为狄拉克主张大数从来都相等的观点，无异于比喻中的蝴蝶，自以为世界始终是温暖的夏天。

后来，英国学者卡特明确地提出了人择原理：人类所认识的宇宙只能是认识主体可以存在的宇宙，宇宙的初始条件要受导致地球上人类得以出现的客观事实的限制。也就是说，我们看到的宇宙之所以是这个样子，是因为我们的存在，人类和宇宙存在着一种不可分割的关系。人择原理的提出，使人与宇宙的统一性有了具体的物理内容，即只有当宇宙演化到具有特定物理常数关系的条件时，才能产生特别的人类。

对于人择原理的说法，人们是心存疑虑的。古希腊哲学家普罗泰戈拉最早提出“人是万物的尺度”，认为只有人和人的感觉才是判断一切的准绳。人择原理是不是这种哲学思想的继承呢？实际上，提出人择原理的和现在在讨论人择原理的不是仅凭猜测和思辨的哲学家，而是从事宇宙学研究的科学家，他们从科学的角度思考它的合理性。

首先，人类的产生需要一定的物质基础——重元素，而重元素是在第一代恒星演化到后期发生超新星爆炸时才产生的，因而生命和人类必须等到宇宙演化一定时间以后才能出现。太早的话，恒星还很年轻，没有准备好生命所需的原料；太晚的话也不行，因为那时恒星都已变成了白矮星、中子星或黑洞。这也解释了为什么大爆炸会出现在约150亿年前，因为经历过超新星爆炸形成的第二代恒星系才具备造就生命的条件。太阳系年龄大约是50亿年，地球存在年龄的前10亿～20亿年还过于炽热，余下的30亿年左右才适合生命的进化。所以当人类不早不晚地在宇宙中出现时，必然发现自己生活的时代同大爆炸有一段确定的时间间隔。

其次，人类的出现需要一定的环境，生命的起源与星体的演化息息相关。人活着要呼吸空气，就要求地球的质量不能太小，以免空气逃逸到太空中去。为使人体能承受各种外界的冲击不致骨折，要求地球的质量不能太大。地球自转的周期是24小时，在24小时当中，地面有一半时间接收太阳的辐射，一半时间处在黑暗之中，这样的一个周期使得地面既不太热也不太冷。水主要以液态方式存在，海洋成为地球生命的摇篮。太阳的大小也正合适，如果太小，它不足以产生核聚变，如果太大，将因为核聚变太剧烈而大大缩短它的寿命，以至于没有足够的时间让生物从原始生命进化到人类。地球与太阳的距离约为1.5×10^{11} m，这是一个非常合适的距离，太阳发射光的能量的二十二亿分之一给了地球，正是太阳能量的适量输入，使地球变得如此生机勃勃。银河系像一个扁平的铁饼，直径有10万光年，厚度有$6\times10^{3}\sim1\times10^{4}$光年，拥有2000亿颗恒星，是一个足够大的星系，这样的星系有利于生命的诞生。

最后，人们通过进一步研究发现，宇宙的结构与微观粒子参数变化有密切的关系。电子质量的改变将会影响氢原子的寿命，从而使整个宇宙变得面目全非；强相互作用耦合常数的微小变化，会引起氘核的不稳定进而使宇宙结构发生变化；弱相互作用耦合常数稍有变化，电子的寿命就会大大改变并影响宇宙中氦和氢的比例；引力耦合常数的改变将会影响星系的形成；等等。描述微观粒子特性的物理常数，它们之中任何一个出现失调，宇宙就不可能演化成现在这个样子。也就是说，宇宙演化成今天的样子，要靠那些物理常数精密的调和。

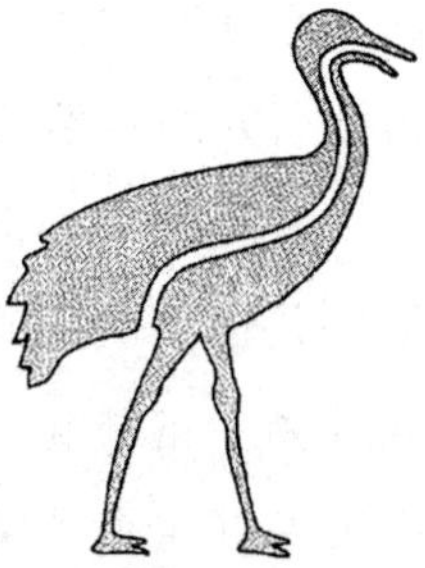

图 5-8

此外，其他一些难解之谜也可以通过人择原理得到解释。霍金曾用人择原理来解释人类生活的空间维度为什么是三维而不是二维或者四维。如果空间是二维的，那么像鸵鸟这样的动物就不会产生：一只二维动物吃了一种它不能消化的东西，就必须从吞下的通道中再把它们吐出来，因为假如有一条穿过它们身体的通道（如图 5-8 所示），就会把动物分成两部分，这样二维动物会崩溃。如果空间是四维的，两个物体间的引力将与距离的立方成反比，引力随距离增大而减少的速度将比其在三维空间中快，这就意味着地球围绕太阳的公转轨道将是不稳定的，微小的扰动就会导致地球远离或靠近太阳，人类不是被冻死，就是被烧死。所以，生命只能在三维空间中生存。

用人择原理来考察本章第二节中提到的稳恒态宇宙模型，也可以推断这个模型是不能成立的。稳恒态模型认为在任何时间里宇宙的状态都是完全相同的，那为什么有智慧的生命是在某个确定的时间，而不是在此之前或之后产生呢？如果宇宙是稳恒不变的，宇宙中要么不会产生生命，要么到处都有生命，由于地球上存在生命已经是一个客观事实，那么外星人也应该普遍存在，但是至今未能发现外星人的状况恰能说明根据稳恒态宇宙模型推得的结论是错误的。

人择原理从“选择”的立场对大数现象做出了独特的解释。严格地讲，人择原理还算不上是一个物理原理，因为它只能根据现有的状况和某些假设做出事后的解释，它还缺乏预言，缺乏精确值。许多人不认同人择原理，认为它很难被证伪。有的科学家讽刺说，一块岩石的形成，也需要同样的物理常数，为什么不说宇宙是为了某一天出现岩石而设计的呢？为什么不说是“石择原理”呢？实际上，人择原理对于理解人在宇宙中的地位仍有启示作用，对于人们在更高水平上认识人与自然的关系具有一定的认识论意义。

三、人择原理的哲学意义

人和自然的关系是一个古老而又常新的话题，人择原理把这个话题引向物理学的方向发展。在人择原理的研究中，宇宙学家提出了认识的主体（人）与认识的客体（宇宙）之间存在统一和谐的关系。

我们知道，在微观领域中由于测量仪器和微观粒子的相互作用，会不可避免地把认识主体的影响引入对客体的测量之中。利用光子去测量电子的位置，测得的结果已经不是它原来的位置了。在观察者、仪器、环境的共同作用下，被测的对象成了“人化的自然”。在宏观领域中也存在着类似的情况。为了研究宇宙的演化和测定基本物理常数，人们不得不借助各种仪器，这就必然把人的主体性引入认识过程中，人的出现和发展会给宇宙打上人的烙印。人抬头观察日月星辰，想象大爆炸的情形，关心宇宙未来的命运，这些都是人与宇宙间的相互作用。尽管是宇宙选择、产生了人类，但假如离开了人的生命运动，没有了人类的认识活动，没有了能够理解宇宙的人，宇宙的存在也会变得没有意义。人是这个宇宙的人，这个宇宙是人的宇宙，对此恰恰没有选择的余地。人择原理表明，人与宇宙是一种双向的选择关系。

在宇宙学中，由于人们不能对整体宇宙做实验，因而广泛使用的研究方法是观测和逻辑推理。在逻辑方法中，经常和归纳法交互使用的是演绎法。演绎法往往从一般规律出发，运用逻辑证明，得出特殊情况下遵循的具体规律。演绎法要求作为推理出发点的规律必须正确，然而宇宙学的水平经常满足不了这个要求，因此人们借助人择原理来解决宇宙学中的一些难题是不足为奇的。从方法论的角度来看，人择原理采用的是一种别具一格的倒推方法。人择原理和用寻找远古化石去确定宇宙起源与初始条件的考古学方法不同，它是用过去的未来（宇宙出现了人）预测那个过去（宇宙起源），它不是用预先的约束而是用以后的约束来限定初始条件和自然现象，即用今天人的存在这个事实去选择宇宙的开端。这种独特的方法就是科学研究中常用的执果索因法。

人择原理在逻辑上还蕴含着这样的思想：在我们所处的宇宙之外，还有许多（可能是无穷多）个宇宙。这些宇宙中的基本物理常数值各不相同，大多数的宇宙不符合允许生命出现的条件，没有主体去认识它，因而是一片荒漠。只有像我们这样的少数宇宙，其结构恰到好处，有幸成为众多荒漠中的一块绿洲，人类得以在其中繁衍。“多宇宙论”的提出，迫使人们重新思考人类在宇宙中的地位。托勒密的地心说，构造了一个以地球为中心的宇宙。16世纪的哥白尼提出日心说，指出地球只是围绕太阳运动的一颗行星，人类并不处于宇宙的中心。此后又发现太阳也不是银河系的中心，它只是离银河系中心约3万光年的一颗普通恒星。哈勃对河外星系的发现，将人类生存的银河系也降为了一个普通星系。“多宇宙”的概念走得更远，将人类生存的宇宙降为一个普通的宇宙。人们不禁要问，那些没有自我认识能力的“荒漠”宇宙，以及跟我们差不多的“绿洲”宇宙在何处呢？宇宙暴胀模型预言的“泡宇宙”存在吗？这就涉及一个有挑战性的问题：人类根据自己宇宙中的现象，能不能推断外宇宙的存在以及它们的性质呢？换句话说，生活在温暖夏天里的蝴蝶，如果智力足够发达的话，能不能预见在这之前和之后的数九寒冬呢？善于思考、敢于挑战的物理学家从来不放弃认识外宇宙的可能性，他们大都持这样的观点：如果外宇宙同我们的宇宙存在某种尚未被发现的信息传递方式，那么外宇宙就是可被认识的。

宇宙学研究对象的不断扩大，反映了人类思维对于有限认识的超越。人认识到的宇宙范围越大，似乎人就变得越渺小，实际上却标志着人的认识能力的进步。“多宇宙论”对于宇宙无限性的揭示，并未使人类在宇宙中的地位变得微不足道，也没有伤害作为宇宙主体的人的自尊。人虽然不居于宇宙的中心，但却是这个宇宙的观察者。萨顿的一段话也许最恰当地反映了这种状况：“科学家的努力所揭示出来的宇宙的那种最难以想象的无限性，不仅在纯物质方面没有使人变得渺小，反而给人的生命和思想以一种更深邃的意义。随着我们对世界的理解逐渐深入，我们也就更热心地去欣赏我们同世界的关系。”

第六章 中学物理教师的哲学修养

物理与哲学紧密相关，一个优秀的物理教师不仅要把握物理学科的特点，还需要有一定的哲学修养。从意识上来说，物理学与哲学都要求人们要有质疑精神，哲学的质疑是要人们进行反思，而科学的质疑是要人们用实验来验证。实验只能检验理论，却不能改变人的行为，反思则可以让人们改变视角，调整行为。物理教学的内容是多样的，课堂的形式是多样的，教师的类型是多样的，学生的认识水平也是多样的，所以要运用各种不同的教学模式，包括教学中的互补原理，实现教学内容与形式的统一。哲学对于中学物理教学的价值并不是发现新的事实或解决新的问题，而是以其独特的抽象性、批判性和反思性为教师提供新的视角。

第一节　物理学科的哲学观

物理教学不仅要帮助学生获得物理知识，更重要的是要激发学生的学习兴趣、批判意识和创新精神，帮助他们形成正确的世界观和人生观。要实现这些目标，教师需要有一定的专业知识和教学技能，还需要有一定的哲学修养，需要对知识、学生、教育价值等进行哲学思考。就具体的物理教学而言，需要教师对物理学科的特点、物理学的社会文化价值以及科学与哲学等内容有深刻的理解。

一、物理学科的特点

古代物理学在研究方法上主要靠直觉、观察和形式逻辑的演绎等，在知识水平上基本是关于现象的描述、经验的总结和思辨性的猜测，在内容上主要集中在物质本原的探索、天体的运动、静力学和光学等方面。近代物理学从哥白尼、开普勒等人在天文学上的突破开始，到伽利略利用理想实验和斜面实验驳斥亚里士多德的错误观点，再到牛顿在总结前人研究成果的基础上提出牛顿三大定律和万有引力定律，完成经典力学的统一，物理学真正脱离哲学而发展成为一门成熟的学科。在这个过程中，实验方法成为物理学区别于文学、哲学等人文学科的显著特点。

科学实验的倡导者，伽利略不能算是第一人。古希腊的阿基米德等都曾做过科学实验，培根对实验的重视程度也不亚于伽利略。但是，明确提出以实验作为判断理论是否正确的依据，以实验的方法代替思辨去发现自然规律的则首推伽利略。他在《关于托勒密和哥白尼两大世界体系的对话》中借萨尔维阿蒂之口批评辛普利邱时说：“……他们总是相信前人，并且一直相信下去而永远找不到一个做过试验的人。因为任何人只要做一次，就会发现试验的结果同书上的恰恰相反。”难能可贵的是，伽利略还特别重视实验的精确性和理想化，他认为要获得可靠的经验须通过周密的实验设计以纯化对象、剔除假象。伽利略在研究惯性问题时，曾把斜面设计得像镜子般光滑，把滑动的小球制成既硬又重的青铜圆球，这都是为了排除干扰，以便抓住物体运动过程中最重要的东西。理想化实验的更进一步是思想实验。伽利略通过“落体佯谬”的思想实验否定了亚里士多德“物体下落速度与其重量成正比”的结论；通过炮弹发射的思想实验，论证了其路径为一条抛物线；通过在航船的桅杆上抛射石子的思想实验，论证其路径是一条螺线；设想向不同方向射出箭，在奔驰的马背上扔下小球等否定亚里士多德的介质推动说。

物理学由于使用了科学实验的研究方法，在短短三百多年的时间里获得了快速发展，同时形成了一种学科规范：一切自称为真理的理论，都必须建立在经验事实基础之上，而且要接受实践的严格检验，没有一种理论能享受免检。爱因斯坦早在 1915 年就完成了广义相对论的基础工作，尽管理论在内在逻辑、外在形式上堪称完美，但由于缺少实验的检验，人们将信将疑。爱因斯坦在广义相对论正式发表后提出了几个可以用来检验理论的观测或实验：一是可以成功地解释水星近日点的多余进动，二是恒星的光线从太阳表面附近经过时会发生偏折，三是光谱线的引力红移，四是预言引力波的存在。1919 年 5 月，英国科学家爱丁顿带领的两支考察队利用观测日全食的机会，证实了星光在太阳附近的偏折角与预言值吻合；20 世纪 60 年代初，物理学家在地球引力场中利用 γ 射线的穆斯堡尔效应测量光垂直传播产生的红移，结果与广义相对论的预言一致；引力波的证实则艰难得多，直至 2016 年 2 月，人类才首次探测到引力波，广义相对论证据中的最后一块“拼图”终于补上。物理学对于真理的检验，不是看提出理论的科学家的名声有多高，科学家的国籍、年龄如何，而是看他所提出的真理能否被实验验证。

相比于哲学是从整体上、形而上地把握世界，物理学则是一门定量研究物质结构、物体间的相互作用和运动规律的具体科学。物理学的第二个显著特点是与数学紧密结合。数学是研究数量关系和空间形式、结构变化的一门学科，虽然研究的对象不同，但它们都把探索和揭示自然规律作为目标，这就使得两门学科有着天然的联系。伽利略在研究落体运动规律过程中，开创了物理学科数学化的思想，使物理学从定性描述阶段进入定量分析阶段。与伽利略同时代的开普勒追求天体音乐及数学和谐的思想，用对称性略为欠缺的椭圆完美解释了哥白尼和托勒密分别用40多个圆和80多个本轮、均轮描述的行星规律。牛顿坚信自然界是用数学设计的，他学习了欧几里得的《几何原本》、笛卡儿的《几何学》、沃利斯的《无穷算术》、巴罗的《数学讲义》等著作，将古希腊以来求解无限小问题的各种技巧统一为两类普遍的算法——微分和积分，确立了两类运算的互逆关系，并运用微积分建立了运动定律和万有引力定律。其后，经过拉格朗日、哈密顿、费马等人的努力，分析力学建立了，赋予牛顿力学新的形式和内涵。19世纪60年代，麦克斯韦提出了著名的麦克斯韦方程组，以简洁、优美的形式概括了库仑定律、安培定律、毕奥-萨伐尔定律、法拉第电磁感应定律等，解释了各种宏观的电磁现象，并从理论上证明了光也是一种电磁波，预言了电磁波的存在，从而把电、磁、光统一起来，实现了物理学又一次大综合。

伴随着物理学的发展，数学方法在现代物理研究中所起的作用越来越大。爱因斯坦利用黎曼创立了黎曼几何，凯利和西尔维斯特等人提出的不变量理论等数学工具创立了广义相对论。玻恩和海森伯利用数学中的矩阵理论创立了量子力学的一种表述形式——矩阵力学。在量子场论的建立过程中，数学更是起到决定性的作用。狄拉克的《回忆激动人心的年代》中有一段关于数学对物理学的作用的描述："自然界的基本特色之一是，基本物理规律是用极美极有力的数学理论来描述的。要理解它需要有相当高的数学水准。……我们在数学上的微弱的努力使我们能懂得一点儿宇宙，而当我们着手发展越来越高级的数学时，我们有望更好地理解宇宙。"物理学诸多理论的创建、验证过程，都证明了数学是物理学不断创新的必要依托。

物理学的第三个显著特点是它的进取精神。与哲学的进取精神表现为批判性和反思性不同，物理学的进取精神表现为理论的发展促进了技术的进步，引发了一次又一次产业革命。经典物理学的建立，使技术摆脱了经验式、工匠式的落后状态。18世纪中叶，蒸汽机的改进和广泛应用，促进了手工业生产向机械化大生产转变，并使陆上和海上大规模的交通运输成为可能。19世纪后半叶，在电磁学研究的基础上发展起来的电力工业，促进了物质生产的大繁荣，使产业结构发生巨大变化，人类进入了电气时代。20世纪初，普朗克提出能量子概念，爱因斯坦提出狭义相对论和光子说，卢瑟福发现原子核式结构，玻尔成功解释氢原子光谱，德布罗意、海森伯、薛定谔和玻恩等人建立量子力学等，现代物理学的成就成了各种技术的发展基础，它们以雷霆万钧之势将世界带入高科技时代。20世纪60年代初，激光器诞生，激光物理学的进展为激光在制造业、医疗技术和国防工业中的应用打开了大门。20世纪90年代发展起来的纳米技术，使人们可以按照自己的需要去设计并重新排列原子（如图6-1所示），人类在材料科学的研究中迈出了极其重要的一步。随着物理学的迅速发展，以计算机、核能、空间科学、生物技术和互联网为标志的新一轮技术革命使人类进入了信息时代。

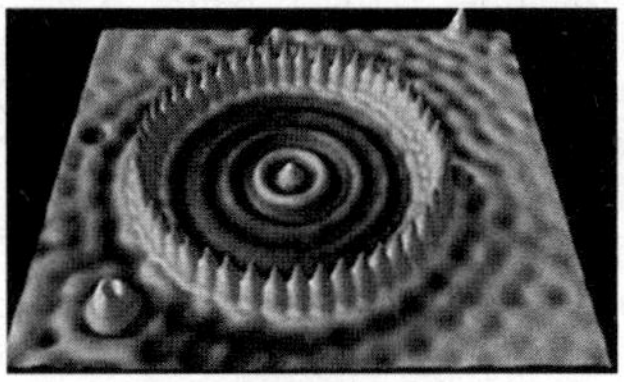

图 6-1

物理学在促进技术飞速发展的同时，在理论上却面临着许多挑战：量子引力如何帮助解释宇宙起源？质子的寿命有多长？自然界是超对称的吗？如果是，超对称性是如何破缺的？为什么宇宙表现为一个时间维度和三个空间维度？宇宙常数是否真正恒定？……数学家哥德尔曾指出，一个足够大的公理系统中必有不能证明也不能反证的命题，或者说从有限多公理出发建立的数学是不自洽和不完备的。类比于数学中的哥德尔定理，通过有限的基本概念和基本原理建立的物理理论也是如此。物理学的理论体系并没有最终完成，也不完备，而是处在不断追求完备的过程中，正如温伯格在《引力论和宇宙论》一书的开篇中写道："物理学并不是一个已完成的逻辑体系，相反，它每时每刻都存在着一些观念上的巨大混乱。"物理学的发展历史表明，每当物理学的基础面临新的实验或观测的挑战时，往往预示着一场新的变革正在到来。我们相信，物理学的发展是无止境的，物理学所包含的进取精神会引领物理学家们突破前进道路上的诸多困难。

二、物理学的社会文化价值

物理学在推动社会进步的同时，也解放了人们的思想，改变了传统观念，丰富了人类对物质世界的认识。物理学使人类对大地乃至宇宙的认识发生了天翻地覆的变化：从"天圆地方"到地心说，从地心说到日心说，从太阳系到河外星系，从静态的宇宙到膨胀的宇宙，从盘古开天地到大爆炸的宇宙演化论……物理学的每一个重大进展都改变着人类的思维方式。在牛顿力学建立以后，人们能够预言哈雷彗星每 76 年回归地球一次，彗星不再被认为是不祥的征兆，物理学指导人们破除迷信、消除愚昧。已知物体的受力情况和初始条件可以求出它在任意时刻的位置和速度，使人们形成了“机械决定论”的思维方式，但是波粒二象性、测不准原理和混沌理论的提出，动摇了人们头脑中这一占主导地位的认知。吸取当代物理学的养分以后，人类的思维模式又进入了一个新的层面——系统思维方式。系统思维方式从系统的观点出发，认为事物发展的动力是差异、涨落，认为事物的性质取决于内在结构和环境的选择，强调组织、协调的重要性。系统思维方式使以往被忽视的偶然性、非线性、不可逆性等因素得以彰显，使人类对事物的认识更为全面和客观。近代以来，无数的物理学家为真理、为科学、为人类的进步无私奉献，又为人们树立了科学时代崭新的人生观。物理学家在科学研究中锲而不舍、孜孜不倦，把全部的精力倾注在科学事业中，他们反对侵略战争、维护和平、保护生态环境的社会责任意识，都为人们在有限的时空里创造具有永恒意义的人生观树立了榜样。

不仅如此，物理学还创造了新的文化形态。

首先，物理学的进步改变了人类的生活状态。电力的远距离传输把近代科学的成果带进了千家万户，极大地改变了人们的生活。电灯的发明，改变了人们自古以来日出而作、日落而息的生活方式。电话、电视、互联网的发明大大加强了人们的社会联系。利用无线电通信，世界各国的政治、经济、文化事件可以迅速传播，信息传播的地域限制被彻底打破。一个人足不出户，就可以方便地在电脑前进行工作、交流、购物、就诊等一系列活动，微博、微信的出现更使“秀才不出门，可知天下事”成为现实。

其次，物理学的发展促进了新的艺术形式的产生。数学中对周期函数可以进行傅立叶展开，相应地，在物理中可以对乐音进行频谱分析，从而得到钢琴、小提琴、黑管等乐器的不同的泛音。人们利用频谱分析技术模拟出各种乐器的声音，发明了电子琴等现代乐器。一张没有笔触、没有色调风格的照片是艺术品吗？照相机的用光、景深、色彩等的操作处理，尤其是对于瞬间情感的捕捉，使摄影同样带给欣赏者以美的享受传递作者的艺术观点。物理学的进步还改革了艺术的创作方式。光学、电学等方面的研究成果，造就了现代电影技术。话筒和扬声器的发明，使电影告别了“默片时代”。彩色底片的发明，使电影实现了从黑白到彩色的变革。电脑图像生成技术将实景拍摄与三维动画合成得天衣无缝，影片中一些宏大惊险的场面以及真实个人无法完成的动作都可以通过电脑制作完成。电脑的问世，使绘画有了新的手段，现在的画家们开始用鼠标代替画笔，用屏幕代替画布，电脑使艺术作品中的线条、色彩、形态、结构的变化易如反掌。人们以解放思想的立场，欢迎新生事物的心态，接受了科学发展带来的人类文明进程中的众多成果和艺术形式。

从哲学的视角看世界，任何事物都有正反两个方面的效应，科学也不例外。科学在带给人类诸多便利的同时，也存在着若干不尽如人意之处。

科学可能给人类带来感受或情感上的缺失。旧时妇女在河边洗衣服都是用木棒敲打放在石板上的湿衣服，所以李白有诗云：“长安一片月，万户捣衣声。”洗衣机发明之后，妇女的这部分劳动没有了，现在还有多少人能享受在宁静河边听“捣衣声”的意趣？科学使我们失去了过去手工劳作中的某些享受，使我们失去了很多与自然直接接触的机会，还打破了我们头脑中原有的某些美好的想象。地动说告诉人们地球只是太阳系中一颗普通的行星，人类并不是生活在宇宙的中心；望远镜的发明揭示了被诗人吟咏赞叹的月球原来是一个不毛之地，古人对月宫和玉兔的美好憧憬被现代科学消解了。

现代科学包括物理学的发展推动了技术的进步，而人类对技术的滥用则产生了种种负面作用，对人类的生存环境造成了难以逆转的后果。从自然环境方面来看，人类对自然的干预，包括开山围田、乱捕滥杀野生动物和过度开发自然资源，造成了生态系统失衡。从人居环境方面来看，造纸厂、电池厂等排污造成的水源污染，汽车尾气、石化工业排气、各种工厂燃料的不完全燃烧造成的空气污染，汽笛鸣号、机器运行等造成的噪声污染，大功率发射造成的电磁辐射污染，以及城市化引起的交通拥堵等，都造成人居环境的恶化。生物技术和医学技术的发展，还引发了新的社会问题。克隆技术的发展，使人类的伦理面临巨大挑战。人能不能克隆？这不仅是技术问题，还是伦理问题。

当严谨、理性的科学涉及伦理道德，涉及与人相关的社会学、经济学和心理学时，人们发现原来具有神奇力量的科学似乎不那么灵光了，人们怀疑科学规律在艺术和教育领域有时并不成立。以艺术为例，它把握世界的方式就与科学有很大的差别。艺术以情感和想象为特征，通过审美活动再现现实，使观赏者感到愉悦，满足人们的精神需求。艺术讲究个性、独特性，正所谓一千个观众就有一千个哈姆雷特。艺术在审美活动中，寻求的是一种情感的宣泄，它可以不拘一格，可以超脱于事实之上，甚至可以置科学于不顾。《窦娥冤》中酷暑盛夏的六月飞雪，《梁山伯与祝英台》里的化蝶等情节，在科学上被视为无稽之谈，但是从艺术的角度来说，这些离奇夸张的描写却是合情合理的，文学作品中的这种情节设置，不但不被视为错误，反而被认为是对人类内心世界的真实刻画。

对于科学力量的失灵、科技的弊端，我们不必耿耿于怀。作为浩瀚宇宙中极小的一部分，人类对于自然界的认识是无穷无尽的。相比于去证明或获得真理，人更应该关注的是探索真理的过程，正如爱因斯坦所说："物理学是从概念上掌握实在的一种努力，至于实在是否被观察，则被认为是无关的。"

三、哲学对科学的意义

人类面临的困难和危机光靠科学能否解决？人们开始重新思考哲学对科学的意义。

首先，哲学的问题是科学生成的种子。哲学是由问题组成的，正是哲学上关于宇宙的问题，关于时间和空间的问题，生成了今天的天文学、宇宙学；关于物体组成的问题，生成了今天的物质结构理论；关于物体运动的原因的问题，生成了今天的物体运动理论……在科学非常发达、哲学相当成熟的时代，哲学继续保持与生俱来的提问形式，并且更加明确了自己的职能：哲学不是给出结论的，而是提供思路的；不是指明具体怎么实施的，而是指出方向的。如果说科学是研究客观规律的话，那么哲学思考的便是规律的规律。

19世纪建立的热力学第二定律指出热量不可能自发地从低温物体传向高温物体，所有热动力装置中的实际过程都是不可逆过程，用物理语言表达就是，在孤立系统中发生的任何过程，总是使整个系统的熵增大。宇宙作为一个系统，它的无序度在不断地增大，到最后会是这样的情况：整个宇宙中的物质均匀分布，温度到处一样，熵达到极大值。这是一个死气沉沉的世界，这就是建立在科学规律——热力学第二定律基础上的热寂说。恩格斯在《自然辩证法》一书中批判了热寂说，他从哲学的角度提出了可逆的问题，指出："放射到太空中去的热有可能通过某种途径（指明这一途径，将是以后自然科学的课题）转变为另一种运动形式，在这种运动形式中，它能够重新集结和活动起来。"现代科学指出，平衡态都是有涨落的，引力作用产生的涨落可以使宇宙朝着跟热力学第二定律相反的方向演化。在这里我们可以注意到，哲学只是指明方向，并不做具体的探索。当代存在的众多自然之谜，如物质微观结构问题、宇宙演化的问题、人工智能的问题、脑科学的问题、史前科学的谜团等，哲学都可以在其中发挥引导性的作用。

其次，哲学思辨是科学探索的先遣队。哲学具有猜测的成分，所谓猜测当然是还没有充分的事实根据，但这样的猜测不是瞎猜，而是理性的思考。哲学思辨虽然没有像科学那样的充分事实根据和数理逻辑，但它也是建立在经验基础上的理性的、深刻的思维。爱因斯坦说："只有最大胆的思辨才有可能把经验材料之间的空隙弥补起来。"思辨的优点首先就在于它能弥补经验的局限，使理性的触角伸展到实践的前面。

哲学家、天文学家康德抛开了牛顿的第一推动力，提出了星云说，解决了太阳系的起源问题。康德是怎样提出这个理论的呢？他根据辩证法的基本原理提出，星际尘埃之间不仅有万有引力，而且还应当有万有斥力，这是一对矛盾。引力使星际尘埃相互靠近，而斥力使星际尘埃在靠近的过程中发生偏移，这样就产生了旋涡运动，逐步演化成今天的太阳系。现在实验已经证明，万有引力的确是存在的，而物体之间不存在万有斥力。应当说牛顿万有引力理论是科学的，而康德的万有斥力概念终究不是科学的，而是哲学的。康德的这个在哲学思辨基础上的星云说现在已经可以用科学上的角动量守恒更好地予以解释。当然，康德的历史功绩是不可抹杀的，正是他提出的星云说否定了牛顿的第一推动力。恩格斯赞扬他在“僵化的自然观上打开第一个缺口……在康德的发现中包含着一切继续进步的起点”。

最后，哲学的批判是科学进步的诤友。哲学的本质是批判，按黑格尔的话说是“思维着的考查”，它的批判性是显而易见的。由麦克斯韦方程组推导出来的光速是一个常量，那么这样的光速是相对谁而言的呢？人们很早就知道力学中有相对性原理，即对于惯性参考系，力学实验不能区分自己是处在哪个参考系中。虽然牛顿提出了绝对空间的概念，有了绝对空间就有了绝对运动，但人们从来也没有办法知道自己相对于绝对空间运动的速度是多少。光速是一个常量，最自然的想法是，这个速度是相对于绝对参考系，即相对于以太的速度。于是人们做了大量的实验，期望能通过测量光速在地球运动方向上和与之垂直方向上的差异来确定绝对空间和物体的绝对运动。然而所有的实验都得到了零结果，在这样的情况下，爱尔兰物理学家斐兹杰惹提出了尺缩效应 $L'=L\sqrt{1-\frac{v^2}{c^2}}$，进而洛伦兹提出了洛伦兹方程 $M'=\frac{M}{\sqrt{1-\frac{v^2}{c^2}}}$，来维护绝对参考系的存在。应当说在爱因斯坦创立相对论以前，洛伦兹等人也已经走到发现相对论的大门口了，但是他们在思想上未能抛弃传统观念，未能跨出革命性的一步。实际上，哲学家马赫始终对绝对时空观持批评态度，而爱因斯坦创立相对论时，受马赫思想的启示，对传统观念的批判使他大胆提出光速不变原理和狭义相对性原理，有了这样的假设，才有整个的相对论理论。对旧观念的哲学批判助推爱因斯坦的探索走向成功。

科学在发展的过程中，哲学与其相伴而行，二者分分合合，哲学的地位也是起伏变化的。我们认为，只有理解了哲学对科学的意义，才能更好地回答为什么要从哲学的观点去看待中学物理教学，才能把提高教师的哲学修养当作一种自觉的行动。

第二节　物理教学的哲学观

一、教学模式的同一与差异

因为教育要适应社会的发展，而社会是处于不断地变化之中的，所以教育改革也会一波又一波地推进。改革和稳定是对立统一的双方，它们都以对方的存在为自己存在的前提，它们又是以互相的消长推动事物的发展。在事物处于相对平稳的时期内，稳定的秩序是主导方面，同时有改革因素的积累；当量变引起质变的时候，就用成功的改革建立起新的秩序。物理教师如果没有这样的哲学眼光，就会在教育改革的大潮中迷失方向。

就中学物理教学而言，教学模式的选择一直是改革和研究的热点。所谓教学模式是指在一定的教学思想指导下建立起来的教学活动的样式。几十年来，经过众多教师的探索和实践，已经形成了诸多教学模式，比如启发式教学模式、互动式教学模式、发现法教学模式、学案导学式模式、先学后教模式等。

丰富多彩的课堂教学不应该拘泥于某一种教学模式，教学应该是为培养学生的思维能力服务的，不能满足于简单的达标教学。教育界有一句名言叫“教学有法，教无定法”，实际上是鼓励教师在课堂上根据不同学生的特点大胆创新，寻找符合实际的教学模式。

旧的人教版高中物理必修 2“生活中的圆周运动”是一节实例分析课，教材分“铁路的弯道”、“拱形桥”、“航天器中的失重现象”和“离心运动”四块内容，这四块内容属于并列关系，这种逻辑性不强的理论应用课特别适合采用小组合作学习的教学模式。教师可以在课前几天分组，并给每个小组布置任务，明确要求每个小组须派代表介绍相关内容，要有情境导入，要结合实验或模型、视频或图片等资料进行介绍，要自选一道题目以检验学习效果。作为引导者的教师可事先开放实验室，允许学生借器材，预设火车车轮模型、水流星模型以帮助学生克服理解上的困难，准备离心机、过山车及航天员在太空中失重的视频以补充学生未讲到的内容。在这样设计的课堂上，学生表现出来的实验操作、语言表达和分工协作等能力会大大出乎教师的预料。课堂上虽然未进行习题的训练，但是在物理课上的小组合作经历会成为学生今后工作中完成某个项目的宝贵经验，因为两者的程序和需要的能力几乎是相同的。

传统的讲授课是课堂教学中最基本的授课方式，有的教学内容还是需要教师讲深讲透的。旧的人教版高中物理必修2“行星的运动”这节课主要介绍地心说、日心说以及开普勒行星运动三大定律。关于两种学说争论的教学，可以仿照前面的做法，让学生在课前寻找资料并在课堂上互相交流学习，而开普勒行星运动三大定律的教学则不能只让学生看书自学，因为它的教学目标不仅是要掌握三个定律的具体内容，更重要的是要让学生感悟科学家求真求简的科学思想和坚韧不拔的科学精神。人类对行星运动规律的认识过程充满艰辛。开普勒经历了多病、良师去世、妻儿离世等一连串打击，却一直没有停止探索天空的脚步。1630年11月，这位骨瘦如柴的老人去世时，他的身边只有书籍、手稿以及不到8芬尼的现金！伟大的成就与坎坷的人生形成的反差可以带给学生震撼，这种师生产生情感共鸣的教学效果是非常好的。

正如每一个物理定律均有适用条件一样，每一种教学模式也有它的适用范围。把某种教学模式在小范围、固定时段进行适当的统一而展开研究是可行的，但是如果把它作为标准模式而抹杀教师的教学个性，则是不可取的。因人制宜，因课制宜，借鉴各种模式的优点来设计教学，这才是物理教师开展教学研究的可取的策略。当我们从哲学的层面来思考教学模式的选择时，会发现多样化、个性化的教学模式才有广泛的适应性和旺盛的生命力。

二、教学的内容与形式

物理教学除了要考虑教学模式的选择，还要考虑教学方法的选择。当然，教学方法是受教学内容制约的，就像辩证法中的内容决定形式，形式又反作用于内容，恰当的教学方法有助于学生克服教学中的难点。

加速度是学生进入高中学习后碰到的第一个较难理解的物理概念，学生之所以觉得它难是因为它抽象。物理现象作为科学研究的客体，原本是具体的、形象化的客观实在，但经过人的思维作用，便成了一种抽象的、理性化的概念。一般来说，抽象的概念总是比具体的事物难以理解，而且概念本身的抽象性与它所反映的事物的具体性之间的差异越大，难度就会越大。速度反映物体位置变化的快慢，速度概念是对物体在各个位置变化时表现出快慢不一这一特性的思维抽象，这一抽象比较接近“物体位置变化”这个具体的现象。加速度的概念却不一样，加速度反映的是“速度变化的快慢”，与“位置变化的快慢”之间有质的不同。如果一定要把加速度与具体的现象联系起来，我们只好将它说成是“描述物体位置变化快慢的物理量”。如果这样对学生讲，非但不能使学生对加速度的概念产生形象的理解，还会使学生的思维出现更多的障碍。因此对于抽象的物理概念的教学，我们要还原它的形成过程，要通过一些具体的生活、生产中的实例来增加学生的感性认识，引导学生通过观察、实验和分析，归纳出不同现象的共同特征。一些有经验的教师上这节课，通常会通过赛车与飞机比赛等视频引入课题，通过比较不同田径运动员的起跑快慢展开教学，在课堂上利用倾斜的气垫导轨测量滑块的$\frac{\Delta v}{\Delta x}$和$\frac{\Delta v}{\Delta t}$，看哪个量是变化的，哪个量是不变的，以此来建立加速度的概念。这些看似费力的做法都是有道理的，是认识论的原理引导教师们这样上课。

学生觉得物理概念难学的第二个原因是前概念的干扰或相似概念的混淆。高中物理对功的概念是这样定义的：力和物体在力的方向上位移的乘积。只有物体在力的方向上产生了位移，才能算作力对物体做了功。学生在刚接触功的概念时，很容易将其与头脑中的前概念“做工”搞混。物理力学中的“做功”与实际生活中的“做工”，两者除了字面上相近之外，内涵上也有一定的相似性，都有“作用”的因素（力、用劲、干活等），又有“作用效果”的因素（物体位置变动、物体状态变化、完成某事等）。要帮助学生区分物理概念与经验概念的异同，教师就要创设情境，仔细比较两者的差别。很多教师会拎着一桶水在教室里走一圈，然后提问人对水有没有做功，人在拎起、放下水桶的时候有没有做功。这样进行教学安排是因为教师认识到了学生前概念的隐蔽性和顽固性，从而设计情境先让他们用原来的概念对现象进行解释，并为自己的判断进行辩护，引发思维冲突，然后再择机引导，用正确的物理概念转变学生的前概念。如果为了提高效率，让学生自学课本中的结论，强行记住功的定义，效果往往适得其反。

对于有的教学难点，我们要想办法通过恰当的实验改进加以克服。如旧的人教版高中物理选修 3-1“静电现象的应用”中有一个法拉第圆筒实验，它是要验证一个重要的结论：静电平衡时，电荷只能分布在导体外表面，导体内部没有净电荷。要使这个实验成功，需要天气干燥（如遇阴雨天气要进行烘干处理），金属小球和验电器的绝缘性要好。很多教师因为怕麻烦、担心实验现象不明显等，索性不做这个实验，而是通过理论分析直接把结论告诉学生。学生因为没有亲身体验，将信将疑。对于难做的实验采取回避的态度是不可取的。对此，有两种改进的方案。其一，用电茶壶代替圆筒做实验，因为电茶壶的体积大，表面光滑且曲率半径大，易带上较多的电量而使得实验很容易成功。其二，采用如图 6-2 所示的装置，将验电器 A 的金属杆与外壳用导线连接，并与感应起电机的一个金属杆相连，无论怎样摇动起电机，A 的指针都不张开，说明静电计内部不带电。为证明 A 的外壳带电，可将另一个静电计 B 的金属球和 A 的外壳相连，B 的指针会张开，说明静电计 A 的外壳是带电的。应尽量安排分组实验，让每一名学生进行体验以加深印象。

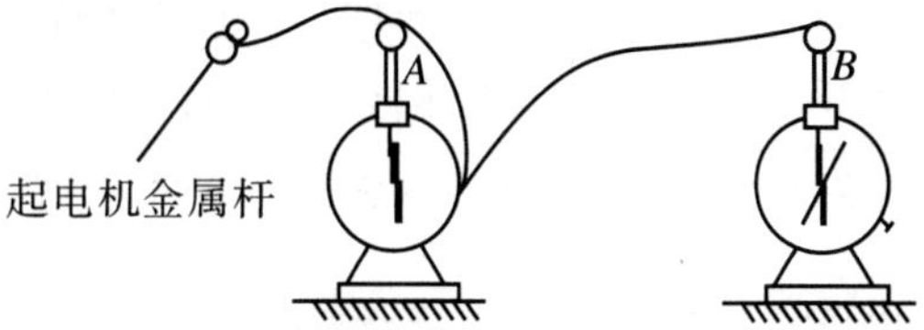

图 6-2

教学内容总是要通过具体的教学方法来呈现，教学内容只有与教学方法无缝结合才能产生好的教学效果。黑格尔曾说：“关于形式与内容的对立主要的必须坚持一点，即内容并不是没有形式的，只有内容与形式都表明为彻底统一的，才是真正的艺术品。”这段话同样适用于描述教学内容与教学方法的关系。

三、物理教学中的互补原理

玻尔提出互补原理对量子力学的基本问题进行诠释以后，互补原理被引申到了其他领域，发展成为一种互补哲学。物理教学中教师和学生的关系也具有一种互补性。学生是受教育者，也是教育者，教师教学生的同时也在提高自己，师生双方互相交流、互相启发，最终达到教学相长的效果。玻尔的物理研究所取得的成功并不仅是少数科学家的努力，更是依靠了许多有才华的年轻人。年轻学子与导师在研究中提高，在争论中进步，求同存异，共同形成了哥本哈根学派的思想和观点。这启示我们，在教学中教师要及时发现学生的闪光点，并把这种难得的闪光点当作教学活动的刺激源。

宁波效实中学的沈晨老师曾给学生做有关物理对称的讲座，随后一名学生在班级的“学习园地”上撰文，提出了一个关于光的反射和折射的问题：如图 6-3 所示，入射光线 AO 从空气射入水中，在 O 点同时发生反射和折射，产生反射光线 OB 和折射光线 OC，根据时间反演对称原理，若原来的反射和折射光线反过来以 BO、CO 同时入射在 O 点，应只产生一条光线 OA，但是根据光的传播规律，应有 BO 入射后的折射光线和 CO 入射后的反射光线 OD，那么光线 OD 去哪里了呢？对此疑问，该学生提出了猜想：OD 光线因 BO 的折射光线与 CO 的反射光线发生干涉而消失了。沈晨老师没有直接告诉学生答案，而是鼓励他们大胆怀疑，大胆探索。学生们用一列正弦波来表示光波，作出反射波、折射波，再以 BO、CO 为入射波，分别作出它们的折射波和反射波，结果发现两列波由于相位相同，叠加后并不能消失。另一名学生意识到其中可能有自己未知的另外的规律在支配着，最后与其他同学查阅资料，用半波损失的规律进行解释，找到了答案。学生提出的猜想令教师惊叹，在解决问题过程中体现出的探究精神和理性精神也感动了教师，教师在他们身上看到了从事科研工作所必需的优秀素质。

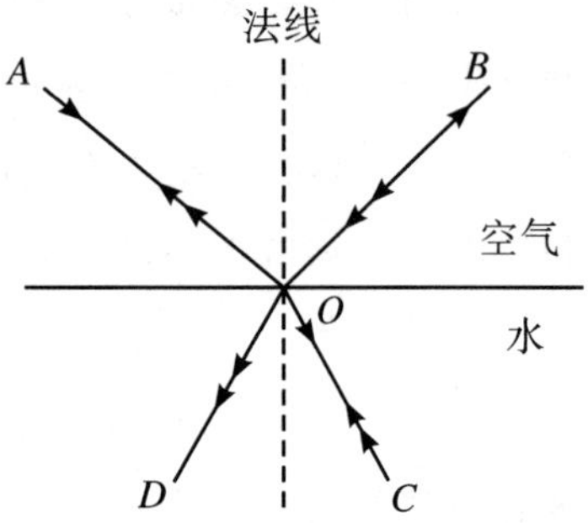

图 6-3

教师和学生的互补需要有良好和谐的师生关系。教师与学生之间切忌形成一种对立关系，教师和学生也不完全是朋友关系，而应是一种平等的互补关系。教师要平等地对待学生，而不能凌驾于学生之上，要尊重学生的认知水平，从他们已有的经验出发展开教学。玻尔在创立量子力学的过程中，并不是对学生指手画脚，他总是耐心地倾听学生的想法，经常和学生展开热烈的讨论，正是自由讨论的气氛吸引众多学生围绕在他的身边。教师和学生的互补性还要求师生进行密切的合作。有时物理教材中的内容会超出教师的理论水平，如量子力学、相对论、基本粒子和宇宙学、晶体的结构、原电池的原理、原子核的比结合能，以及军事领域的贫铀弹和原子弹等，学生知道的相关知识可能比教师更多，正如韩愈所说："弟子不必不如师，师不必贤于弟子，闻道有先后，术业有专攻，如是而已。"教师作为引导者和参与者，在教学中遇到这些情况，应放下架子，走近学生，和学生一起学习相关内容或虚心向学生请教，还可以让学生在课堂上介绍学习经验。这种师生合作的做法，能促使教师对以往的教学方式进行批判和反思，能够事半功倍地提高教学效果。

另外，教学中还有教与不教的互补。所谓不教，是指在教学活动中，对于一些如动能定理、动量定理等推导性的知识，是可以不教的，这些内容可让学生自学掌握，学生在推导过程中能建立新、旧知识间的联系，体会知识的延续性。玻尔在教学过程中教给学生结论性的知识就很少，更多的是授之以渔，传授方法，教会学生怎样去研究问题。对于一些课外的探究性活动，教师则可以少教。旧的人教版高中物理选修 3-2 中有"探究感应电流的产生条件"一节，其中有一个"做一做"的摇绳实验（如图 6-4 所示）。教师只要帮助学生准备好实验器材，提出下面几个需探明的问题后就可以放手让学生去实验：（1）感应电流的大小、方向是否变化？（2）绳的长短对电流大小有影响吗？（3）摇动绳的频率对电流有影响吗？（4）两个学生沿哪个方向站立，发电的可能性比较大？在开展水火箭的制作比赛时，甚至连器材都可以让学生自己想办法解决，教师也不一定要让学生弄清水火箭的控制原理、飞行原理，只需给学生提供一些学习制作的网站，提出明确的、公正的比赛规则，激发出学生的研究热情，学生的创造才能、协作精神一定会出乎教师的意料。

图 6-4

那么，教师在物理教学中要做的是什么呢？首先，应培养学生研究自然的好奇心。好奇心不仅是学习的动力，还是活跃思维和富有创新精神的基础，一个有好奇心的学生能够保持旺盛的求知欲，在获得知识的过程中体验乐趣。爱因斯坦曾说："我没有特殊的天赋，我只有强烈的好奇心。谁要是体验不到它，谁要是不再有好奇心，也不再有惊讶的感觉，他无异于行尸走肉。"好奇心的培养与环境的刺激有关，所以教师要通过创设情境、巧设悬念、做实验、联系生活实际、联系物理科学的新成果等手段激发学生的兴趣，介绍物理学家的事迹，介绍物理学中的真、善、美等，培养学生的科学鉴赏力。其次，要重视科学方法的教育。科学方法是人们在生活实践和理论研究中总结出来的正确的思维方式和操作方式，是人们认识世界的有效手段和工具。笛卡儿曾说："最有价值的知识，是关于方法的知识。"在物理教学中教师不仅要帮助学生掌握基本的物理知识，还要帮助学生掌握观察、实验、分析、综合、归纳、演绎、比较等科学方法。实验教学中不仅要让学生掌握基本的实验操作和实验原理，还应让学生掌握等效法、转换法、控制变量法、模型法、理想化方法等物理实验中常用的方法。最后，要让学生了解一些物理学中的哲学思想。比如，用联系的观点指导学生把握物理知识结构，通过知识框架的构建，使学生头脑中逐渐树立一切事物是相互联系的观点，培养学生用联系的思想去认识客观事物。由于每堂物理课往往只讲物理体系中的一点内容，如果教学中教师不注意课与课之间的联系，学生就会只见树木，不见森林。再如，让学生用矛盾论的思想处理物理问题，学会抓住问题的主要矛盾，对复杂的物理现象进行简化，质点、点电荷、理想气体等概念无不体现这一哲学思想。当学生从哲学的高度去看待物理概念、物理规律时，就会更深刻地理解物理知识的内涵。

在物理教学中，教师和学生是互补的，教与不教是互补的，我们不仅希望通过物理教学提高学生的科学素养，更希望通过物理教学在学生心里埋下科学的种子，我们盼望着物理教学能向学生展示出一个富有生机的、精彩纷呈的物理世界。

第三节 物理教师的哲学修养

哲学修养对于物理教师来说是重要的。哲学对于中学物理教学的价值并不是在本体论上发现了什么新的事实或在认识论上解决了什么新的问题，而是以其独特的思维方式为我们提供新的视角。哲学思维有三个特点，即抽象性、批判性和反思性，这三个特点表现在对一系列与教学有关的命题和对象的考察分析之中。

一、抽象性思维

正像一个人的物理修养首先体现在用实验来探索自然那样，一个人的哲学修养首先体现在用思辨来研究客观世界。哲学思维的第一个特点是抽象性，它涉及的许多概念如“意识”等离真实的事物很遥远。但从另一方面来说，正因为哲学是极其抽象的，所以看似无用的哲学，其用途恰恰是最广泛的，它可以深入各个领域，涵盖各门学科。物理教师的哲学修养就表现在对于物理学科和物理教学要进行抽象思维的审视。

实际上，物理学在建立概念的时候也是抽象的。在力学中，理想化方法是有意识地突出研究的主要因素，排除次要因素和无关因素的干扰，借助逻辑思维和想象力，把实际的研究对象抽象为质点。在计算列车从上海到北京的运行时间时，人们忽略列车的尺寸，把它当作一个质点来处理；在研究列车的动力学问题时，也是把列车当作一个质点，但是这个质点保留了质量这个性质。点电荷、点光源也不是数学上的点，点电荷还有电量，点光源还会发光。物理上的线，也不像数学上的线那样，它可以带电，可以发光，可以有不同的张力，可以振动等。物理上的面不是无限薄的，平行板电容器带电在相对的面的内侧，可见这个面是有正面和反面的。物理上的面可以有不同的弹性，可以反射光，可以吸收热量等。可见物理上的抽象是有限的，是适当的抽象。

相比较而言，数学中的概念更抽象，数学上的点是没有大小的，数学上的线是没有粗细的，数学上的面是没有厚薄的，数学上的点、线、面是没有任何其他性质的，只有空间形式。数学上的数量也是抽象的，所以说，数学是研究数量关系和空间形式的科学。

哲学就更进一步了，哲学上的概念不是针对具体的物体，哲学是研究形而上的。哲学把所有这些点、线、面都叫作“事物”，把它们实际上的带电、发光或者空间关系等都叫作“性质”。哲学研究事物跟性质之间的逻辑关系。哲学思维就是用这样的抽象概念来描述、洞察客观世界。

静电学是以点电荷为例来建立电场概念的。如图 6–5 所示，点电荷的场强公式是 $E=\frac{kQ}{r^2}$，当与场源电荷的距离 r 越来越小时，场强会不会无限大呢？答案是不会，当 r 趋近于 0 时，原来的场源电荷就不是点电荷了，而是一个有大小的带电体了。用哲学的思维来审视这个问题，就可以看到它的辩证性，可看到事物的性质在发生变化：物理科学中的点电荷，既是像数学上的没有大小的点，又会变成一个有大小的带电体。

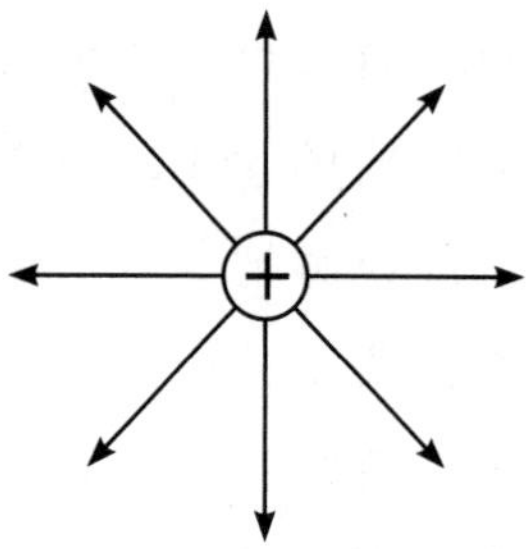
图 6–5

同样的道理，哲学思维论证了物理学的一系列现象：质点在动力学中保留了物体的质量性质的差异性，而在运动学中其质量的差异性消失了；刚体在运动中可认为形变为零，而在受力与施力时显示其形变不为零的机制；气体分子在常温与常压下可认为是弹性小球，但在低温与高压下，则不能保持这种理想状态；等等。哲学的辩证法使我们得到这样的结论：物理学研究的这些对象，既是质点，又不是质点；既是刚体，又不是刚体；既是理想气体，又不是理想气体。我们还可以说，物体在运动过程中的每一个时刻，既有确定的位置，又没有确定的位置；线圈发生电磁感应时，其感应电动势与外电压既相等，又不相等；物质世界既是连续的，又是不连续的；时空既是均匀的欧氏空间，又是不均匀的非欧空间；等等。总之，事物既有某种性质，又具有与其对立的性质。

哲学的抽象性思维使我们看到了不同的物理规律里有相同的本质。比如小球在光滑的凹面的底端处于平衡状态，晶体管收音机的防啸叫线路，瓦特节速器处于稳定的转动状态（如图 6-6 所示），恒温箱温控电路（如图 6-7 所示），这些物理机制有各个不同的控制原理，但控制的本质是相似的：当小球在微扰作用下稍稍偏离原来的平衡位置，小球受到的重力与支持力的合力就使得小球回到原来的平衡状态，小球的平衡是稳定的；晶体管收音机的磁棒接收无线电信号，

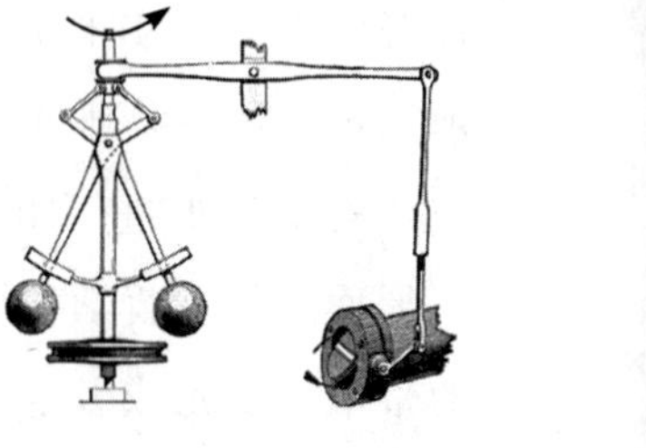

图 6-6

经过线圈的感应、*LC* 电路的调谐、三极管放大直至检波输出，信号可以用电位器调到需要的大小，如果信号过大，反向绕制的线圈就把信号回输从而减少原输入信号的强度；瓦特节速器的转速在微扰的作用下偏离原来的速度（比如稍大），连杆就会带动阀门引起进气量或进油量减小，使得节速器的转速变慢而回到原来的数值；恒温箱温控电路在设定的温度下工作，当有微扰使温度偏离设定温度（比如降低），电路中热敏电阻 *R* 的电阻变小，导致继电器工作，使温度回到原来的设定值。

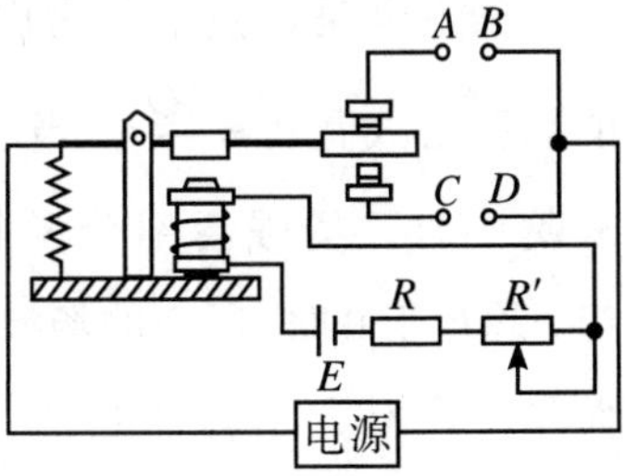

图 6-7

可把这些不同物理领域的稳定现象抽象为一个共同的原理——负反馈系统（如图 6-8 所示）。负反馈系统的信号输入 *R*（s）和信号输出 *C*（s）有一个特殊的关系，它把输出信号的一部分 *B*（s）反向回输到系统，以两者的差值 *E*（s）=*R*（s）-*B*（s）作为新的输入信号，产生新的输出信号，最终确保系统的稳定性。

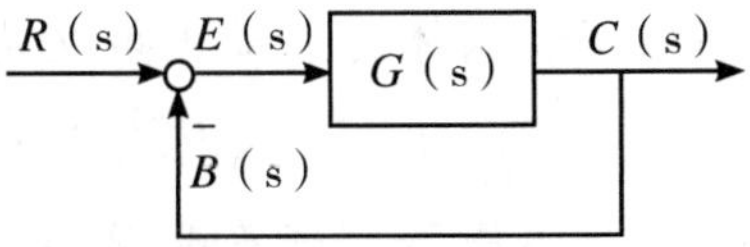

图 6-8

利用抽象性思维分析课堂教学现象就是要从众多的教学方法中提取本质的因素。现在教学方法很多，有着力于教师把控课堂进程的，有着眼于分析和使用教材的，也有分析和发挥学生作用的，还有发挥教学媒体不同技巧的。这些林林总总的方法可归结到一点：教学就是在处理教师、学生和教学内容三者的关系（如图 6-9）。每两者之间的关系都是相互作用的。教师与教学内容的关系的处理，是依靠教师对物理科学的理解以

及教师的专业训练，两者的积累使教师能够把控教学内容。对于学生与教学内容的关系，应当认识到：学生是认识的主体，物理知识是认识的客体，应该发挥主体的主观能动性，让主体积极主动地吸取知识。教师与学生的关系是教学中最生动、最难处理的关系。教师起主导作用，要分析不同的学生类型和不同的学习环节进而采取相应的教学行为。有的学生性格开朗、思维积极，相当于正反馈系统，教师越表扬学习越努力，但要防止其骄傲自满，要适时批评，就像防止收音机发生自激啸叫一样；有的学生性格沉稳、学习稳定，相当于负反馈系统，教师要激发他们的学习兴趣，提出更高一些的学习目标，即使结果与目标有一定的差距，也要相信他们能够完成自我调整。所有的这些都要教师针对实际情况实行不同的教学策略。

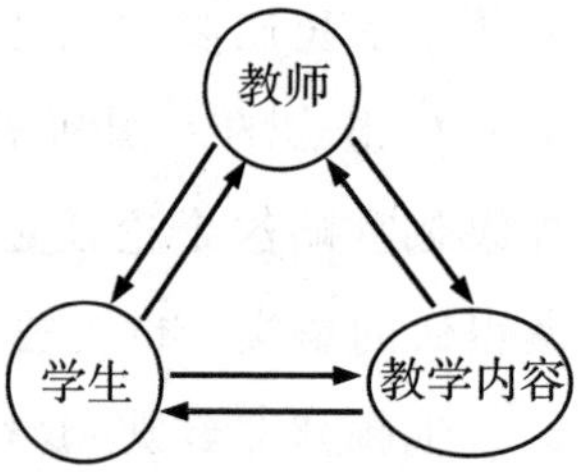

图 6–9

二、批判性思维

哲学思维的第二个特点是批判性。批判性思维不是一种专门用来批评别人、否定别人的论辩，而是着眼于思维与论证中的逻辑关系，纠正错误，建构更有说服力的论证以及提升思维能力。因此，批判性思维的主要批判对象是想法、信念与论证，而不是针对人。批判性思维的结果并不总是否定的，而是该否定的要否定，该肯定的就要肯定。

在哲学家看来，以往研究客观世界的所有的观点，包括其前提，在接受人类理性的审查以前都不是当然成立的，马克思的座右铭“怀疑一切”就是这个意思。哲学审视一切，这就是哲学的批判性。哲学的批判性是使哲学思维具有深刻性的根本原因。

伽利略在研究自由落体运动时，用思辨的方法驳斥了亚里士多德的重物体比轻物体下落得快的结论，他说：“在重物体上再绑一个轻物体，构成一个更重的物体。由于重物体下落得快，轻物体必然对它起拖拽的作用，使它比原先更慢。”伽利略的这个论述，只能说是制造了一个悖论，以此揭示了亚里士多德理论的内部矛盾，而且只是提出了问题，但不能说伽利略已经证明了这个问题。因为作为论证，伽利略的逻辑本身存在问题：亚里士多德论述中的重物体与轻物体是作为整体而论的，是不能分割与组合的，伽利略的论证偷换了立论的前提。反之，我们可以说，如果伽利略这个论证是成立的，那么在空气中重物体真的是比轻物体下落得快的事实，也要被这样的论证否定了。

牛顿建立经典力学体系的同时也建立了机械决定论的世界观。在牛顿的理论中，时间只是一个参量，将来与过去起着同样的作用。世界演变的轨道，既可以延伸到将来，也可以追踪到过去，因为牛顿理论指明，一切都有因果链。牛顿理论成功地解释了太阳系行星运动的问题。当被问及行星最初是怎样运动起来的，牛顿归之于上帝的第一推动。从哲学的视角对牛顿理论进行审视，其第一推动说法缺乏因果链的前提，与牛顿理论本身是不协调的，但在第一推动之后，其理论内部是自洽的，无可挑剔的。

从这里我们可以看到，哲学的批判性思维是用人类的理性来审视一切，并不是否定一切。当然，它的批判性立场是坚定的，以怀疑态度为出发点也是旗帜鲜明的。

物理规律，从根本上来说都是从观察和实验中归纳出来的。一个、两个等少量的现象与数据不足以支撑理论，理论需要实践的积累。即便得出了规律，还要继续接受实践的检验。物理归纳法与数学归纳法是有区别的。对于数学归纳法，我们要证明 $f(n)=0$，只需要证明两点：(1) 当 $n=1$ 时，$f(n)=0$ 成立。(2) 假设当 $n=k$ 时 $f(n)=0$ 成立，推导到当 $n=k+1$ 时 $f(n)=0$ 也成立。那么 $f(n)=0$ 就对于任意的自然数都成立了。数学归纳法这两步的结合是天衣无缝的，这里的 n 就可以取到无穷大。而物理归纳法则不然，我们可以做 n 次实验得出规律，但是不能保证第 $n+1$ 次实验中物理规律就一定成立。物理归纳法都是不完全归纳法，它不具备数学归纳法那样的严密性。这里既有正确与谬误的界限，也有真理的适用范围。要提高归纳的科学性，物理归纳法需要有比数学归纳法更高的水平。

19 世纪英国著名哲学家穆勒的批判性思维表现在对众多科学家运用的归纳法进行比较，并总结出五种十分有用的判明因果关系的方法，即契合法、差异法、契合差异并用法、剩余法和共变法。

契合法，也称求同法，即如果所研究的现象 a 出现在两个或两个以上的场合中，只有一个条件 A 是共同的，则可判断 A 是 a 的原因。其逻辑关系可表示如下：

场合	条件	现象
1	A、B、C	a
2	A、D、E	a
3	A、F、G	a

差异法，也称求异法，即如果所研究的现象 a 在第一个场合出现，在第二个场合不出现，而且这两个场合仅有条件 A 不同，据此可判明 A 是 a 的原因。其逻辑关系可表示如下：

场合	条件	现象
1	A、B、C	a
2	\、B、C	\

把上面两种方法结合就是契合差异并用法。如果在出现所研究现象的几个场合中都存在着一个共同的条件 A，而在所研究现象不出现的几个场合中，都没有这个条件，那么条件 A 与研究现象 a 之间就有因果关系。这一方法可表示如下：

	条件	现象		条件	现象
正面场合	A、B、C	a	反面场合	\、H、I	\
	A、D、E	a		\、J、K	\
	A、F、G	a		\、L、M	\
	……			……	

电磁感应现象的总结就应用了契合差异并用法。法拉第做了几十个实验，他把可以产生感应电流的情况概括为5类：（1）变化的电流；（2）变化的磁场；（3）运动着的恒定电流；（4）运动的磁铁；（5）在磁场中运动的导体。后人分析了这些情况后发现：凡是有电磁感应现象出现的场合，都存在着磁通量变化；凡是无电磁感应现象出现的场合，都无磁通量的变化。因此磁通量变化是产生电磁感应现象的原因。

如果已知某一复杂现象是由某些复杂原因引起的，把其中已经判明因果联系的部分减去，确认所余部分的因果关系，这就是剩余法。1896年贝克勒尔发现铀的放射性现象之后，居里夫人通过测量发现除铀以外钍也有放射性，而且铀或钍的放射性强度只与它们的含量成比例，与化合情况、光照、温度、压强等因素无关。进一步检测各种复杂矿物的放射性强度，居里夫人发现沥青铀矿和辉铜矿的放射性要比纯粹的氧化铀强烈得多。为了解释这种现象，她设想：放射性元素是产生射线的原因，而铀是产生一部分射线的原因，另一部分放射线一定是某种尚未测知的元素引起的。为了寻找这种稀少的元素，居里夫人昼夜不停地工作，终于从几百千克的原料中提取了放射性比铀强 400 倍的钋。几个月以后，居里夫人又发现了钡盐中放射性比铀强 900 多倍的镭。居里夫人正是自觉地运用剩余法坚定了发现新元素的信心。

三、反思性思维

哲学思维的第三个特点是反思性，它是哲学区别于其他学科的最显著的特点。反思是一种事后思维，它以思想为对象，以人类把握世界的各种方式所形成的认识成果为对象，揭露这些思想的内在矛盾，从而为人类思想敞开自我批判的空间，推动人类思想的变革，推动人类社会的进步与发展。反思是一种纯粹的思维，是“对思想的思想”“对认识的认识”，也就是以思想为对象的再思想、再认识的特殊维度的思想活动。正如黑格尔所说，“反思以思想的本身为内容，力求思想自觉成其为思想”。

我们说，许多伟大的科学家同时又是哲学家，因为他们在进行科学探索的同时也在进行哲学的反思。

比如伽利略对于亚里士多德的反思。亚里士多德虽然重视客观实际的研究，没有延续他的老师柏拉图的从理念出发的认识论，但是他的研究是建立在对世界的观察和思考的基础上的，根据人类的逻辑理性来评判真理，因而提出了重的物体比轻的物体下落得快，提出物体的运动需要力的推动才能维持。亚里士多德的思想影响了人类约 2000 年，直至伽利略指出亚里士多德认识论上的根本性的错误，提出一切知识要以实验而不是思辨作为根据。伽利略用实验证明了轻重不同的两个小球从空中落下是一样快的，又在光滑斜面上进行实验，证明了所有的物体从斜面上滑下来都是匀变速运动，进而证明自由落体运动是匀变速运动且具有相同的加速度。伽利略还通过单摆实验的研究，结合思想实验，论证了物体的运动不需要力来维持，力恰恰是改变物体运动状态的原因，维持物体运动的是物体自身的惯性。伽利略之所以能够超越亚里士多德而获得这样的科学成就，首要的一个原因就是他对亚里士多德的研究方法进行了反思。

我们再来看德国哲学家、天文学家康德对牛顿的第一推动说的反思。康德研究了牛顿的第一推动说，认为这个说法是错误的，并在《宇宙发展史概论》中批评牛顿的第一推动说，认为牛顿不是从事物的内部来分析原因，而是从事物的外部把上帝强加给自然界，这不符合科学道理。

1755 年康德用辩证法提出了星云假说。构成我们太阳系星球的物质，在最初时是原始星云，都可以看成是很小的微粒，充满整个宇宙空间。在引力的作用下它们相互聚集。密度较大而分散的一类微粒，凭借引力从它周围的天空区域，把密度较小的物质聚集起来。但它们自己又与所聚集的物质一起，聚集到密度更大质点所在的地方。而所有这些又以同样方式聚集到质点密度更大的地方，并如此一直继续下去，直到形成诸团块天体。这些微粒既有引力的作用也有斥力的作用。斥力的作用使凝聚起来的团块天体发生旋转运动。向引力中心下落的微粒，由于斥力的作用，会杂乱地从直线运动中向侧面偏转出来，使垂直的下落运动变成围绕降落中心的圆周运动。这样发生的旋转运动，逐渐向一个垂直于其转动轴的平面集中，最后形成行星绕太阳运转的圆盘状结构的有规则的天体系统。康德的星云假说论述了天体的生成理论，把太阳系理论从神学禁锢中解放了出来（1796 年，法国数学家拉普拉斯在不了解康德星云假说的情况下也独立地提出了星云假说）。康德对牛顿关于第一推动的反思促成星云假说的诞生。

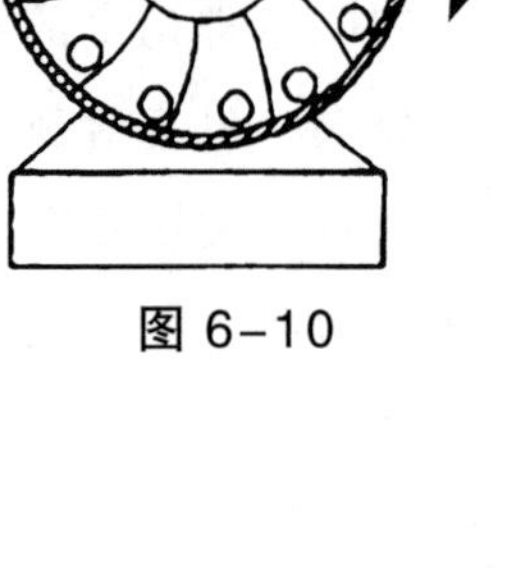
图 6–10

很多科学家都有反思的研究经历。达·芬奇是科学技术设计的大师，他设计过教堂建筑、生活器具、传动机械、直升机、潜水艇、坦克、机关炮等，也是最早制作永动机的科学家之一。达·芬奇设计的永动机非常巧妙（如图 6–10），他试图让右边的重球在重力的作用下自动滑向外边而增大力臂，进而达到永动，但是增大右边重球力臂的设计恰恰是使左边增加重球数量的因素，因而未能实现不停息的转动。达·芬奇在永动机设计失败后，对自己的科学活动进行反思，得到永动机是不可能制造出来的结论。达·芬奇的反思使得他避免了继续无效劳作，也给后人以深刻的哲学启示：使装置永动的原因也是使装置不永动的原因。

爱因斯坦在思考斐索实验所显示的流水是否拖动以太的问题时，认识到以太理论和绝对空间的观念应当放弃，但是他的思想拘泥于伽利略相对性原理，使得光速不变问题深深地处于矛盾之中。经过一年的研究和反思，他决定放弃伽利略变换，把狭义相对性原理与光速不变原理作为基本假设，从而建立了狭义相对论。

德布罗意思考了科学史上对光与粒子研究的倾向性问题。长期以来，人们对光的研究注重光的波动性，而忽视光的粒子性。后来在解释光电效应和康普顿效应的基础上，人们得出光的波粒二象性。德布罗意对科学史上对电子的研究进行了反思，认为在微观世界的研究里，众多科学家注重对微观客体的粒子性研究，而其波动性可能被忽略，因而他提出了微观粒子可能也具有波动性，提出了物质波的概念，并提出通过电子晶体衍射测量波长的设想。

哲学总是在对科学活动、科学成果的多方面反思中丰富自己的内容，实现哲学的发展。哲学反思使得哲学思维保持了深刻性和与时俱进的品质。

高中物理教师的授课有一个规律：每一次备课都要重复授课 2 ～ 3 个平行班级，而且每 3 年就会有一个循环。授课的重复性和循环性本身就促使教师进行教学反思，再加上教研活动的听课评课，都是教学反思的时机。在每 3 年的循环中进行得比较多的是反思自己的教学设计；在平行班级教学的工作中进行得比较多的是反思自己的教学行为和教学效果，也包括教学设计；在听课评课中兼有对别人和对自己的反思。在反思中既有理论上的对物理科学的理解，对物理学科的把握，对教学理念的领会，也有对新课、复习课、实验课、讲评课的教育技术上诸多细节的改进。关键不在于教师有没有进行教学反思，而在于这个反思是否有哲学智慧，能否从具体教学行为上升到哲学抽象，能否使哲学批判达到教育智慧的提升。

四、对称性思维

物理教师的哲学修养还表现在能够从哲学的高度对物理科学进行对称性审视。

什么是对称呢？如图 6-11 所示，是我们在数学里学到过的等腰三角形、平行四边形和在生活中观察到的砖墙图案。我们看到了它们分别是镜像对称性、旋转对称性和平移对称性。对称性是一种在某种操作下的不变性，科学上把这种操作叫作对称操作。

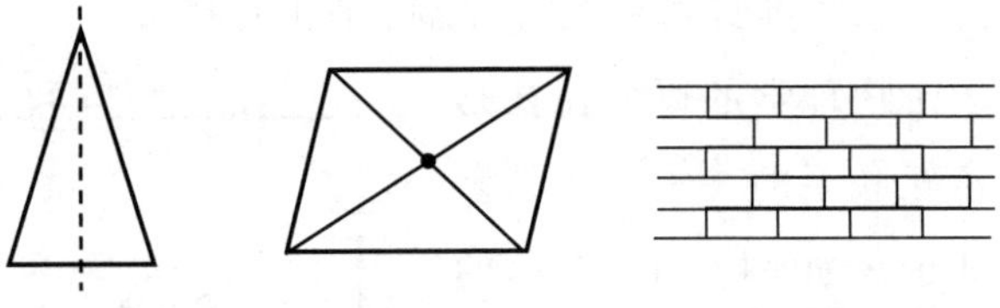

图 6-11

比如，我们在等腰三角形中间的那根轴上放一个平面镜（这个动作就是一个操作），那么平面镜就把图形的另一半遮住了，我们发现，没有被遮住的部分在平面镜里成的像跟被挡住的部分重合了，这就是说，这个等腰三角形是镜像对称的，刚才的这个动作就叫作“镜像对称操作”。把平行四边形绕其中心转过 180°，图形保持不变，这个动作叫作“空间旋转操作”。把砖墙的一部分平移一段距离，图形也是重合的，或者说图形保持不变，这个动作叫作“空间平移操作”。物理实验也可以进行空间平移操作，比如在法国做的气体等压膨胀实验，到美国再做一遍；或者做两个小球弹性碰撞的实验，一个同学在静止的教室里观察，另一个同学在一个相对于第一个观察者做匀速直线运动的参考系观察，这就是从第一个参考系空间平移到第二个参考系。这些都是对空间的平移操作。在科学上还有一种操作叫作“时间平移操作”，具体地说，就是把伽利略做过的那个单摆的实验研究拿到今天再重新做一遍，即把实验的时间从 17 世纪初平移到 21 世纪。

从本质上来说，对称性就是某种操作下的不变性。什么是科学？科学就是经过实验得出的规律，而且是在空间旋转操作、空间平移操作和时间平移操作下具有对称性的学问，也就是说，科学能够经受重复实验的检验。我们为什么在物理课堂上做验证性实验？那是在学习科学的本质。

我们从物理现象里抽象出来的一些概念也是对称的，例如拉伸和压缩、收缩和膨胀、正功和负功、有序和无序、串联和并联、短路和断路、绝缘和导通、直流和交流、高频和低频、发射和吸收等。这些对称概念的形成，本身就是事物内部矛盾的反映。

物理学的概念往往是相互联系的，本身又是辩证的。如图 6–12 所示的一个简单电路，左图的电路中接的是电容器，右图接的是电感线圈，在开关 S 闭合的情况下，左图是断开的，右图是导通的，但是当我们研究开关从断开到接通的瞬间，左图的电路恰恰是接通的，右图的电路却是断开的。如果把图中直流电源换成交流电源，那么在开关闭合的情况下电路的开闭状态就要看交流电的频率了：低频的情况下，这两个电路相当于直流电路；高频的时候，电容器容易导通，而线圈却感抗很大。从这里可以看到，哲学的辩证思想在这些物理概念中不断地展现。

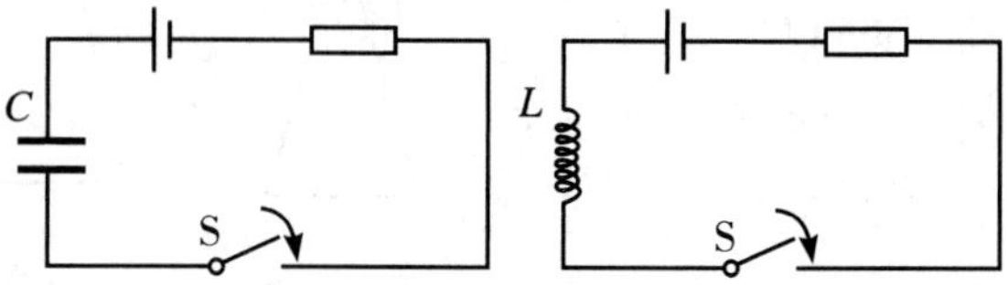

图 6–12

对称这个概念具有哲学的高度。把握对称，可以使我们做到对事物的总体把握，避开数学上的细枝末节的运算。如图 6–13 所示电路，我们立即可以判断，I_1 与 I_2 是相等的，且等于 $I/2$，因为它们是对称的。

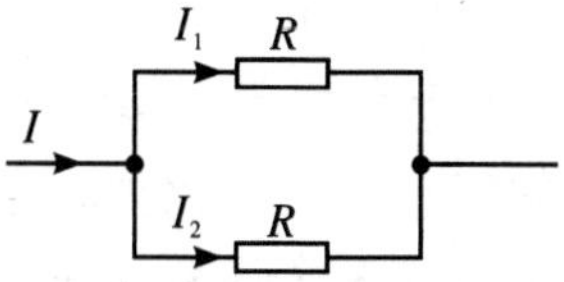

图 6–13

再比如，如图 6–14 所示，由均匀的金属片做成的导体，左图半个圆片的电阻为 R，把它转过 90°（图 6–14 的右图），电阻变为多少呢？这个问题可以把左图的电阻当作是两个 1/4 圆片电阻（均为 $2R$）的并联，右图的电阻看成是两个 1/4 圆片电阻的串联，所以右图的电阻为 $4R$。

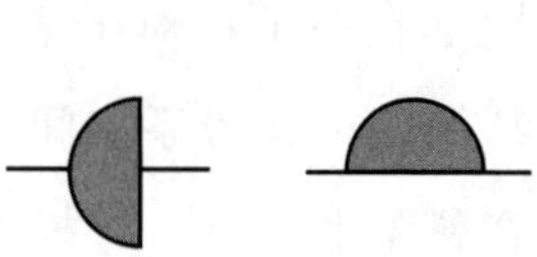
图 6–14

对称是美的，这种美不是仅停留在形象上，而是渗透到科学的规律之中。光在均匀介质中沿直线传播是几何光学的基本规律，光在传播过程中遇到两种介质的界面会发生反射，反射的规律是反射角与入射角相等，这是对称的体现。当光在两种介质的界面发生折射时，入射角的正弦跟折射角的正弦的比值是一个跟两种介质的相对折射率有关的常数，即折射定律 $\frac{\sin i}{\sin\gamma}=\frac{n_{\gamma}}{n_i}$ ，这又是对称的，是高层次的对称。笔者曾在课堂上问学生：如果以后科学更发达了，会不会产生新的函数来代替折射定律中的正弦函数呢？学生说有可能。笔者对学生说，不会的，这个已经是绝对真理了。费马原理告诉我们光走的路径是取光程为极值的，光的直线传播、反射定律、折射定律都在费马原理这里统一了。这里的对称性使我们窥探到了自然界的秘密。

在交流电路中，纯电阻电路的电流跟电压是同相位的，纯电感电路中电流落后电压 90°，而纯电容电路里，电流超前电压 90°。那么除了电阻器、电感线圈、电容器，还存在影响电流相位的第四种电学器材吗？这里的对称性告诉我们：没有了。我们又一次窥探到了自然界的秘密。

人们窥探自然界的秘密是有层次的，哲学以思辨的方式帮助人们把握事件、规律和对称性这三个层次。什么是事件？事件就是一个个信息，比如说空中落下的小球，在 t=0，它在哪里？ t=1 s，它又在哪里？等等。人脑能够记住全部事件，掌握无穷多个事件吗？如果我们的脑子能够记住无穷多的事件，那么我们只要对大脑进行搜索就可以了，但是我们不能！因此我们需要掌握自由落体的物理规律，掌握了物理规律就可以推算出落体的所有事件。所以物理规律是物理事件的关联。那么现在的问题是，规律是怎么来的？是实验得出来的。在一个地方做的科学实验在另一个地方是否适用呢？那就要做重复实验。发现科学实验能够在另一个地方适用后，能不能做无穷多次的实验呢？不能！那么怎么能够保证科学家在他的那个时代、他的那个国家做的实验在其他地方、任何时候都能成立呢？那就要靠对称性。对称性告诉我们，科学实验在空间旋转操作、空间平移操作和时间平移操作下具有对称性，科学实验可以经受重复实验的检验，这就是说，对称性是规律的关联。

第七章 中学物理教学的哲学思考

在教学实践中，物理学的教学充满了哲学的智慧。物理概念源于自然，又高于自然，人们通过概念和模型的建立，使原本复杂的自然得以简化。在物理概念和规律的应用中，由现象而达本质的认识是至关重要的。哲学中的量变引起质变启示我们在教学中要关注各种转化的物理原理以及实现的条件。实验是自然过程的再现，实验既可以增加学生对自然的感性认识，也可以检验学生学到的理论是否与自然一致。学生学习物理的过程大致与人类认识自然的过程类似，但历史更为精彩和生动。通过科学史的教学，我们认识到科学并不是万能的，科学要与哲学等其他学科相融合，才能共同构筑起新的时代精神。为了学好物理，一定量的练习是必要的，对习题的正确分析是以对物理概念和规律的正确理解为前提的。解题有一定的规范，但没有固定的套路，精彩纷呈的解题方法都指向同一个本源——哲学。

第一节　概念和规律教学

一、模型与原型

在中学物理教学中，理想化方法是最基础的方法。理想化方法是有意识地突出研究的主要因素，排除次要因素和无关因素的干扰，借助于逻辑思维和想象力，对实际的研究对象加以合理的概括和抽象，在头脑中形成理想化的研究客体，代替实际的研究对象来进行研究的方法。理想化的物理模型可分为实体模型（理想化实体）和过程模型（理想化过程）。

在中学物理教学的过程中，实体模型和过程模型是交替出现的。

首先出现的理想化模型是质点。在物理学中，把具有一定质量而忽略其形状与大小的物体称为质点。在研究物体的运动时，物体的形状与大小在所研究的问题中不重要，可以忽略，物体可以抽象为一个质点。实际上，在运动学里，物体的质量也不起作用，物体可以简化为更简单的几何点，但在动力学中，物体的质量至关重要，所以在质点模型中予以保留。质点的定义既把物体简化为可用数学方法处理的点，又保留了有关事物动力学性质的质量，这就抓住了事物运动的主要矛盾和矛盾的主要方面。

从质点的定义我们可以看出，物理概念并不是无中生有，而是从客观世界抽象出来的，这就涉及两个概念——原型和模型。客观事物是原型，如汽车、火车、子弹、地球、太阳等，客观事物经过理想化方法处理后形成的是模型。模型从原型而来，原型经过了科学的抽象，抽取了主要方面，放弃了次要的、不起作用的方面，就成了模型，所以模型是原型的简化。这种简化使我们的研究有了共性和普遍性，使我们对世界的认识达到更深的本质。

在课堂教学中我们问学生，像质点这样的理想化模型，在现实世界中存在吗？学生会回答：不存在。学生的回答是正确的。但是，我们还要告诉他们，质点其实又是到处存在的，下落的小球、运行的火车、天上的卫星、公转着的地球等都可以看作是质点。这就是说，质点在现实世界中既是不存在的，又是处处存在的，从而让学生明白，就某个方面来说，具有共性的模型其实比原型更真实地反映了客观世界。

匀速直线运动是继质点之后出现的第二个模型，这是一个过程模型。匀速直线运动是一种理想化的运动，如奔跑着的火车、飞行着的飞机、声音的传播等，当不需要考虑火车的震动、气流的影响、介质不均匀等因素时，这些运动都可以看作是匀速直线运动。在物理学中，把位移与时间的比值定义为速度，理解速度这一概念一般都需从匀速直线运动开始，因为在匀速直线运动中，位移与时间的比值为定值。

教学实践告诉我们，学生对于质点、刚体、点电荷、单摆、弹簧振子等模型理解起来比较容易，对于匀速运动、匀变速运动、自由落体运动、匀速圆周运动等模型也易于接受，但是对于理想气体，却很难一下子理解到位。这里的确存在一个差别，因为质点等的原型都是看得见的，而气体的原型看不见，把气体看成由大量分子组成的物质，本身就需要足够的想象力，从实际气体到理想气体，则需要进一步抽象。针对学生的疑惑，教师要向他们揭示本质：气体的原型是怎样的；跟原型相比，模型中哪些因素忽略了，哪些保留了。显然，理想气体把气体分子的大小、分子之间的作用力忽略了，而把气体的摩尔质量保留了。根据理想气体表现出来的各种性质，我们还可以更加深入地阐明原型与模型的区别。比如，根据气体实验定律，气体的体积是可以压缩到无穷小的，而气体分子的大小如果没有忽略，气体的体积就不能压缩到无穷小；理想气体的内能只跟温度有关，即气体没有分子势能，而气体分子之间的作用力如果没有忽略，气体分子之间就会有引力势能；等等。只有学生弄清了理想气体的模型与原型的关系，才会理解真实气体与理想气体的偏差，理解为什么会有那么多种描述真实气体状态的经验方程。

随着学习的深入，物理学的模型就变得复杂起来，比如碰撞模型就涉及冲量、动量和能量。要对碰撞进行分类，中学里通常只研究正碰，正碰可分为弹性碰撞与非弹性碰撞。碰撞的相互作用时间很短，正因为发生的时间很短，所以在这个过程中外力的冲量可以视为零，满足动量守恒条件。但碰撞的时间短不是最本质的，满足动量守恒条件才是关键。

如果物体间相互作用时间比较长，但系统没有外力作用或者外力的冲量为零，则也满足动量守恒的条件，这时我们也可以运用碰撞的模型。

如图 7–1 所示是满足动量守恒的 3 种常见模型。a 图中子弹打入木块而不穿出，则可用完全非弹性碰撞模型；b 图中可根据弹簧弹性势能的有无，分别对应非弹性碰撞和弹性碰撞；最有趣的是 c 图，小球滑上光滑的曲面物块，没有过顶而退下来，在此期间小球和曲面物块都运动了，在它们分离后各自的速度由弹性碰撞模型可得：

$$v'_1=\frac{(m_1-m_2)v_1+2m_2v_2}{m_1+m_2},v'_2=\frac{(m_2-m_1)v_2+2m_1v_1}{m_1+m_2}。$$

图 7–1

其实，这只是弹性碰撞的二元二次方程组的一个解，那方程的另一个解呢？如果小球滑过坡顶从另一端下来，那么它们的速度就是 $v'_1=v_1$，$v'_2=v_2$，这就是方程组的另一个解，即相当于两个物体没有碰撞过，跟原来的运动状态相同。

二、现象与本质

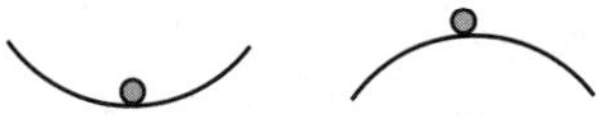

图 7–2

对于稳定平衡和不稳定平衡，概念上似乎很好理解。如图 7–2 的左图所示，一个小球在光滑的曲面的底端，当它受到的重力与支持力等值反向的时候，它处于平衡状态。这种平衡是稳定的，因为若稍有微扰使小球偏离原来的平衡态，小球所受的重力与弹力的合力指向原位置，小球会回到原来的平衡状态。反之，如图 7–2 的右图所示，一个小球放在光滑曲面的顶端，当它受到的重力与支持力等值反向时处于平衡状态。但是这种平衡是不稳定的，因为若稍有微扰使小球偏离原位置，小球所受的重力与弹力的合力指向跟原位置相反的方向，会使小球更加远离原来的平衡状态。

经过这样的分析，学生是否就真的懂了呢？教师还要从不同的情境给予讲解，使学生认识稳定平衡与不稳定平衡的本质。

如图 7-3 左图所示，一块均匀的木板水平地放在两个相同的木头滚轴上，两滚轴位置正好对称，木板的重心正好在两个支点的正中间。现在两个滚轴以相同大小的角速度相向匀速转动起来，分析木板受力：木板受到重力，它在两个支点 A、B 处受到的支持力（向上）大小相等；木板在两个支点处受到的滑动摩擦力大小相等、方向相反。因此木板受力是平衡的，处于平衡状态。若有微扰使木板偏离平衡位置，如木板向右偏离了很小的一段位移 x，这时候，要注意木板的重心已经跟两个支点的位置不对称了，右边的支点 B 受到的弹力就会增加，而左边的支点 A 受到的弹力就减少，两个支点 A、B 处受到的滑动摩擦力发生变化，木板受到的合力向左，迫使木板回到原来的平衡位置，所以这种平衡是稳定的。

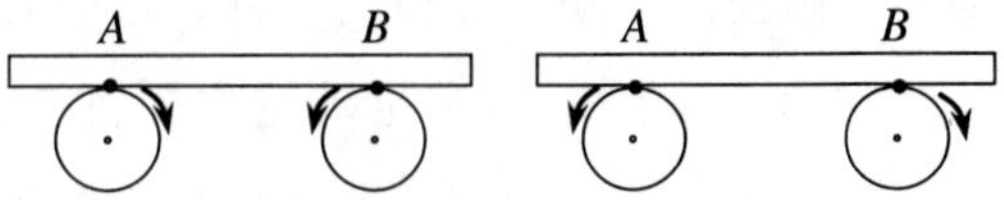

图 7-3

如果两个滚轴以相同大小的角速度（跟刚才方向相反，如图 7-3 右图所示方向）匀速转动起来，同样分析木板受力，若有微扰使木板偏离平衡位置，如木板向右偏离了很小的一段位移 x，这时候，要注意现在的情况跟刚才的不同：右边的支点 B 受到的弹力增大，而左边的支点 A 受到的弹力减小，两个支点 A、B 处受到的滑动摩擦力的合力向右，木板不能回到原来的平衡位置，反而远去，所以这种平衡是不稳定的。

图 7-2 与图 7-3 看上去很不一样，但其平衡稳定性的力学本质是相同的。对图 7-2 的情境，平衡的稳定与不稳定一目了然，学生容易理解，但正因为一目了然，所以学生的理解往往只停留在直观感性上，难以触及力学本质。而对于图 7-3 的情境，直觉就不准了，此时，只有借助力学分析才能领会理解。通过对这两种情境的对比分析，可教会学生透过直觉表象领会理性本质，真正认识平衡的稳定性。

处理力学问题有三条不同的路径，或者说三种不同的方法：牛顿第二定律方法、动量方法、能量方法。无论采用哪种方法，我们得到的结论应当是一致的，因为同一个力学问题的物理本质是相同的。不同的方法所处视角不同，对同一问题用不同的方法分析，能使学生对物理过程有更深的理解。

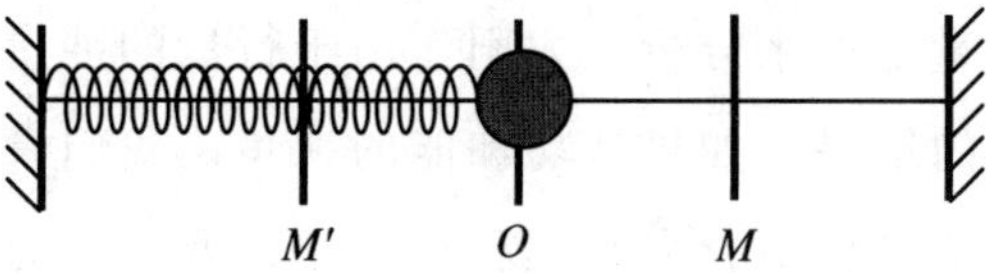

图 7-4

在进行简谐运动教学的时候要分析弹簧振子的运动。如图 7-4 所示，第一个四分之一周期，振子从 M' 到 O 的过程中，振子受到的弹簧力方向向右，力越来越小；振子从静止开始向右加速，加速度越来越小，速度越来越大，到达 O 点的时候，振子的速度达到最大；振子在 O 点时受力平衡，但是由于有惯性，继续向右运动。第二个四分之一周期，振子从 O 到 M 的过程中，振子受到的弹簧力方向向左，力和加速度越来越大，但是振子的加速度方向跟速度方向相反，速度越来越小；到达 M 点时，振子的速度减小到零。然后再进行第三个、第四个四分之一周期的分析。

有经验的教师都知道，学生并不是听一次课就会掌握得很好，有的知识或分析需要讲解多次。在第二次讲解时，可以从动量定理的视角进行分析。比如第一个四分之一周期，弹簧力对于振子作用的冲量是向右的，振子在这个过程中动量的改变量是向右的，到达 O 点的时候动量最大。如果要学生自己进行讲解，那就是第三次分析这个问题，比如第二个四分之一周期，可以要求学生从能量的角度进行分析：从 O 到 M，弹簧力是向左的，振子在力作用下的位移是向右的，力对振子做负功，根据动能定理，动能在减小，而弹簧的形变在变大，也就是弹性势能增大，这个过程是动能转变为势能的过程，机械能是守恒的。

再来谈谈对于开普勒第二定律的分析。行星在绕日运行过程中，矢径在相等的时间里扫过的面积相等，也就是说，行星离太阳越远，运行的速度越慢，越靠近太阳的时候，运行速度越快。我们可以从力与运动的角度来分析：如图 7-5，行星从远日点向近日点运动的过程中，太阳作用于行星的力跟行星的速度方向成锐角，即加速度方向跟速度方向呈锐角，行星速度的方向在变化，大小是增加的，运动越来越快；而行星从近日点向远日点运动的过程中，太阳作用于行星的力

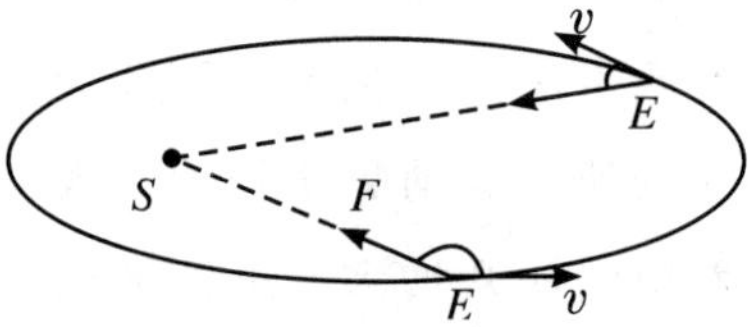

图 7-5

与速度方向成钝角，行星速度减小，运动越来越慢。此外，也可以用动量定理来分析，太阳作用于行星的冲量，改变行星的动量，也得到一样的结果。如果从功和能的视角，我们看到：行星从远日点向近日点运动的过程中，力与位移成锐角，万有引力做正功，行星的动能增加，行星与太阳的距离变小，行星的势能变小；行星从近日点向远日点运动的过程中，万有引力做负功，行星的动能减小，行星与太阳的距离变大，行星的势能在增大；整个过程中机械能守恒。

物理概念和规律都源于自然，我们领会掌握后又应用于自然，在这个过程中，由现象而达本质的认识是至关重要的。

三、量变与质变

在概念和规律的教学中，量变引起质变是一个绕不开的主题。当我们从总体上把握事物变化的时候，我们知道量变的积累会引起质变，这就是哲学的视角。我们在物理教学中要从量变引起质变的具体机制上把握事物变化，关注各种转化的物理原理以及实现的条件，这就是研究变化的科学的视角。量变的积累引起质变，存在着两类情况，即渐变型质变和突变型质变。

非晶体在吸收或放出能量时，它内部的分子的动能和势能都会发生改变，其物态变化是渐变型的质变，当质变发生时，引起质变的临界点都是不显著的。弹簧秤正常使用的时间长了，弹簧的老化最终使得弹簧秤不能用了，要报废，这就是量变引起质变，至于什么时候突然不能用了，这个没有严格的界限，这就是渐变型质变。渐变型质变还有永磁体磁性的逐渐消退，刻度尺的逐渐磨损等。

我们在进行物理实验教学的时候，总是教育学生要遵守操作规范，正确使用仪器，爱护实验器材，比如怎样接线、怎样操作、接通电源以前滑动变阻器调到什么位置、不要使电路短路等。仪器每使用一次，都会产生局部老化，最后都会报废。比如使用多用电表测电阻，如果是新的电池，电动势比较大，内阻比较小，测量前调零没有什么问题，但随着用的次数增多，电池的电动势逐渐变小，内阻逐渐变大，每次使用发生一些量变，最终就导致电池不能再用了。在课堂中对学生进行实验操作规范的教育，可以延长仪器使用寿命。

我们的模型或理论往往都有一个适用范围，物理实验也都有一个允许的误差范围。在渐变型质变中，我们一定要注意这个界限是存在的，但又是不明确的。

与渐变型的质变相比，突变型的质变就比较令人关注。所谓突变型的质变，是指当量变发展到一个临界点，就会出现向质变转化的显著的现象。比如晶体随温度的变化引起物态的变化。晶体在吸收能量的时候，先是分子动能改变，达到一定程度以后物质的结构发生改变。这里的临界点就是熔点，萘的熔解、冰的熔化都是这种情况。

物体经过凸透镜成像，可以成放大的虚像，也可以成放大或缩小的实像，物距的变化会引起像的大小和性质的变化，临界点是焦点和二倍焦距位置。光从玻璃射入空气，在界面上发生了反射和折射，我们可以看到光传播的规律符合反射定律和折射定律。入射光的能量一部分分配给反射光，一部分分配给折射光。随着入射角的增大，折射光越来越弱，反射光越来越强，当入射角达到临界角的时候，折射光突然消失了，反射光变得很亮，这就是发生了全反射。入射角度变化的过程是量变逐渐积累的过程，当入射角达到临界角的时候，全反射现象就突然发生了。

熔点、透镜的焦点、临界角等都是自然事物运动过程中量变引起质变的临界点，这些临界点恰恰构成了相关领域最重要的物理概念。这些临界点给出了量变的度，量变超出了这个度就发生了质变。

二极管是由 PN 结构成的，具有单向导电性，但工作电压有一个范围，如果反向电压超过这个范围，也就是达到或者超过了这个度，PN 结中的电场强度大到足以把电子从共价键中拉出来，从而产生电子空穴对，载流子突然增多，就会出现击穿现象。在光电效应中，电子吸收光子后，能量增加，如果能量足够大，电子就能克服金属内正电荷对它的引力，离开金属表面，逃逸出来，成为光电子。光子的能量是由光的频率决定的，电子逃逸出来所要做的功是由金属决定的，当光子的能量刚好与逸出功相等时，恰能发生光电效应，该光的频率即为该金属的极限频率，各种金属都存在着极限频率。当入射光的频率比极限频率低，无论光强多么强，照射时间多么长，都不会发生光电效应；当入射光的频率高于极限频率时，光电效应就突然发生了。常温下，所有的金属导体都有电阻，随着温度的降低，金属导体的电阻越来越小，当降低到某一温度时，金属导体的电阻会突然消失，电阻变为零，这就是超导体。每种金属都有各自的转变温度，达到这个温度时金属导体就转变为超导体。铀核俘获中子会产生裂变，释放出大量的能量，裂变后还能放出中子，这些中子不一定能再次被俘获。当铀核的体积足够大，裂变反应后的中子能够继续被俘获，这样裂变反应就能不断地进行下去，这就是原子核裂变的链式反应。这也是雪崩式的正反馈式质变，这里的链式反应是否发生要看铀核的体积。当原子核被利用于缓慢释放能量的时候，不需要进行链式反应，当原子弹爆炸的时候，就进行了链式反应，这里临界体积是关键。

世界上的事物都是在变化的，当人们要操纵世界的变化时，重要的是控制这个度。

量变和质变及其转化的原因，在于事物内部的矛盾性。任何事物都存在着促使转化和阻碍转化两方面的因素，这两方面的因素互相制约，互相消长。

有一个桥梁共振的例子：1831 年，当一队骑兵通过曼彻斯特附近的一座桥时，由于马蹄运动节奏比较一致，加上频率又跟桥的固有频率比较接近，最终使桥发生共振而断裂。这不仅是一个关于共振的生动的例子，而且包含了哲学思想。实际上，当共振一开始，桥不是马上就断裂的，这里有一个积累和矛盾双方消长的过程。桥的内部有两个因素，其一，共振使桥的结构发生改变，使桥瓦解；其二，桥的各部分之间的作用力阻碍桥的结构瓦解，维持稳定。共振的持续使能量得以积累，使趋向瓦解一方势力占优，最终使桥轰然倒塌。

我们在课堂上进行的是物理教学，有课堂的教学目标，但是只要教师有哲学的观念，有对学生进行基本素养教育的使命感，我们随时可以给学生以哲学的熏陶。比如进行功转化为热的教学，在金属小圆筒中滴入一些乙醚，塞上塞子使小圆筒成为密闭的容器，然后用绳子摩擦金属筒的外壳，经过一段时间，乙醚汽化，气体压强增大，塞子就冲出来。这堂课的课堂气氛通常非常活跃。本来的教学目标是功和热的关系，但是，适时讲述哲学观对教学不无益处。在绳子摩擦的这段时间里，我们完全可以跟学生解释："现在气体的压强在增大，是量变的过程，塞子还没有达到克服摩擦力这个度，等一会儿，压强大到一定程度，量变会引起质变的。"再比如，在演示反冲运动的时候经常会做一个演示实验：

图 7-6

一辆小车上固定一支试管，试管里有半管的水，试管口是用橡皮塞子塞住的，用酒精灯对试管底部进行加热（如图 7-6 所示）。水从冒气泡到沸腾，但是塞子还没有冲出来，教师在这个时候就可以问学生："试管里面的压强有没有变化？塞子为什么还没有冲出来？"从而引导学生体会量变向质变转化的思想。

四、归纳和演绎

研究科学规律的思维有归纳思维和演绎思维。对自然现象进行研究，从一个个实验数据处理到建立物理理论的过程，属于从个别到一般，是归纳思维；从物理理论出发对具体问题进行推理分析，属于从一般到个别，是演绎思维。比如开普勒研究行星运动规律，从天文观测数据得到开普勒第三定律，是归纳思维，而牛顿从万有引力定律出发对个别星球进行计算分析则是演绎思维。

物理教学也是这样。上新课的时候往往用到的是归纳思维。比如做探索电流强度跟电压的关系及电流强度跟电阻的关系的实验，一次次做实验，得到数据，对数据进行整理，找出它们之间的关系，得到欧姆定律，这就是归纳的方法。在上规律的应用课或者习题课时，往往是用演绎思维。运用学到的规律进行推理分析得到结论，这是演绎的方法。在复习课进行知识归类，把物理知识分成力学、热学、电学、光学、原子物理学五大块，探讨每一块内容有哪些主要知识，这些知识又有哪些知识点，它们之间有哪些联系等，这时候很明显是运用演绎思维。

例如对机械运动的知识整理如下：

- 机械运动
  - 直线运动
    - 匀速运动
    - 变速运动
      - 匀变速运动
      - 加速度变化的变速运动
  - 曲线运动
    - ……

对气体性质整理如下：

- 气体性质
  - 状态参量
    - 体积 V
    - 温度 T
    - 压强 p
  - 实验定律
    - 玻意耳定律
      - 定律表述
      - 图像
    - 查理定律
    - 盖－吕萨克定律
    - ……
  - 气体分子动理论

整理知识的过程运用的是逻辑思维，其方法在数学上也叫作“树法”，好像一棵树的主干分出去若干的枝干一样。在课堂教学中一般都用这种方法帮助学生建立知识间的联系。

如果我们站得更高一些，认识再深刻一些，还可以进行如图 7-7 所示的整理。

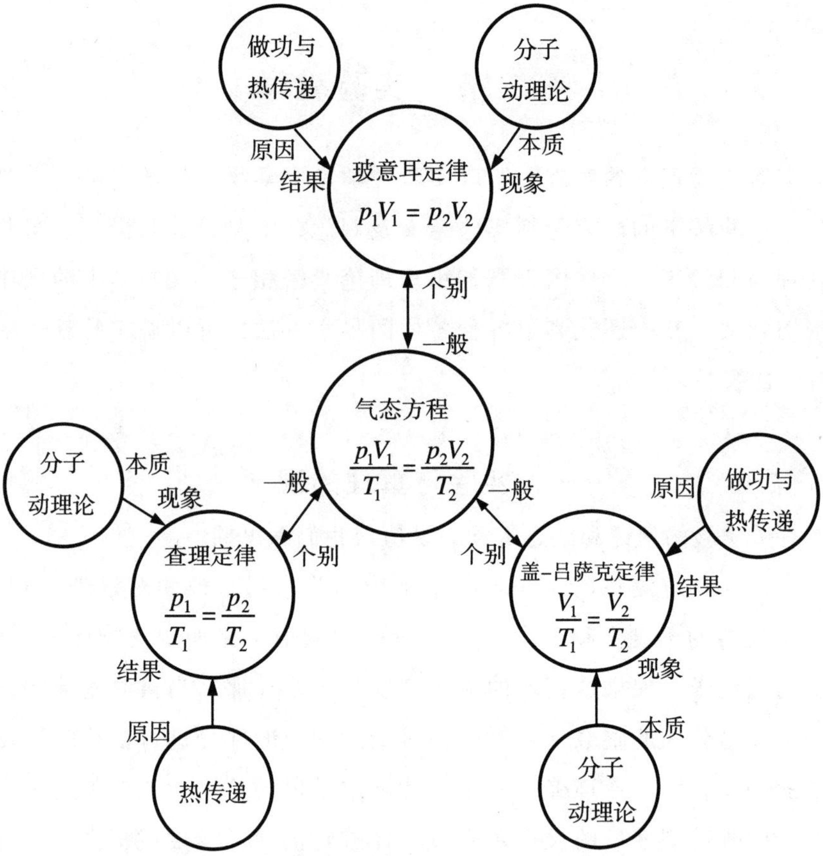

图 7–7

在这里，我们看到从气态方程出发去梳理热学知识，在 p、V、T 中控制任意一个变量，就可以得到气体实验定律，这是从一般到个别的关系，而气体实验定律这个过程可以从做功和热传递上找到原因，从分子动理论上找到微观本质。这一张简洁的结构图，包含了很多的信息，体现了内在的逻辑。这里我们用“个别与一般”“原因与结果”“现象与本质”这些哲学范畴进行归纳，对知识的理解和掌握会更有效。

第二节　实验教学

实验是物理学的基础，所以实验教学是中学物理教学中极其重要的部分。实验教学的内容包括实验意义及观念、实验设计与操作、实验数据处理与归纳等，这些内容既与物理理论紧密相连，又与学生的操作行为密切相关，其中还充满了各种各样的科学方法，可以说实验教学中充满哲学的智慧。

一、实验与真理的观念

有关实验的理论和观念的问题是值得我们深思的。

第一，是对测量的认识。测量是用相关仪器与被测对象进行对比，然后从仪器的刻度上得到所测物理量的测量值。比如要测物体的长度，就要用到尺子。如果这把尺的最小刻度是分米，那么当被测物体的长度不是正好是分米的整数倍的时候，对最后剩余的部分进行估读时显然有较大的误差。为了更准确地测量，就要改进尺的刻度，比如加上厘米的刻度。用改进刻度后的尺再对同一物体进行测量，精度就提高了。但是新的刻度尺所得的测量值跟真实值之间还会有差异，差异就是矛盾。怎样解决这个矛盾呢？我们可以给尺更细致的刻度，刻出毫米，改进后测量误差又减小了。可见,实验仪器的改进是逐步解决测量误差这个矛盾的。仪器的每一次改进，都只能使测量误差减小，而不能使误差消失。如果我们对测量精度有更高的要求，那么毫米刻度尺测量的误差还是太大，这就是说新的矛盾又出现了。怎样解决这个矛盾呢？再给尺更细小的刻度吗？为了解决这个矛盾，科技人员改进了测量仪器，发明了游标卡尺，把测量精度提高到 0.02 毫米，再进一步，发明了螺旋测微器，测量的精度达到了 0.01 毫米。

可见，测量的发展动力是测量有误差，为了减小这个误差，就要改进测量的仪器，或者改进测量的方法，以提高精度。事物发展的动力是事物内部的矛盾，正是这个矛盾推动了事物的发展。

第二，是实验的基础性作用。我们以“追求守恒量”这堂课为例。教材首先给出的是伽利略的思想实验，如图 7–8 所示，小球从左边的光滑斜面 A 滚落，要滚上另一个斜面 B。伽利略发现了一个启发性的事实：如果斜面很光滑，那么无论斜面 B 比斜面 A 陡些或缓些，小球的速度总会在斜面上的某点变为 0，这点距斜面底端的竖直高度与它出发时的高度相同。看起来小球好像记得自己的起始高度，或与高度相关的某个量。这里的“某个量”是什么呢？我们现在知道，跟小球运动有关的量是动能，跟小球位置有关的量是势能。小球“记得”这个量，就是说如果空气阻力和摩擦力足够小，小到可以忽略，小球必将终止于它开始运动时的高度，不会更高一点，也不会更低一点。这说明这个量在小球运动过程中是不变的，这个量就是能量。这堂课就是这样为动能和势能相互转化的过程中机械能守恒打下基础的。

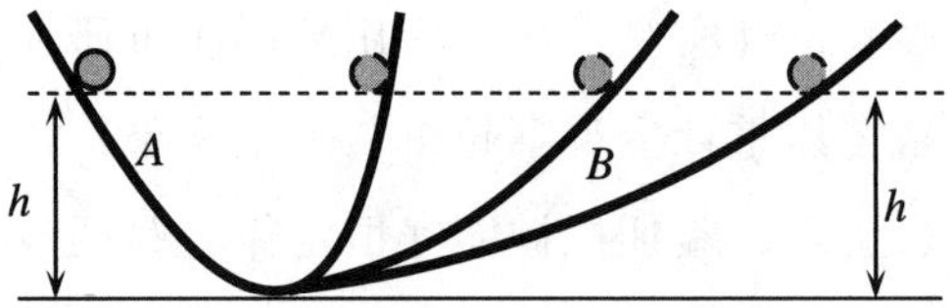

图 7–8

值得注意的是，思想实验不是真实实验，而是逻辑推理。如果我们按照上面的程序进行授课的话，就有一个逻辑循环的问题：这节课从思想实验讲述小球“记住”（这里已经包含了“守恒”的含义）这个初始的高度，然后下面几节课从动能、势能直到机械能守恒展开教学。从哲学的视角来看，这是一个逻辑循环，也就是说，已经把要证明的结论悄悄地放进前提里了。推理论证是走不出这个循环的，打破逻辑循环的唯一手段是真实的实验，所以在机械能守恒这堂课首先要讲述伽利略对单摆的研究。如图 7–9 所示，小球从左面 A 点摆下，上升到 B 点，如果在摆线的竖直位置放一个钉子 F，使小球过最低点以后会上升到与 B 点等高的位置 C 点。伽利略是真的做过这个实验的，他受这个实验的启发，进行了小球在两个斜面的思想实验。可以这样说，在物理学研究中，实验是打破一切逻辑循环的突破口，是物理学研究的出发点。

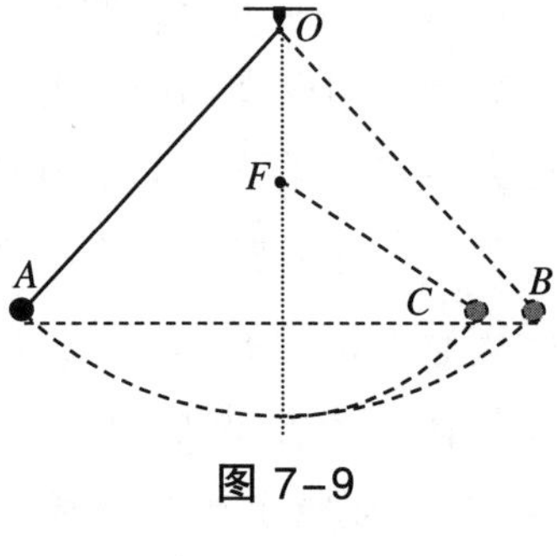

图 7–9

第三，关于验证性实验的意义。我们在中学物理教学中会让学生做许多验证性实验，比如使用数码相机研究自由落体运动，确定薄板重心，人站在体重计上观察超重、失重现象，探究平抛运动的特点，验证向心力的表达式，验证机械能守恒定律，验证玻意耳定律，验证理想气体状态方程等。这些实验要验证的是已知科学规律的结论，让学生再次实验，不仅是要让学生用实验来验证这些结论的正确性，更重要的是让学生利用实验去检验自己有没有真正掌握理论。比起“探究弹性势能的表达式”“探究做功与物体速度变化的关系”这样的探究性实验，这些验证性实验显得平淡。诚然，探究性实验具有一定的挑战性，体现了科学的探索精神，但是验证性实验的意义同样不可低估，因为它涉及对真理的认识的问题。我们认为科学规律就是真理，这些真理是放之四海皆准的，这些真理是能经受重复实验的检验的。我们做验证性实验实际上就是进行重复实验，这个行为本身就是进行科学规范的培养，是对科学真理观的培养。

第四，关于判决性实验的意义。科学史上有多次判决性实验，它们所处的环境条件、文化氛围和历史作用各不相同，我们在教学的时候都应当交代清楚。例如伽利略的落体实验就是典型的例子。亚里士多德认为重的物体比轻的物体下落得快，伽利略认为这一理论有矛盾。伽利略先用一个悖论揭示了亚里士多德的理论内在的矛盾，然后又在比萨斜塔进行了实验验证，实验证明亚里士多德的理论是错误的。

晶体对电子的衍射实验是判决性实验。法国物理学家德布罗意认为实物粒子（如电子）也像光一样具有波粒二象性，创立了物质波理论。实物粒子的波动性在当时是很难想象的，许多人不认同这一理论。电子这类实物粒子到底有没有波动性，理论是没有说服力的，最终要靠实验来解决。德布罗意提出一个实验方案，认为用晶体对电子的衍射实验验证物质波的存在是可能的。1927年初，戴维森、革末、汤姆孙做了多次晶体对电子束衍射的实验（图7-10），证明了德布罗意物质波理论的正确性。

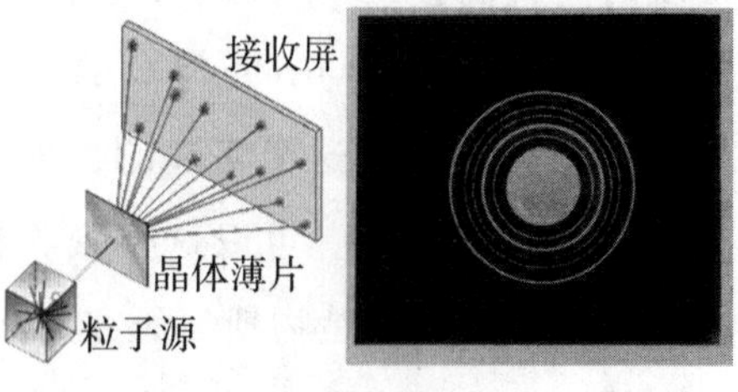

图 7-10

判决性实验的哲学内涵在于当人们对科学真理的认识发生分歧的时候，实验是检验真理的标准。

二、实验多因素关系的分析

在实验教学中指导学生进行实验设计与操作时，由于各种因素相互制约，不同的方案往往各有优劣，对这些方案的探讨与选择充满了哲学智慧。

比如对平抛运动的探究，教师可以让学生展开讨论，设计实验。学生会想出多种方法进行设计，教师要对这些不同的方案进行比较和评论，然后决定取舍，这是富有思想深度的探讨。

第一种方案是墨水留迹法：小球在红墨水中浸过以后水平抛出，让它在竖直放置的白纸上留下痕迹，得到平抛曲线。这个方案是有问题的，因为我们要研究的平抛运动是指在重力作用下的曲线运动，如果这张钉在木板上的纸是真正竖直的，纸面跟小球的平抛曲线所在的平面平行，那么小球不能在纸上留下痕迹；如果让这两个平面相交，就能留下痕迹，但这时小球与白纸就有弹力和摩擦力的作用，小球的运动就不再是平抛运动。

第二种方案是撞击笔杆描迹法。如图 7-11 所示，还是上述的实验装置（白纸的平面跟平抛曲线平面保持平行），不用墨水留迹，而是用铅笔在小球平抛经过的路径上找准位置进行试验，铅笔保持与纸面垂直，当小球正对铅笔进行撞击（多次试验找到不偏不倚的位置）的时候，铅笔尖的位置就是小球平抛经过的一个位置，这样依次找到并描点，如 A、B、C、D、E 等。这种设计方案的优点是小球没有受到木板的作用，可以认为每次测量的都是只受重力作用的平抛运动。但是，这样设计在逻辑上仍然是有问题的。古希腊哲学家赫拉克利特说：“人不能两次踏进同一条河流。”当然，平抛小球也不能两次进入同一条曲线。显然，小球经过 A 点的运动与经过 B 点的运动不是同一个平抛运动，该方案是建立在平抛小球每次都沿同一条曲线这一假设上，这个同一性是不严密的。从同一性上讲，还是墨水留迹法显示的是同一条曲线，虽然那是一条受干扰的曲线。

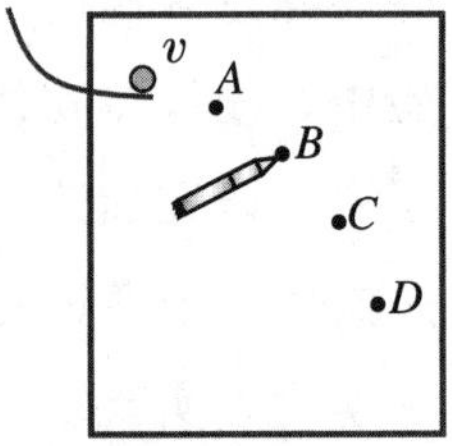

图 7-11

第三种方案是旧教材曾经倡导的有孔卡片描迹法。做一个有孔卡片如图 7-12 所示，沿虚线把它折成 90°，然后放在小球平抛经过的路径上。通过观察小球经过的路径，把这个有孔卡片固定在某个位置让平抛小球通过，就记录了一个位置。这种做法比撞击笔杆描迹法更准确，但是原理是一样的。这一方案的优点是，在进行多次试验的基础上，把一系列的有孔卡片放在小球经过的位置上，最后可以让小球通过一次平抛运动经过所有这些卡片的孔（如图 7-13）。这样做既保证了小球只受重力作用，又保证了运动轨迹的同一性，还能确定出平抛小球的多个位置，从而得到平抛曲线。

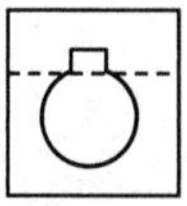

图 7-12

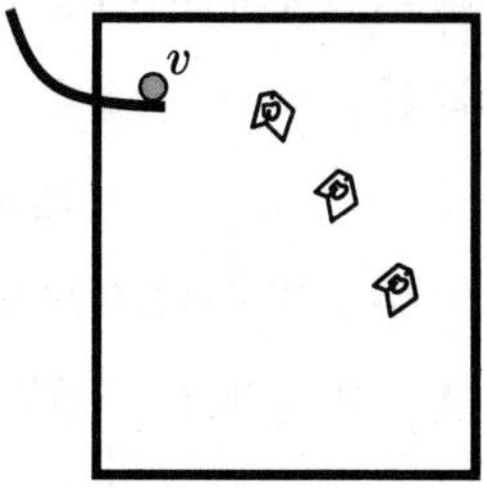

图 7-13

实验操作既是培养学生动手能力的基本方法，也是培养学生思维能力的重要途径。实验过程中多个变量及各种因素的关系的处理，学生从理论上未必能领悟到，必须经过具体的实验操作才能体会。

首先是控制变量的问题。这个思想需要在实际的操作中才能学会，并要经过多次的学习才能真正掌握。在探究加速度与力、质量的关系实验中，先保持物体质量不变，研究加速度跟外力的关系，然后保持外力不变，研究加速度跟质量的关系，这就是控制变量法。控制变量的目的是制造一个理想的环境，把复杂的多因素问题简化为简单的单因素问题。中学物理实验多次用到控制变量法，如验证气体实验定律的玻意耳定律（要控制气体温度不变），探究导体电阻与其影响因素的定量关系（要先后控制导线长短、粗细、材料不变），探究功与速度变化的关系（要用相同的橡皮筋）等。可以说，实验的精髓在于控制。

实验操作的很多细节都是多因素的，不可忽视。在气垫导轨上测量滑块的速度要用到光电门计时，为了测量滑块的瞬时速度，实际操作中是用很短时间内的平均速度代替瞬时速度。一般测速度的挡光片宽度有 10.00 cm、5.00 cm、3.00 cm、1.00 cm 四种，再附加一个 5.00 mm 的挡光条。理论上说，瞬时速度是平均速度的极限，挡光片越窄，挡光片通过光电门的时间就越短，测量得到的平均速度就越接近瞬时速度。但事实是不是这样呢？当滑块速度达到 2.00 m/s 左右的时候，即使使用最宽

（10.00 cm）的挡光片，滑块通过光电门的时间也只有 0.05 s 左右，如果用 1.00 cm 的挡光片，则只需 5.0 ms，这样的测量精度已经比较理想了。要不要制作尺寸更小的挡光条呢？其实没有这个必要。首先，光电门的光束是有宽度的；其次，挡光片小到一定程度，其边缘的测量误差就会凸显，而且挡光片的尺寸太小的话，光的衍射效应就不能忽略，这时挡光片的实际宽度与有效宽度就不一致了，所以挡光片太窄，测量的瞬时速度反而会变得不准确。

在电学测量中，安培表测得的电流是有误差的，因为安培表有内阻，接入电路后改变了原电路的电阻。那么我们要问，为了测量更准确，是不是接入的安培表内阻越小越好呢？根据电流表的改装原理，我们知道安培表的内阻越小的话，它的量程就越大，测量相同大小的电流，电流表的量程越大，读数的误差也就越大。可见，安培表内阻的减小，虽然减小了系统误差，但是增大了偶然误差。同样的道理，伏特表的内阻也不是越大越好。

我们在进行盖－吕萨克定律的教学时会准备一个演示实验，如图 7-14 所示。一定质量的空气封闭在烧瓶里，研究在等压的条件下，气体的体积随温度变化的关系。如果按照课本上的介绍，水平玻璃管用水银封闭的话，由于重力作用，必须用比较细的玻璃管，否则封不住。但细管的体积较小，温度稍有升高，气体略有膨胀，水银柱就达到了水平管子的尽头，这样演示实验的温度变化范围就比较小。为了让实验的温度变化范围能够更大一些，我们可以改用水封闭较粗的玻璃管。用水封闭也有缺点，因为水具有浸润性，水柱移动后会有少量的水附在玻璃管的壁上。还有水是无色的，不如水银容易观察。为了方便观察，需要在水中加入少量的红墨水，使水柱呈淡淡的红色，但是红墨水增加了水的浸润性，在水柱的移动过程中玻璃管壁上出现了水滴，水柱的水明显减少，很快水柱就不能起到封闭作用了。为了完成这次演示实验，权衡利弊，只能再把水平的玻璃管换成略微细一点的，再用滴加了少量红墨水的水进行封闭。这样比起水银来，温度

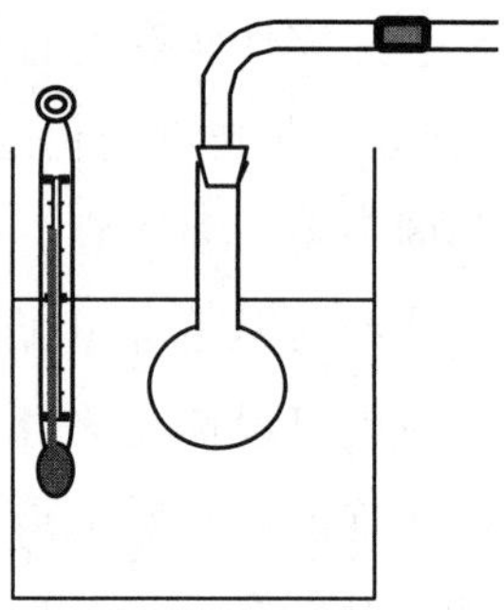
图 7-14

的变化范围大了，比起无色的水柱来，观察效果好了，虽有浸润造成的水滴依附在管壁上，但是可以把实验做成。

可见，在进行实验操作的过程中，要与具体的事物打交道，操作过程就会受事物本身各种性质的影响，为了能较好地完成实验，就要认识多方面的因素互相制约的辩证关系，学会采用相对合理的方案。

三、数据到结论的归纳

根据实验目的的不同，高中物理实验可分为四种类型：探究性实验、验证性实验、测量性实验和练习性实验。探究性实验是通过实验获得数据，根据数据寻求规律。验证性实验是通过实验获得数据，验证数据是否与理论相一致。测量性实验是通过实验获得数据，然后根据相应的物理规律求得某一未知的物理量。练习性实验如“练习使用多用电表”则是通过测量小灯泡的电压、电流和电阻等活动，掌握仪器的工作原理和测量原理。前三种类型的实验都要进行数据处理。

探究性实验的目的是根据实验数据寻找物理量之间的关系。比如在“探究功与速度变化的关系”这一实验中，我们要探求合力的功与速度变化的关系，要注意，这里是速度变化，而不是速度。但是如果每次实验物体都是从静止开始运动，那么速度的变化就与物体获得的速度相等，此时就可以简化为寻找合力的功与物体获得的速度之间的关系。得到功与速度的测量数据后，怎么通过数据去发现它们之间的关系呢？一般来说，对于两个相关物理量，我们总是先观察数据的分布情况。对于比较明显的关系，我们容易从数据中直接得到，但是对于不明显的关系，往往要对它们之间的关系做一定的猜测。猜测总是从比较简单的关系开始，因为我们相信，自然规律是简单的。比如，功与速度并不是简单的正比关系，我们就猜想，功是不是与速度的平方成正比？然后我们就可以通过得到的数据来验证这一猜想是否成立。当第一个猜想不成立时，我们又要做新的猜想。通过探究性实验，我们并不一定能够得到正确的规律，而实验教学的主要目的一般也不是非得让学生得到正确的规律不可，更重要的是让学生学会探索的方法。

与探究性实验相比，验证性实验只相当于验证一个假设，所以相对比较简单。这里的主要问题是，怎样的实验结果才算验证了理论呢？因为实验总是有误差，所以理论值与实验值之间肯定存在着一定的差异，我们应如何对待这一差异呢？显然，如果实验数据在一定的误差范围内与理论相符，则结论应予以肯定。但允许的误差有多大，这里有一个度的问题。

数据处理主要有两种方法——列表法和图像法。我们要求学生在进行实验数据处理的时候一律要列表。处理实验数据不能像写作文那样进行文字叙述，而要用表格的形式进行展示，这是基本的科学素养。从表格的数据我们可以看出物理量变化的趋势或规律，或者通过运算直接得到实验结果。更多时候还需要用图像法，因为很多时候从表格的数据上看不出其内含的关联性，而图像则可以明显地显示出变化的趋势甚至确定的规律。有时候我们还要对图像进行“化曲为直”的处理。即使使用图像法来处理数据，我们仍然要求学生把实验数据列表。

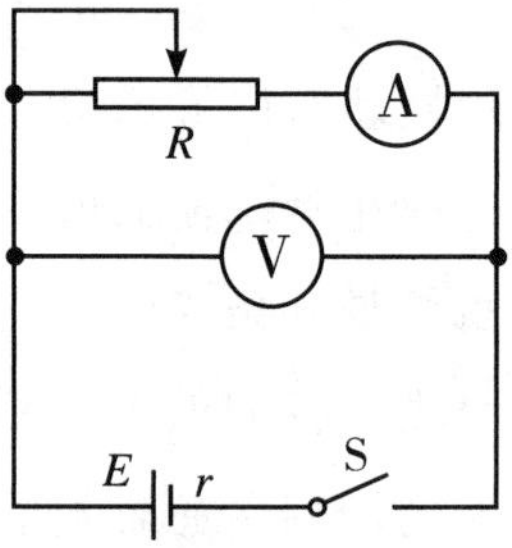

图 7–15

下面以“用伏安法测电池的电动势和内电阻”这个实验为例进行说明。用如图 7–15 所示的电路进行实验，测得的实验数据如下表所示。

序号	1	2	3	4	5	6
U/V	1.37	1.32	1.24	1.20	1.10	1.05
I/A	0.12	0.20	0.31	0.35	0.50	0.57

通过公式法进行计算，按测量顺序把每两组数据代入方程组：

$$\begin{cases} E = U_1 + I_1 r \\ E = U_2 + I_2 r \end{cases}$$

解得电池的电动势和电池的内电阻：

$$\begin{cases} E_1 = 1.45\text{V} \\ r_1 = 0.63\Omega \end{cases} \quad \begin{cases} E_2 = 1.55\text{V} \\ r_2 = 1.00\Omega \end{cases} \quad \begin{cases} E_3 = 1.46\text{V} \\ r_3 = 0.71\Omega \end{cases}$$

然后取平均值得到电池的电动势 E=1.49 V，电池的内电阻 r=0.78 Ω。

现在我们用图像法进行处理，如图 7-16 所示。图像法相比公式法，优越性在哪里？公式法中 3 个值取平均值，是把这 3 个值都是平均对待的，实际上就是测得的所有数据都是平权的；图像法中，所有的数据是不平权的，从图 7-16 可以看出，直线通过某些点，离某些点近，离某些点远，有时甚至把个别的点排除了。

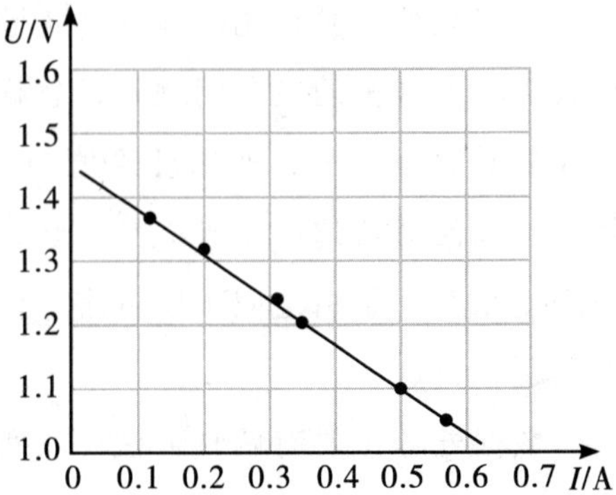

图 7-16

我们在从数据到结论的归纳中，要抓住事物的本质。在物理学中图像“化曲为直”的方法剔除个别实验点，对实验点进行不平权处理，这种处理抓住了真相，剔除了假象，正是由现象到达本质之路。

在测电池的电动势与内电阻实验中，因为 $U=E-Ir$ 是一次函数，U-I 图像是一条直线，所以用图像法处理数据直观明了。若实验数据图像是曲线，我们就要用到“化曲为直”的方法。再以验证玻意耳定律的实验为例。用传感器测得的实验数据列表如下，从表格里的数据可以看出，随着压强的增大，体积变小，那么气体压强跟体积是否成反比呢？

序号	1	2	3	4	5	6	7	8	9
P/kPa	100.0	91.6	84.3	78.2	73.0	68.2	64.8	61.6	57.6
V/cm^3	11	12	13	14	15	16	17	18	19

作图像如图 7-17 所示，这是不是一个反比例函数图像呢？从这一坐标系中很难做出准确判断。

若我们假设 P 与 V 成反比，则可作出 P 与 $\frac{1}{V}$ 的图像，如图 7-18 所示。显然，从图像可以看出 P 与 $\frac{1}{V}$ 成正比，即图 7-18 要比图 7-17 更直观地给出了 P 与 V 成反比的关系。因为在我们的直观经验中，并没有一条标准的双曲线，但是有准确的直线。同理，我们在探究加速度跟质量成反比的实验中，在探究弹性势能的表达式的实验中，在探究单摆周期与摆长关系的实验中，都可以采用“化曲为直”的方法。“化曲为直”的处理

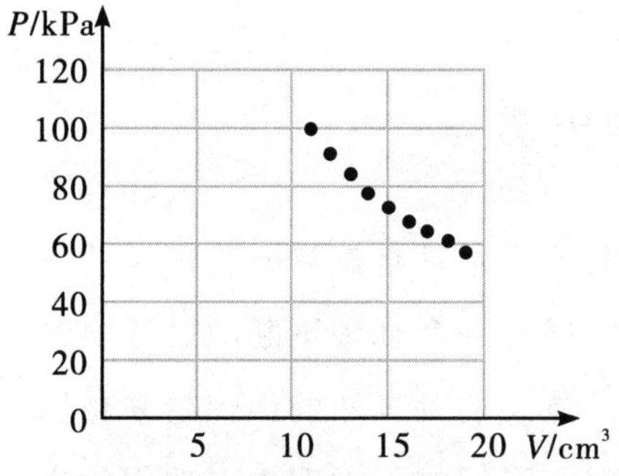

图 7-17

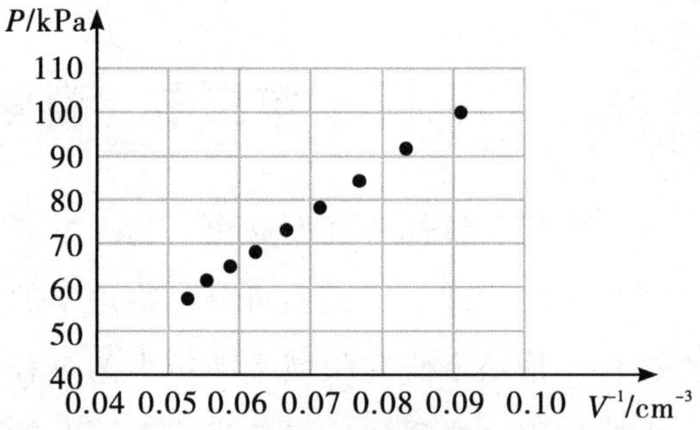

图 7-18

并没有改变数据之间的关系，只是改变了数据呈现的方式，使数据以更合理的方式呈现在我们眼前，使我们更容易找到数据与数据之间的关系。之所以能这样做，正是因为我们在从数据到结论的归纳中抓住了问题的本质。

第三节　科学史教学

每门学科都有其发展史。物理学研究的对象是自然界，物理学的发展与众多物理学家密不可分。物理学的发展是一个真理不断战胜谬误的过程，是一个研究领域不断扩大的过程，是人类对自然的认识越来越深入的过程。物理学取得的进步离不开物理学家们的不懈努力，他们的生活环境、人生经历、哲学观点也就成为物理学最富有个性特色的部分。

一、必然性和偶然性

我们抛硬币，每次出现正面向上这个事件都是偶然的，但是只要抛的次数足够多，最终正面向上的次数总是接近总次数的二分之一。看似独立、随机的一次次抛硬币过程，最终却是指向一个确定的规律。从这个事例我们可以看出，实际上每一次的偶然事件里都有着必然的因素，必然性正是通过偶然事件显示出来的。

在讲授麦克斯韦的气体速率分布时，教师会向学生解释，每个气体分子的运动是随机的，但是大量的气体分子的速率就有一定的分布。我们用伽耳顿板进行演示（如图7-19所示）。竖直板上均匀地钉着交叉对称的钉子，小钢珠从上面的口中倒进容器里，小钢珠与钉子进行了多次碰撞后进入各条形槽内。虽然小钢珠经过碰撞后落到哪个槽内是偶然的，但是众多的小钢珠总体的分布却是必然的，透过玻璃板可以清晰地看到各条形槽内小球堆积的高低分布形成类似麦克斯韦分布规律。

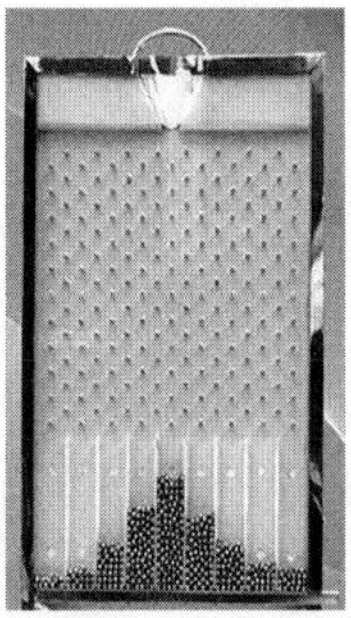
图7-19

有了这个伽耳顿板的实验作为基础，在光的波粒二象性这堂课上，我们讲述光子不是宏观意义上的粒子，光波也不是宏观意义上的波，解释光的干涉条纹是概率波，学生就比较容易理解了。个别光子通过双缝打到感光板上的位置是随机的，而大量光子在感光板上留下的图像则具有必然的规律，这必然性是通过每一个光子的偶然性体现出来的。

有了统计的概念后，在学习高中物理知识时，关于必然性和偶然性，学生是易于理解的。但是在科学史的问题上，学生容易认为历史的发展总是从错误到正确、从落后到进步、从失败到成功，他们会认为这一切都是出于历史的必然性，而容易忽视偶然性在历史发展中的重要作用。

我们以牛顿的成功为例，讨论科学史中的必然性和偶然性问题。

1643 年，牛顿诞生在英国的一个农民家庭中，牛顿学习勤奋，成绩优秀。牛顿童年时不爱与其他孩子一起玩耍，喜欢自己动手做一些小玩具。他在 18 岁时进入剑桥大学三一学院学习。有一位名叫卢卡斯的人希望大学能够传授新知识，于是捐资设立了一个数学讲座的席位，规定只能讲授自然科学，该教席的拥有者被称为“卢卡斯教授”。第一任“卢卡斯教授”巴罗是一位博学多才的教师，对牛顿产生很大影响。

1665 年，牛顿取得学士学位，就在这一年的夏天，英国暴发了大规模瘟疫，学校不得不停课。牛顿避居乡下，这段时间（1665 ~ 1666 年）是牛顿一生中创造力最旺盛的时期。偶然看到苹果落地，促使他思考重力问题，并建立了万有引力定律。还有牛顿力学三大定律、微积分和色彩理论等，都是牛顿在这段时期构思而成的。每当后人回顾牛顿的伟大发现，总会情不自禁地想起这场瘟疫，正是这场瘟疫，使得牛顿有了一段较长的空闲时间。有研究表明，当人们处于空闲状态时是最富有创造力的。

1667 年，牛顿回到母校，他的出色工作备受巴罗的推崇。两年后，巴罗主动让贤，举荐牛顿接替自己做“卢卡斯教授”。30 岁时，牛顿已成为英国皇家学会的会员。

我们再来看一下万有引力定律的发现过程。从必然性的观点看，社会进展到一定程度，必然会有相应的科学规律被发现，到了牛顿那个时代，发现万有引力的时机已经成熟，如果不是牛顿因为苹果落地建立万有引力定律，也会有别人发现别的物体落地而建立万有引力定律。

万有引力定律当然是建立在一系列的基础之上。因为万有引力定律的建立需要开普勒的行星运动三大定律，但是如果没有第谷的观测，开普勒便不能建立行星运动三大定律。第谷去世前把二十年的天文观测资料交给开普勒，第谷去世后，他的亲属却反对开普勒占有资料而上法庭诉讼，但第谷没有直系亲属，法官把第谷的资料判给了开普勒。如果第谷有直系亲属，或者法官不是这样判决，那么开普勒就不能建立起行星运动三大定律，万有引力定律的发现乃至牛顿力学体系的建立就要推迟相当长的时间。实际上，每一个历史事件的发生都是偶然的，在偶然的事件里包含了必然的因素。牛顿的发现也是偶然事件，但偶然里面体现了必然。

我们再从法拉第的成功中体会必然性和偶然性的辩证关系。

法拉第1791年出生在一个贫苦家庭。他的父亲是个铁匠，收入微薄，仅能勉强维持生活的温饱。法拉第只读了两年小学，1803年，为生计所迫，他上街头当了报童，第二年又到一个书商兼订书匠的家里当学徒。书店里书籍堆积如山，法拉第带着强烈的求知欲望，如饥似渴地阅读各类书籍，汲取了许多自然科学方面的知识，尤其是关于电学的文章，强烈地吸引着他。他努力地将书本知识付诸实践，利用废旧物品制作静电起电机，进行简单的化学和物理实验。他重视实践尤其是科学实验，还与青年朋友们建立了一个学习小组，常常在一起讨论问题，交换思想。法拉第不放过任何一个学习的机会，在哥哥的资助下，他有幸参加了学者塔特姆领导的青年科学组织——伦敦城哲学会。通过一些活动，他初步掌握了物理、化学、天文、地质、气象等方面的基础知识，为以后的研究工作打下了良好的基础。法拉第的好学精神感动了书店的一位老主顾，在他的帮助下，法拉第有幸聆听了著名化学家戴维的演讲。他把演讲内容全部记录下来并整理清楚，回去和朋友们认真讨论研究。他还把整理好的演讲记录寄给戴维，并且附信，表明自己愿意献身科学事业，结果他如愿以偿，20岁时当上了戴维的实验助手。从此，法拉第正式走上了科学研究的道路，最终成了伟大的物理学家。

我们应当认识到，如果没有自身的勤奋，没有到订书匠那里当学徒，没有书店老主顾的帮助，没有戴维的提携，法拉第不会做出辉煌的成果。这一系列的事件都是偶然的，而在这众多的偶然事件里有着必然的因素。尽管与法拉第同时代的安培、亨利、科拉顿等人与电磁感应现象的发现失之交臂，但是，当技术发展到一定阶段，知识积累到一定程度，某一重大科学发现的物质条件、社会环境一旦成熟，认识上的飞跃就会实现，即便没有杰出的法拉第来发现电磁感应现象，也会有另外的科学家以这样或那样的方式来揭示。正如恩格斯所说："恰巧某个伟大人物在一定时间出现于某一国家，这当然纯粹是一种偶然现象。但是，如果我们把这个人去掉，那时就会需要有另一个人来代替他，不论好一些或差一些，但是最终总是会出现的。"这就是科学发现中的必然性。

我们接着从中子的发现来看偶然与必然的密切关系。

中子的发现，也是物理学史上一个著名的事件。1919 年，卢瑟福通过用 α 粒子轰击氮原子放出氢核而发现了质子。1920 年，他在一次演说中做出了中子存在的理论预言。他说："既然原子中存在带负电的电子和带正电的质子，为什么不能存在不带电的'中子'呢？"他当时设想的中子是电子与质子的结合物。为了检验卢瑟福的这个假说，卡文迪许实验室从 1921 年开始进行这项实验工作。1930 年，德国物理学家博特和贝克尔运用刚发明不久的盖革 - 米勒计数器，发现金属铍在 α 粒子轰击下，产生一种贯穿性很强的辐射，当时他们认为这是一种高能量的硬 γ 射线。1932 年，约里奥 - 居里夫妇重复了这一实验，他们的实验条件很好，有强大的 α 射线源，很容易就得到了与博特相同的结果。为了测量物质对铍辐射的吸收，他们把各种物质放在铍板与测量仪之间，意外地发现，当把石蜡放在铍辐射经过的路径上时，辐射测量仪器记录到的粒子数不仅没有减少，反而比不放石蜡时多得多。经过鉴定，他们发现从石蜡中打出的是质子。约里奥 - 居里夫妇已经离伟大的发现很近了，但是他们把这种现象解释为 γ 射线的康普顿效应。1832 年 1 月 18 日，他们发表了这一成果。

查德威克看到了他们的论文，把这一情况报告给了卢瑟福，卢瑟福听后很兴奋，但他不同意约里奥 - 居里夫妇的解释。查德威克很快重做了实验，用 α 粒子轰击铍，再用铍产生的射线轰击氢、氮原子，结果打出了氢核和氮核。由此，他断定这种射线不可能是 γ 射线，因为 γ 射线不具备从原子中打出质子所需要的动量。他认为，只有假定从铍中放出的射线是一种质量跟质子差不多的中性粒子才能解释上述现象。他用仪器测量了被打出的氢核和氮核的速度，并由此推算出了这种新粒子的质量。查德威克还用别的物质进行实验，得出的结果都是这种未知粒子的质量与氢核的质量差不多。由于这种粒子不带电，所以被命名为中子。后来更精确的实验测出，中子的质量非常接近于质子的质量，只比质子质量大约千分之一。查德威克将他的研究成果写成论文《中子的存在》，发表在英国皇家学会的学报上。查德威克从重复约里奥－居里夫妇的实验到发现中子，前后不到一个月。这离不开前人的工作为他打下了基础，最主要的还是他能打破常规，有大胆的创新精神，敢于破除传统思想的束缚。而约里奥－居里夫妇虽然已经遇到了中子，但没有做出正确的解释，与中子失之交臂，错过了发现中子的机会。

查德威克比起约里奥－居里夫妇是幸运的。虽然中子并不像卢瑟福设想的那样是质子和电子的复合粒子，但查德威克毕竟事先知晓了卢瑟福的关于中子的预言，有了这个思想准备。

据说卢瑟福坚持认为发现中子的诺贝尔奖应该颁发给当之无愧的查德威克。有些人向卢瑟福提出约里奥－居里夫妇曾经做了主要贡献，卢瑟福的回答是："关于中子，就奖给查德威克一个人吧。约里奥－居里夫妇这么聪明，不久就会因别的事物得奖的。"实际上，约里奥－居里夫妇在重核裂变的研究中还错过了一次科学发现的机会。经过连续两次的失误，约里奥－居里夫妇并没有灰心丧气，他们总结了经验教训，后来因发现人工放射性，获得了1935年的诺贝尔化学奖。可见一次机会错过了，还会有新的机会，在科学发现的道路上，一次又一次的偶然事件为科学的必然向前发展开辟了道路。

在科学史教学中持必然性与偶然性的辩证统一关系的观念，对学生的教育是很有益的，这使我们看到了在科学研究中的时代、文化、个人勤奋以及机遇等诸多方面的丰富多彩的内容，对学生有深刻的启示作用。

二、科学思想与哲学观

科学史教学的主要目的不是给物理教学增添趣味，不是为了听一些名人轶事，科学史的教学之所以被认为是物理教学的组成部分，是因为通过这部分的教学能使学生领会科学家的科学思想和哲学观、研究精神和思维方式。

科学家的科学思想与哲学观的关系是比较密切的。这两者中，是哲学观引领科学思想还是科学思想影响哲学观呢？实际上是兼而有之的。有的科学家的哲学观鲜明而强烈，在科学研究过程中，其哲学观对科学研究的思路和进程产生相当大的作用；有的科学家的科学思想很丰富，在研究过程中提炼了哲学思想；也有的科学家的科学思想和哲学观交织在一起，相得益彰。

伽利略是一位科学思想与哲学观交织在一起的科学家。他的科学研究有着哲学的底蕴，哲学思想也有着科学的支撑，他的科学思想简直就是哲学思想。

伽利略既有跟亚里士多德相同的哲学观，比如“天然圆运动”，也有着不同于亚里士多德的思想，比如“自然之书由数学写成”“科学规律应由实验来证明”。伴随伽利略整个科学生涯的科学研究的就是哲学思维。他的惯性研究成果就是天然的圆运动，他用实验来否定亚里士多德的落体理论。虽然伽利略是一位实验大师，但他无时无刻不在用哲学思辨。他批判亚里士多德落体理论的时候用了著名的重物绑住轻物的悖论进行论辩，论述相对性原理时用了一个著名的大船舱的描述，在描述惯性运动时用了小球从光滑的斜面滑下又滑上等高的坡面，开了思想实验的先河。尤其在测光速的实验上，伽利略表现出科学与哲学交织的思想。当时对于光速是否有限，存在着不同的观点，伽利略设计方案试图以实验来证明光速有限,反映了他的科学思想。但是根据伽利略当时的实验条件，是得不到光速有限这一结论的，反而支持光速是无穷大的结论。面对这个实验结果，伽利略仍然认为光速是有限的，因为任何物体的速度总是有限的，这时候他坚持了作为一个哲学家的立场。

开普勒关于行星的研究思路跟一般科学家的研究思路大相径庭，有着浓厚的哲学倾向。他相信宇宙是和谐的，并以这样的观念引领着他的研究。开普勒平生爱好数学，他也和古希腊学者们一样，十分重视数的作用，总想在自然界寻找数量的规律性。他相信，上帝的规则是几何学，以几何学来表现自己，以几何形式建立这个和谐的世界。在这种美学思想的引导下，他提出了一种关于行星轨道的假说：若土星的轨道在一个正方体的外接球面上，则木星轨道便在该正方体的内切球面上；在木星轨道球面内接一个正四面体，则该正四面体的内切球面便是火星的轨道；

再在火星的轨道球面内接一个正十二面体，其内切球面便是地球的轨道……通过反复的演练和运算，开普勒发现，6 颗行星（当时人们仅发现 6 颗行星，包括地球）的轨道正好可以用仅有的 5 种正多面体内外的 6 个球面来描绘。开普勒相信自己看到了上帝的秘密——数学的和谐。虽然后来他用第谷的更为精确的观测资料重新计算时，发现这个理论有很大的误差，但他关于科学美的信念并未动摇，他确信宇宙必定是和谐的，观测和理论之间的不一致，是因为关于天体运动的某种数学上的和谐尚未被发现。正是这种美学上的信仰，鼓舞着他研究行星运动的规律。开普勒将对音乐的超凡感受力融进了他的天文学研究中，并以音乐的和谐来表现一切基本事物的和谐。他运用第谷的观测资料建立了行星运动的第一、第二定律以后，并未就此止步。他认为单个行星的和谐是单个旋律中音符之间的和谐，不同行星间的和谐应该像交响乐一样存在多个旋律之间的和谐。开普勒沉浸于用音调的和谐来寻找行星运动的和谐（如图 7–20 所示）。在寻求和谐比例的过程中，开普勒发现了行星运动的第三定律：任何两个行星的周期之比恰好等于平均距离即天球距离之比的 $\frac{3}{2}$ 次方。这是一条简洁迷人的定律，它揭示了行星到太阳的距离同其公转周期的内在联系。开普勒欣喜若狂，他一鼓作气，利用第三定律继续计算行星运动的速度、偏心率、平均距离等参数，并把这些参数纳入一个完美的用乐曲“谱写”的天体音乐体系。1619 年开普勒的《世界的和谐》出版，其中的音阶，各种和谐、大调和小调，都在行星的视运动中表现出来。开普勒用哲学观引领着他的科学研究。

图 7–20

康德是一位天文学家，更是一位哲学家，他对太阳系的研究有着鲜明的辩证思维的哲学观。牛顿总结了前人的成就，建立了力学的三大定律和万有引力定律，并根据这些定律和严密的数学推导，把行星绕日的椭圆运动、神秘彗星的运动、月亮和其他行星的卫星的运动及苹果落地的运动都统一到他的力学体系中，最终建立起一个由力统治一切的科学理论。牛顿的宇宙理论是一个自洽的理论，但是对于行星是怎样运动起来的问题，牛顿不得不借助于上帝的第一次推动。

康德对牛顿引入的第一推动说进行了批判。在说明太阳系是怎样形成时，康德认为，根据辩证的原则，物体之间有引力，也会有斥力，引力与斥力这一对矛盾，使得原始星云的物质既在引力作用下逐步凝聚，又因斥力作用而不发生正碰，于是便产生了旋转。这样就解释了行星的公转运动的初速度问题。在科学上，万有斥力是不存在的，后来拉普拉斯用角动量守恒对星系的形成进行了更深入的分析。康德提出了太阳系形成的星云假说，认为太阳系并不是从来如此，而是有一个演化的过程。恩格斯对星云假说给予高度的评价，赞扬康德在“僵化的自然观上打开第一个缺口”，认为“在康德的发现中包含着一切继续进步的起点。如果地球是某种逐渐生成的东西，那么它现在的地质的、地理的、气候的状况，它的植物和动物，也一定是某种逐渐生成的东西，它一定不仅有空间中互相邻近的历史，而且还有在时间上前后相继的历史”。

玻尔是一位伟大的物理学家，更是一位伟大的哲学家。他的哲学观跟伽利略不同，不是一开始就在与科学思想的交错中并行，也不像开普勒有着执着的哲学信念而开始研究科学，更不像康德以哲学辩证法为出发点而提出星云假说。玻尔的哲学观是由他的科学研究生发出来的。

玻尔的互补性原理来自他对于物质的波粒二象性的思考。电子的行为既可用薛定谔的波动力学描述，也可用海森伯的矩阵力学描述，但是这两种理论都没有回答电子到底是粒子还是波。玻尔认为矩阵力学或波动力学都仅仅是一种数学工具而已，对于像电子这样的微观粒子，人们要从一个更深刻的哲学层次上来认识它们的行为。基于既有的实验事实，玻尔要把粒子和波两个概念纳入对原子过程的诠释中来，这就是玻尔提出互补原理的前奏。玻尔在对互补性的思考中，特别看重中国的道教，认为道教的思想跟微观世界非常合拍。他特别选择了道教的阴阳符号（如图 7-21 所示）作为自己家族的纹饰，他说：“古老中国的阴与阳和谐地嵌入同一个圆中，一黑一白相互缠绕，在两个相反的元素中，阴与阳互补，彼此形成整个世界。而在一阴一阳的黑白两个元素中，又各自包含对方的一个符号——圆点，体现了彼此的包容性。”玻尔认为，波粒二象性在互补性原理的框架下，才能得到完整而准确的解释，海森伯的测不准关系与他的互补原理是统一的。

图 7-21

互补原理并不仅仅局限于量子力学，玻尔还把它推广到其他学科，甚至是人类文化、艺术和社会关系中去。玻尔认为：“包含在原子物理学发展中的认识论教益，使我们想到远远超出物理科学的经验描述和理解方面也有同样的情况，而且这种教益也使我们可以找到一些共同特点以促进知识统一的研究。”玻尔的互补原理搭起了一座从现代物理学通向辩证法的桥梁，互补原理虽然是从物理学中概括出来的方法论原理，但它启发人们从新的角度来认识客体，具有认识论的意义。

互补原理既然可以应用到人类文化、艺术和社会关系的研究中，当然更可以用到高中物理教学的研究中，它可以使我们对教学的认识更深刻。在上一节提到的实验教学中，我们讲到平抛实验设计，在最后的一种设计中，小球从水平轨道平抛而下，通过了所有的卡片孔落地。有一个值得思考的问题：卡片的孔径如果做得很大，那么小球就能毫无阻拦地平抛到地，但这样一来实验的准确性就不够了。要准确地测量小球的平抛运动，卡片的孔径就要做得小些，在小球能不受阻挡地落地的过程中，孔径越小越好（略大于小球），因为孔径越小，小球经过的位置就越准确。但是也不能太小了，因为如果孔径过小，小球跟孔的边缘就会发生小小的擦碰，小球的运动路径就不准确了。当你越是想要把位置测量准确了，每个卡片的孔做得越小，那么小球的运动很可能就越不准确了。

伏安法测电阻中也存在互补原理。由于电压表和电流表内阻的影响，我们无法同时测得电阻两端的电压和流过电阻的电流。实验时，测量电路如图 7-22 所示，左图是电流表外接，右图是电流表内接。显然，按照左图的电路，测得的电压是准确的，但是测得的电流是不准确的，因为其中包括了通过电压表的电

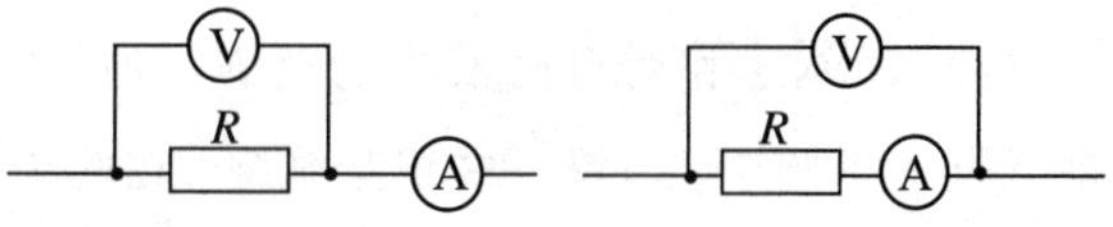

图 7-22

流。同理，右图测得的电流是准确的，而电压测量是不准确的。如果想让电压和电流的测量都准确，就只能在测电流的时候不接电压表，测电压的时候不接电流表，但是这样测得的电压和电流是不同一的，用这样的一组测量值来求电阻的阻值，就违反了同一性原理，所以用伏安法测电阻的两种电路是互补的。

我们看到玻尔的思想是从量子力学的思考中来的，当它上升到哲学层次的时候，测不准关系和互补原理便超出了量子物理学的范畴。可见，通过科学史教学可以使学生领会丰富多彩史料的真谛以及科学大师的智慧。

第四节　习题的教学

习题教学是中学物理教学的一个重要环节。学生对于物理基本概念、规律的理解和掌握，是要通过习题教学来落实的。习题教学主要从两个方面进行：一方面是解题思想和常用方法的培养，另一方面是具体的解题训练的指导。

在解题思想和常用方法的教学上，教师应把主要精力放在物理建模与科学方法的传授上，其中物理建模是解题的首要环节。

例 1：研究由漏斗落下的细沙形成沙堆的形状，发现由漏斗落下的细沙会在地面上形成一个小圆锥体（如图 7–23）。开始的时候，沙堆会逐渐隆起，坡度变陡。当圆锥体的母线与底面夹角达到一定角度时，漏斗落下来的细沙沿着圆锥体表面下滑，使圆锥体一面升高，一面底面积变大，而母线与底面夹角保持不变。若沙粒之间的动摩擦因数为 μ（假定最大静摩擦力等于滑动摩擦力），求沙堆圆锥体的母线与底面的夹角。

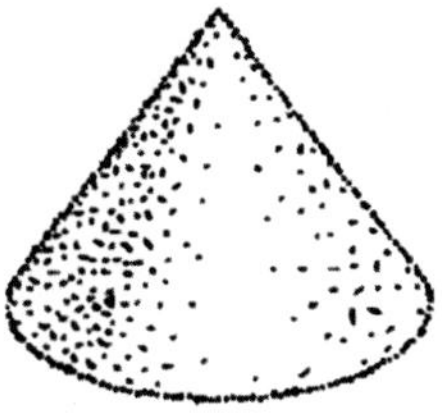
图 7–23

分析：沙堆由一粒粒的细沙堆积而成，因此要研究整个沙堆，可以从研究单个沙粒着手。我们以锥体表面的某一沙粒为例，既然母线与底面夹角保持不变，说明此时沙粒恰好处于平衡状态，简化为模型就是小物体恰好在斜面上处于静止状态，如图 7–24 所示。

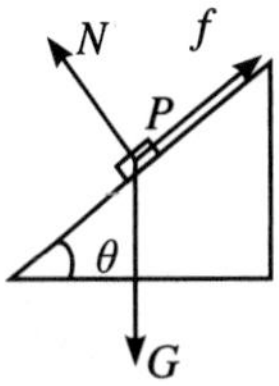

图 7–24

本题所给的情境是很有教益的。沙堆无论大小，堆成的圆锥体都是相似的，这不是巧合，而是有一定的物理规律制约着沙堆的形状。沙场的工人可能对之不感到奇怪，但不一定知其所以然，当学生学了物理相关知识之后，就可以分析其中的道理了。

例 2：如图 7–25 所示，电阻 $R_1=R_2=1\ \text{k}\Omega$，电动势 $E=6$ V，两个相同的二极管 D 串联在

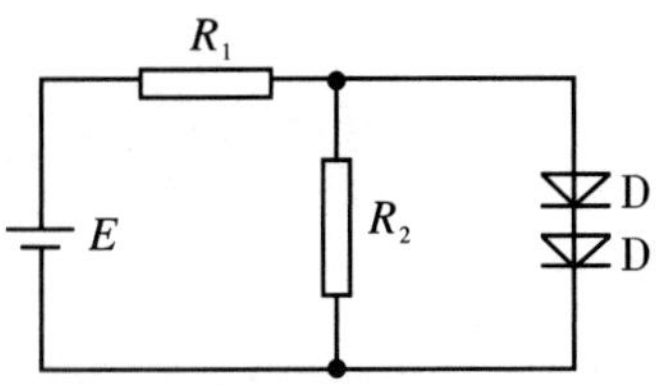

图 7–25

电路中，二极管 D 的伏安特性曲线 I_D-U_D 如图 7-26 所示。试求：(1) 通过二极管 D 的电流；(2) 电阻 R_1 消耗的功率。

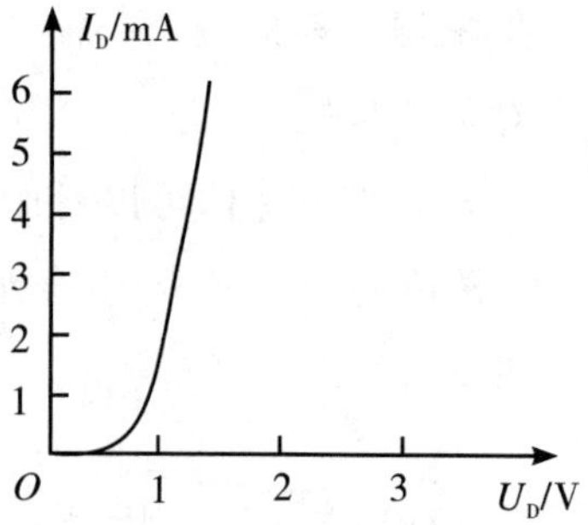

图 7-26

分析：本题的难点是二极管是非线性元件，通过二极管的电流与二极管两端的电压之间没有确定的函数表达式，但题干给出了图像关系，通过二极管的电流与电压一定对应图像中的某个点。电路中 R_1 和 R_2 是线性元件，可以定量描述电流与电压的关系。

设二极管 D 两端的电压为 U_D，流过二极管的电流为 I_D。根据电路结构可知，I_D、U_D 须满足如下关系：

$$2U_D = E-\left(I_D+\frac{2U_D}{R_2}\right)R_1,$$

代入数据解得 U_D 与 I_D 的关系为 $U_D=1.5-0.25I_D\times10^3$。

这是一个线性的函数关系，可以在图像中体现出来。显然，通过二极管的电流 I_D 与二极管两端的电压 U_D 为两条图线的交点 P，如图 7-27 所示。

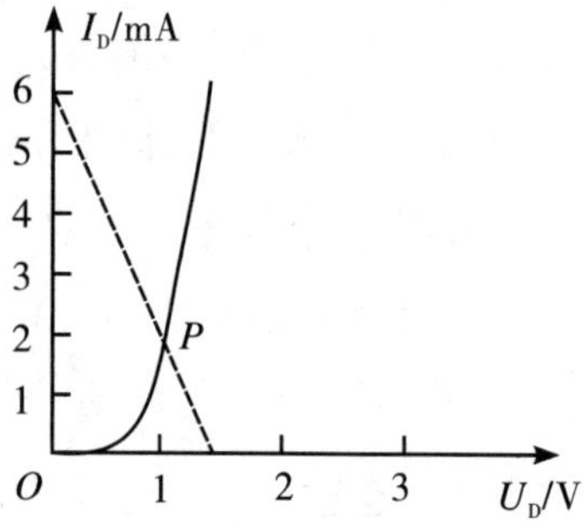

图 7-27

在实际电路中，二极管两端的电压与流过二极管的电流不仅与二极管有关，还与电源和电阻 R_1、R_2 有关，电源和电阻 R_1、R_2 也制约着二极管两端的电压与流过二极管的电流，利用这个制约，加上图像即可求解。在这里，我们看到了事物间的相互联系和制约，自然万物无不处在这种相互联系与制约当中。

例 3：如图 7-28 所示，有一个均匀带电球体，球心为 O，半径为 R，电荷体密度为 ρ，球内有一个球形的空腔，其球心为 O'，半径为 R'，OO' 的距离为 a。求 O' 处的场强 E'。

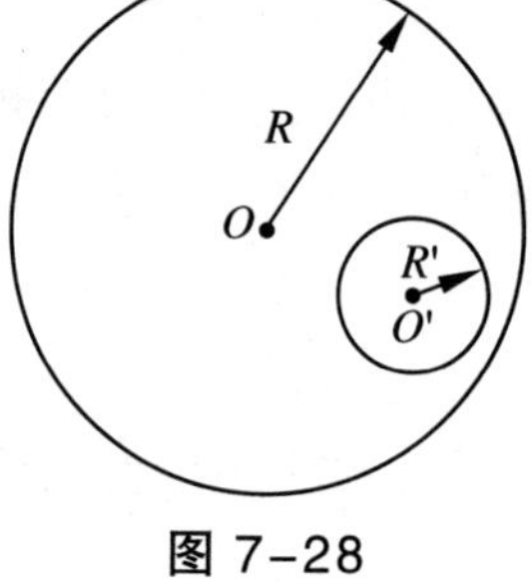

图 7-28

分析：空间某处的电场是由场源电荷激发的，

如果根据一般的方法，需要进行复杂的微积分运算，但本题中隐藏着一个对称性结构。

含腔带电球体可以看成是由一个完整的大球 O_1 和一个电荷体密度为 ρ 的异种电荷小球 O_2 组合而成的，其中球 O_1 对 O' 处的场强贡献由对称性可知：

$$E_1 = k\frac{\rho\frac{4}{3}\pi a^3}{a^2} = \frac{4}{3}k\pi\rho a，$$

由对称性也可知球 O_2 在 O' 处的场强为零，所以在 O' 处的场强 E' 的大小为 $\frac{4}{3}k\pi\rho a$，若原来球体带正电，则方向沿 O 球的半径向外，若原来球体带负电荷，则方向沿 O 球的半径向内。

在习题教学中给学生传授的科学方法主要有对称方法、微元法、等效方法等，此外，还应给学生传授相应的数学运算技巧。运用对称方法可以避免繁复的数学运算。

例 4：如图 7-29 所示，在质量为 M 的中心天体的引力场中一质量为 m 的物体由 A_1(距中心 M 距离为 r_1)运动到 A_n(距中心 M 距离为 r_n)，求引力对物体做的功。

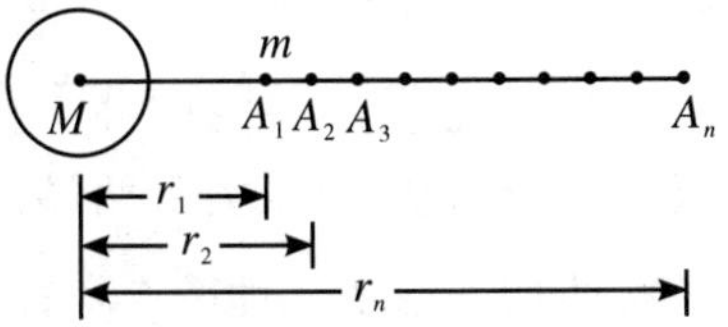

图 7-29

分析：物体由 A_1 经 A_2、A_3 等运动到 A_n（距中心 M 距离为 r_n），这些相邻点之间的距离很小，M 对物体的引力做负功，其大小是

$$W = F_1 \cdot A_1A_2 + F_2 \cdot A_2A_3 + \cdots + F_{n-1} \cdot A_{n-1}A_n$$

$$= \frac{GMm}{r_1^2}(r_2 - r_1) + \frac{GMm}{r_2^2}(r_3 - r_2) + \cdots + \frac{GMm}{r_{n-1}^2}(r_n - r_{n-1})$$

$$= GMm\left(\frac{r_2 - r_1}{r_1^2} + \frac{r_3 - r_2}{r_2^2} + \cdots + \frac{r_n - r_{n-1}}{r_{n-1}^2}\right)$$

由于 A_1 到 A_n 中间的点取得很密，因此 $r_1^2 = r_1r_2$，$r_2^2 = r_2r_3$，…，$r_{n-1}^2 = r_{n-1}r_n$，则

$$W = GMm\left(\frac{1}{r_1} - \frac{1}{r_2} + \frac{1}{r_2} - \frac{1}{r_3} + \cdots + \frac{1}{r_{n-1}} - \frac{1}{r_n}\right)$$

$$= GMm\left(\frac{1}{r_1} - \frac{1}{r_n}\right),$$

如把物体从 A_1 运送到无限远，即 $A_n=\infty$ ，引力做负功的大小为 $W=GMm\frac{1}{r_1}$ ，可见，令无限远处为零势能点，物体在 A_1 处的势能是 $E_P=-\frac{GMm}{r_1}$ 。

这里每个小段质点的受力既是变化的，又是不变的，所以这里描述的每个元过程中力所做的功既是变化的，又是不变的。

特别要提醒大家注意 $\frac{r_2-r_1}{r_1^2}=\frac{1}{r_1}-\frac{1}{r_2}$ 的推演过程。对于分母，认为 $r_1^2=r_1r_2$ ，把 r_1 与 r_2 看成是相等的，即 $r_2-r_1=0$ ；而在分子中的 r_1 与 r_2 是不相等的，即 $r_2-r_1\neq 0$ 。微元法的运用过程中充满了辩证思维。

科学思想和物理方法的运用都要落实到具体的解题训练指导中。解题的主要环节是审题、解题和解的检验，在这三个环节中要做到生动具体、因题而异。有的习题的关键在审题上，也有的习题的关键在推演或运算上，教师应该指导每个学生在习题训练的过程中不断总结经验和吸取教训。这里我们又一次提出，在经验教训的总结积累中要有哲学的高度，如果不进行哲学上的概括，其经验是狭隘的，其教训是不深刻的。

一、看清解题的方向

拿到一道习题，首先是审题。审题要审什么？我们会对学生说，审题要仔细，要注意关键词，要注意不遗漏信息。这些叮嘱都是正确的，但是，审题的任务是什么？通过审题我们要解决的是解题的方向。

我们先来看一个例子。

例 5：从地面上以第一宇宙速度竖直向上发射一个无动力飞行器（看作质点），最后落在发射点附近。请问该飞行器从发射到落地经历了多长时间？（不考虑地面空气阻力对运动的影响）

飞行器以第一宇宙速度向上发射又落回地面，直观思考飞行器直上直下，其轨道是直线，如果以竖直上抛又自由落下来思考，就无从着手，因为在此过程中飞行器所受重力加速度是变化的，不是做匀变速运动。如果把这个飞行器的运动看成是以地心为一个焦点的椭圆轨道，那么这个椭圆极扁，即两个焦点之间的距离近似等于椭圆的长轴。飞行器运动过程中只有引力做功，根据机械能守恒，找出该椭圆轨道的半长轴，设飞行器上升到最高点离地心为 r，由于椭圆极扁，飞行器在最高点的速度可视为 0。由开普勒第二定律可知，飞行器在空中的运动时间跟焦点与飞行器的连线扫过的面积成正比。如图 7–30 所示。

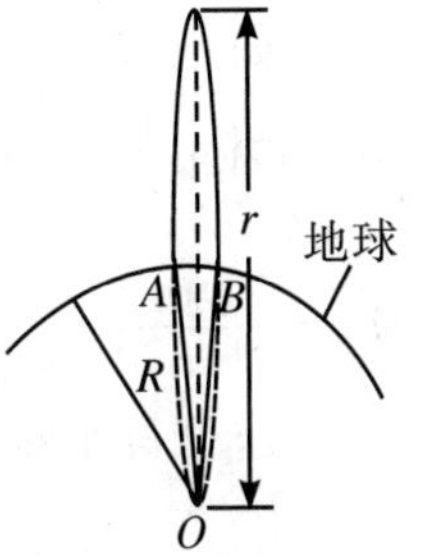

图 7–30

在本题中，用极限的思想把直线看作曲线，化新情境为旧模型，这才是找到了解题的方向。在这里，曲与直，新与旧，都是相通的。

我们再来看下面两个例子。

例 6：如图 7–31 所示，一根长为 l 的轻质细杆可绕其转轴在竖直平面内无摩擦转动。现在杆的两端各固定一个质量分别为 m、M（$M>m$）的小球，使两球从等高的位置静止释放，当杆转到竖直位置的时候，求两球的加速度。（已知两球距转轴的距离为 3∶5）

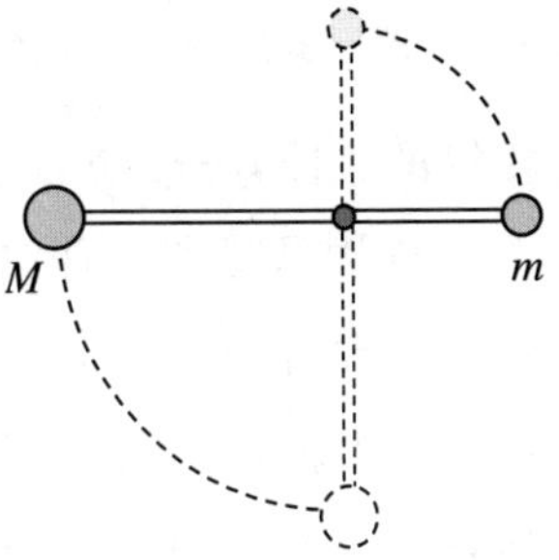

图 7–31

例 7：如图 7–32 所示，一条半径 $R=10$ m 的光滑圆弧轨道 AB 与一条光滑水平轨道相切连接。一个小球从高出水平轨道 $h=3.2$ cm 的 A 处静止释放，求小球从 A 处滑到距离 B 处 2 m 远的 C 处所用的时间。

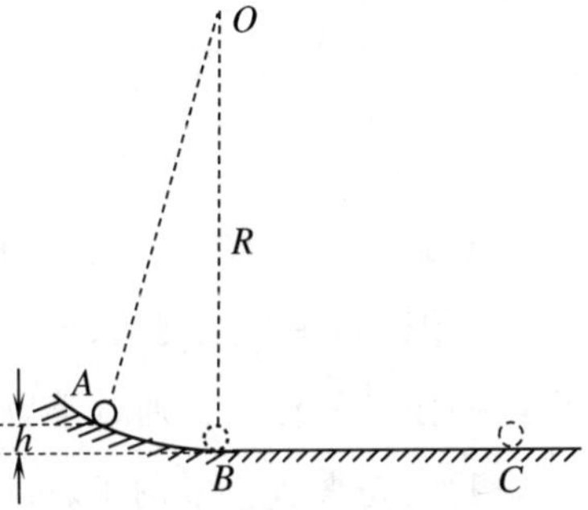

图 7–32

这两个例子都有一个圆弧，物体都经过一段圆周运动。例 6 中的圆周运动，由于杆是刚体，两个小球的瞬时角速度都相等，这就制约了它们的瞬时速度的关系。例 6 是求小球的加速度，如果审题时看清了这是一个机械能守恒的过程，可以通过机械能守恒来求物体的速度，进而通过圆周运动来求加速度，那么就看清了解题的方向。例 7 中也有一个机械能守恒的过程，但例 7 中的圆弧是考查圆周运动吗？不是，因为从圆周运动的角度无法求出小球运动的时间。在例 7 中，把小球在 AB 段的圆周运动看作是一个近似的单摆运动，那么就看清了这道题的解题方向，就可以从简谐运动的周期公式上去琢磨了。

审题过程实际上是一个透过现象看本质的过程，把干扰的迷雾除去，揭露出其本质，那么就把握了解题的正确方向。方向正确了，建模这一步解决了，接着就是运算的问题了。

下面再来看一个电学的例子。

例 8： 如图 7-33 所示电路，$R_1=R_2=R_3=6\ \text{k}\Omega$，$R_4=3\ \text{k}\Omega$，$E$=18 V，电源内阻不计。$CD$ 两点之间的电压多大？在 CD 两点之间接入一个阻值为 0.2 Ω 的电阻器 R_5，求流过 R_5 的电流强度。

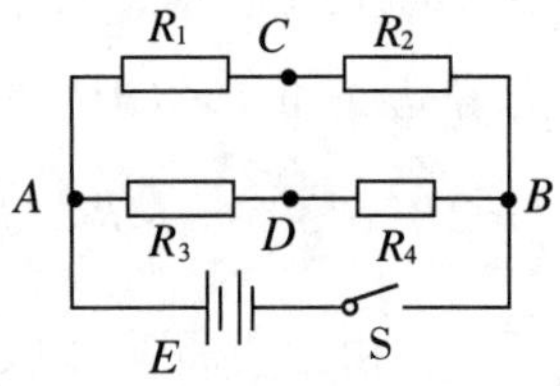

图 7-33

本题第一问的解题方向已经十分清楚了，由串联电路的分压关系，不难求得 CD 两点的电势差 U_{CD}=3 V。有难度的是接下来的第二问，它是要求我们用欧姆定律求电流吗？如果看不到接入 R_5 以后原电路已经发生了变化，那么还是没有完成审题环节。把 R_5 接入，U_{CD} 已经发生变化，已经不是 3 V。一般情况下这种桥式电路已经不是简单电路，难以运用串并联公式进行运算。在本题的条件下，由于 R_5 比其他电阻小得多，电路可以简化为图 7-34 所示电路，然后可求得通过 CD 的电流。透过现象看本质，本题考查的是电路变换，这才是清晰的解题方向。

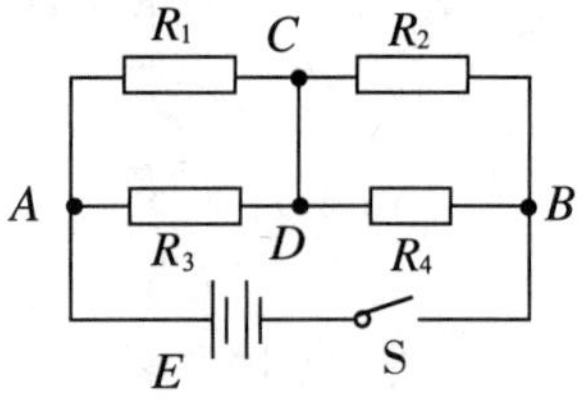

图 7-34

二、明晰解题途径

在看清了解题的方向以后，还要把习题解出来。一般来说，解答物理习题要进行逻辑推演和数学运算。请看下例。

例 9： 如图 7-35 所示，质量为 M，半径为 R 的铁环，放在光滑水平面上，在铁环内另有质量为 m 的小铁球，以初速 v_0 从 O' 出发，射向铁环内侧。已知 $OO'=\frac{R}{2}$，则经过多少时间小球将与铁环发生第 N 次弹性碰撞？

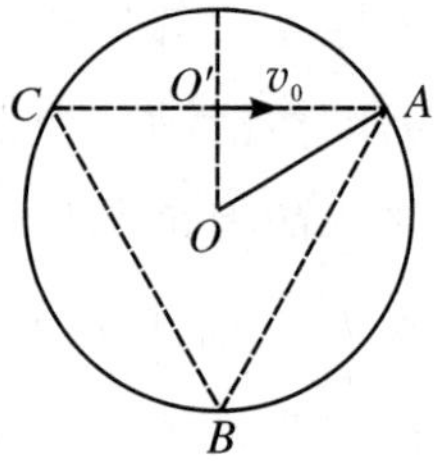

图 7-35

本题的解题方向是清楚的，要求时间，只有一条路——通过运动学来计算。粗看这个碰撞问题很复杂，站在大地上来看铁环和小铁球的运动轨迹会眼花缭乱，但是如果我们选定铁环为参照系，描述就简单了。

弹性碰撞中，碰撞前后两物体的相对速度大小相等，方向遵守光的反射定律，即反射角等于入射角。以铁环为参照系，小球碰后将沿 AB 方向运动，在 B、C 点碰撞情况与 A 处类似，因此小球将在一个等边三角形 ABC 的三边上以初速度 v_0 运动。设三角形的边长为 l，$l=2R\cos 30°=\sqrt{3}R$。从出发开始，经过 $t_1=\dfrac{l}{2v_0}$ 时间在 A 处与环第 1 次相碰，由此可得第 2 次、第 3 次、…、第 N 次碰撞的时间为

$$t_2=t_1+\frac{l}{v_0}=\frac{\sqrt{3}R}{2v_0}+\frac{\sqrt{3}R}{v_0}=\frac{3\sqrt{3}R}{2v_0},$$

$$t_3=t_2+\frac{l}{v_0}=\frac{3\sqrt{3}R}{2v_0}+\frac{\sqrt{3}R}{v_0}=\frac{5\sqrt{3}R}{2v_0},$$

…

$$t_N=\frac{\sqrt{3}R}{2v_0}(2N-1)。$$

所以经过 $\dfrac{\sqrt{3}R}{2v_0}(2N-1)$，小球将与铁环发生第 N 次弹性碰撞。

要得出上述解答，需要学生有一个清晰的概念：对于牛顿定律，要求用惯性参考系；对于运动学运算，则没有惯性系的限制。明确了这一点，本题的解题途径的选择就简单了，题目给的条件是铁球的速度和铁环的半径，又是匀速运动，可以说解该题用到的是线性思维，比较简单。但是有一些习题的解题途径就需要分析判断，下面两个例子也是求时间的习题，就相对较难了。

例 10：在一个横截面积为 S 的密闭容器中，有一个质量为 m 的活塞把容器中的气体分成两部分，活塞可在容器中无摩擦滑动。当活塞处于平衡时，活塞两边的气体的温度相同，压强都是 p，体积分别为 V_1 和 V_2，如图 7-36 所示。现使活塞稍微偏离平衡位置，然后放开，活塞在两边气体的压力作

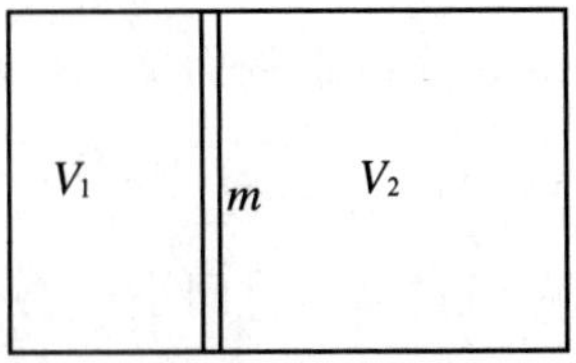

图 7-36

用下来回运动，整个系统看作恒温，求活塞运动的周期。

本题要求时间，那么能求得位移和速度吗？不能。本题的时间是周期，这就提示我们，活塞的运动可能是简谐运动。看来首先证明活塞运动是简谐运动才是解本题的途径。

例 11：某行星环绕一个体积很小的恒星以速率 v 做匀速圆周运动，周期为 T。现在这个行星上以相对于行星速率 v 向行星运动的反方向抛出一个小物体，求小物体落到恒星的时间。

把例 10 和本题进行比较，可以看出前者求周期，具有强烈的提示性，而后者则不然。小物体被抛出时，其相对于恒星的速度为零，它的运动就是从静止开始落向恒星的运动。如果我们思考的是以类似于自由落体的运动进行计算的话，那就是还没有看清本题的方向，还没有找到正确的解题路径。如果能像解例 5 那样有所领悟的话，问题的本质就清晰了。本题中的小物体的下落是加速度变化的变速下降运动，只有把小物体运动轨迹看作是极扁的椭圆轨道（如图 7–37 所示），才是找到了方向。要计算周期，条件尚不足，只有想到利用开普勒第三定律，把小物体降落的极扁的椭圆轨道运动周期与行星本身绕恒星运动周期进行比较，才是明确了本题的解题途径。

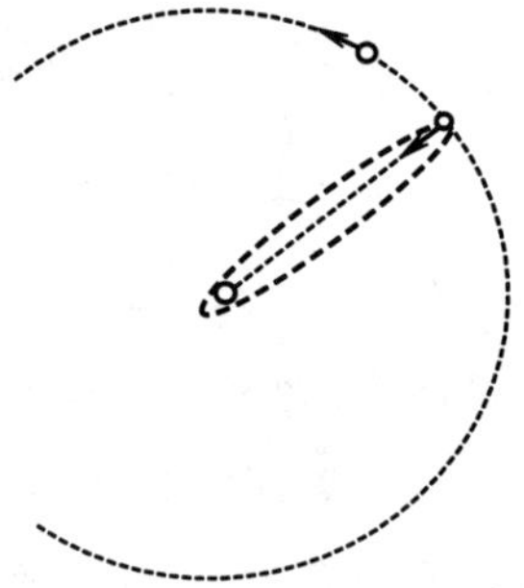

图 7–37

有的习题解答时需要较高的数学运算能力，当它超出了我们的知识结构时，需要通过别的方法来绕过数学这个坎，比如用理想化方法、对称方法、等效方法进行处理，这样做的时候往往借助于哲学智慧。

例 12：半径为 R 的均匀带电球壳，带电量为 $+Q$，在球壳上挖一个无限小的孔 A（电荷为 Δq），问：在这个孔的位置场强为多大？

如图 7–38 所示，由对称性可知，其场强方向是向右的，这是有孔球面电荷在 A 点形成的场强。但是计算要用到高等数学的积分，我们可以借助对称方法避开复杂计算。

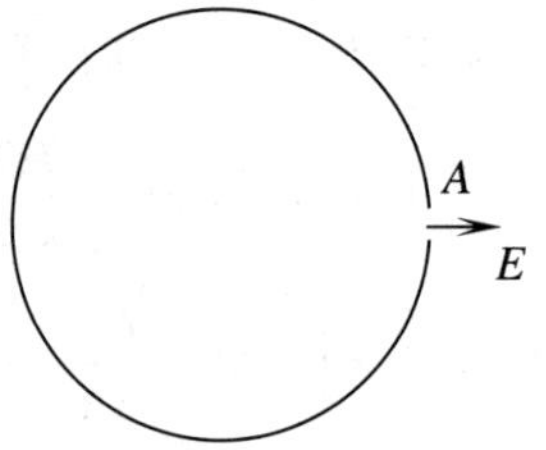

图 7–38

如果我们补上这个 Δq，则仍然是完整的球面，那么在 A 的左侧近旁的 B（即球面内）与

A 的右侧近旁的 C（即球面外）的场强我们是知道的，它们分别是 0 和 $\frac{kQ}{R^2}$，而这两点的场强是 Δq 产生的场强与有孔球面产生的场强 E 的叠加。设 Δq 产生的场强大小为 E_1，在球内 B 点，E_1 与 E 反向，则 $E-E_1=0$，在球面外 C 点，E_1 与 E 同向，则 $E+E_1=\frac{kQ}{R^2}$，得 $E=E_1=\frac{kQ}{2R^2}$。

我们看到，当球面均匀带电时，在球面内场强为零，球面外场强随距球心距离成平方反比减弱，在球面发生质变。球面上场强无意义，或者看成导体内部静电平衡 $E=0$。

例 13： 例 12 中，球面上 Δq 受到其他电荷对它的作用力多大？

由于挖去 Δq，此处场强是有意义的，$E=\frac{kQ}{2R^2}$，则 Δq 受力为 $F=\Delta q\frac{kQ}{2R^2}$。设挖去的面积是 ΔS，则 $F=\frac{Q}{4\pi R^2}\Delta S\frac{kQ}{2R^2}=\frac{kQ^2}{8\pi R^4}\Delta S$。

例 14： 有一个半径为 R 的金属球，让其带上电量为 Q 的正电荷。这个球可视为由完全相同的左、右两个半球组成，求这两个半球之间的静电斥力大小。

本题考查的方向是明确的，但运算是个问题，要求右半球的每一个微元电荷对左半球每一个微元电荷的库仑斥力，要用到重积分，所以此路不通。

换一条路径，从场强和电场力的角度去思考。在球面上任意挖出一块面积为 ΔS 的微元电荷后此处的场强为 $E=\frac{kQ}{2R^2}$，把挖出来的微元电荷放回去，它受的力是 $\Delta F=\frac{kQ^2}{8\pi R^4}\Delta S$（例 13 已证明），所以现在的问题变为求右半球的所有微元的受力 ΔF 的矢量和。

现在又涉及选择解题途径的问题了。如果学生的数学能力较强，可以选择简单的积分方法。如图 7-39 所示，取一个圆环带微元，其面积为 $\mathrm{d}S=2\pi R\cos\theta\cdot R\cdot\mathrm{d}\theta$，则这个圆环带所受的合力为 $\mathrm{d}F=\frac{kQ^2}{8\pi R^4}\mathrm{d}S\sin\theta=\frac{kQ^2}{8R^2}\sin 2\theta\mathrm{d}\theta$，再把 $\mathrm{d}F$ 进行积分 $F=\int_0^{\frac{\pi}{2}}\mathrm{d}F=\frac{kQ^2}{8R^2}$。

图 7-39

如果学生对简单的积分方法掌握得不够好，或者没有把握，那么可以选择另一条路径。在取微元之后要求 $\Delta F=\dfrac{kQ^2}{8\pi R^4}\Delta S$ 的向右分量 $\Delta F\sin\theta$，这里把 ΔF 的向右分量变换成 ΔS 的投影面积，这样合成力的时候，力不变而面积投影为 πR^2，也同样可以得到 $F=\dfrac{kQ^2}{8R^2}$。

如果学生对微元法掌握得不扎实，还可以选择等效类比的途径。由 $\Delta F=\dfrac{kQ^2}{8\pi R^4}\Delta S$ 可得压强 $p=\dfrac{\Delta F}{\Delta S}=\dfrac{kQ^2}{8\pi R^4}$，静电力产生的压强垂直球体表面且处处相等，类比到在空气中放一个半球体，它是平衡的，作用在半球面上的大气压力等于作用在球截面上的大气压力，则 $F=p\pi R^2=\dfrac{kQ^2}{8R^2}$。

从上面的分析可以看出，对于解题运算途径的选择是基于对习题的分析和对自身能力的评估来综合进行的。一般说来，要避免繁复的数学运算，采取对称思路是比较常用的，特别的情况下可以用类比推理的途径。

类比推理是指由一种物理现象想到另一种物理现象，并对两种现象进行比较，由已知物理现象的规律推出另一种物理现象的规律的一种方法。类比推理是根据两个对象之间在某些方面相似或相同而推出它们在其他方面也可能相似或相同的一种逻辑思维。在解物理题时，我们可以利用类比法抽象物理模型和确定隐含条件，也可以利用类比启发思路、触类旁通，应用类比法将学过的旧知识迁移到新情境中去，问题往往就容易解决了。

例 15：如图 7-40 所示，在竖直平面 xOy 内，让一颗小珠子从 O 点沿光滑的曲线运动到 A 点。试证明当曲线的形状满足方程 $\begin{cases}x=R(\theta-\sin\theta)\\y=R(1-\cos\theta)\end{cases}$ 时，小珠子的运动时间最短。

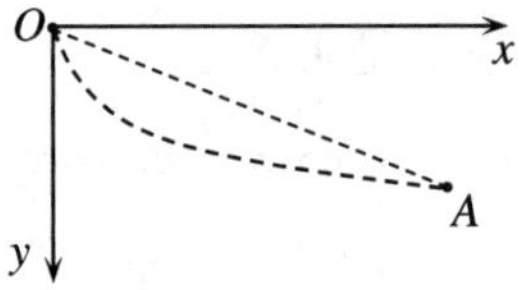

图 7-40

这是历史上著名的“最速降线”问题。伽利略在 1630 年提出了这个问题，1696 年，瑞士数学家约翰·伯努利解决了这个问题，这条最速降线就是一条摆线，也叫旋轮线。

这个问题需要有大学数学的功底才能解决，现在我们借助于类比，可以通过初等数学的方法得到正确的结果。

首先我们先了解一下摆线的性质。摆线的形成可以借助一个圆和一条水平线来说明。如图 7-41 所示，半径为 R 的圆沿 x 轴滚动，圆上一个点 P 所形成的轨迹即为摆线，图中显示的是圆转过 θ 角的情形。根据几何关系，可得曲线的参数方程为 $\begin{cases} x=R(\theta-\sin\theta) \\ y=R(1-\cos\theta) \end{cases}$。根据曲线运动的知识，我们还可以求出摆线任意一点切线的方向。圆匀速滚动时，P 点的速度可以看成是随圆心平动速度和绕圆心转动速度的合成，这两个速度的大小均为 $v_0=\omega R$。如图 7-42 所示，由几何关系可得，P 点的速度与水平方向的夹角为 α，即曲线在 P 点的切线方向与水平方向成 α 角，且 $\alpha=\frac{\pi}{2}-\frac{\theta}{2}$。

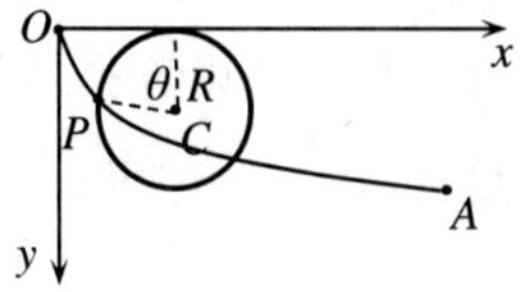

图 7-41

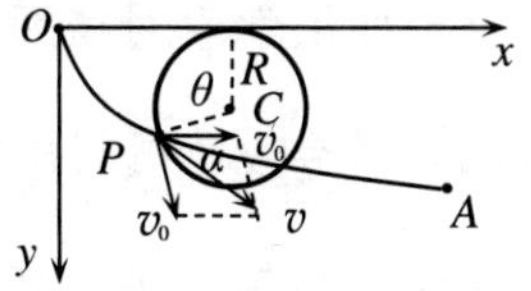

图 7-42

现在考虑如何让小珠子最快运动到 A 点的问题。我们知道光的传播规律是遵循费马原理的，因此把这条曲线类比为光路，即可求证。

小球在重力作用下下滑，根据机械能守恒定律，当下滑到纵坐标 y 处，其速度大小为 $v=\sqrt{2gy}$。把小球的运动类比为光在折射率不同的介质中传播，则在纵坐标 y 处其折射率 $n=\frac{c}{v}=\frac{c}{\sqrt{2gy}}$。光在不同介质中传播时选择光程最短（传播时间最短）的路径，或者说遵守折射定律。如图 7-43 所示，当折射率仅按高度变化时，我们把介质分成极薄的小层，每一小层里可以认为折射率是不变的，则根据折射定律，应满足关系：

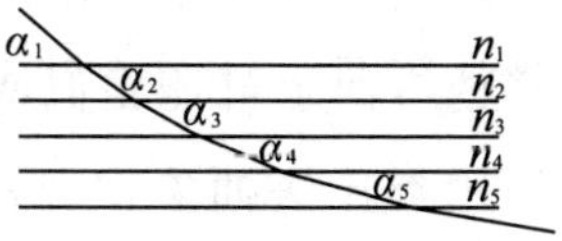

图 7-43

$$n_1\cos\alpha_1=n_2\cos\alpha_2=n_3\cos\alpha_3=\cdots=n_n\cos\alpha_n$$

这里的 α 角为光线与水平方向的夹角，即必须满足条件 $n\cos\alpha=$ 常数。若这条曲线是摆线，则有

$$n\cos\alpha=\frac{c}{\sqrt{2gy}}\cdot\cos\left(\frac{\pi}{2}-\frac{\theta}{2}\right)=\frac{c}{\sqrt{2gR(1-\cos\theta)}}\cdot\sin\frac{\theta}{2}=\frac{c}{2\sqrt{gR}}=\text{常数}$$

这就是类比的威力！最速降线的问题竟然可以用光学的方法解决，看似迥异的物理现象，却可以用相同的方法处理，那么我们能不能从中体会到赫拉克利特所说的“上坡路和下坡路是同一条路”呢？

在解答物理习题时，途径往往有多种，既有常规的途径，又有特殊的途径，正如孙子兵法中的“奇正之道”，奇正之变是无穷的。

三、检验解题结果

通过正确的解题途径求得的结果不一定是正确的，因为在解题过程中分析的疏漏、运算的差错均可能导致错误的结果，所以检验解题结果也是习题教学的一项内容。

对于漏写物理量单位，或单位不正确，漏答小题或解答不全等问题，仔细一查即可。对于数量级问题，如算出速度大于 10^8 m/s，山的高度超过 10^6 m，人的质量只有几克，温度低于 −273 ℃之类，用数量级分析，一眼便能看出错误。

重要的是要会鉴别运算是否正确。检验解题结果不要用重复计算的方法，避免错误思路的重演。

例 16：如前所述的例 10，如果求出的答案是 $T=2\pi\sqrt{\dfrac{mV_1V_2}{pS^2(V_1+V_2)}}$，对于这个解可以用量纲分析法进行检验。

分析：$[V]=[L^3]$，$[p]=[ML^{-1}T^{-2}]$，$[S]=[L^2]$，得 $2\pi\sqrt{\dfrac{mV_1V_2}{pS^2(V_1+V_2)}}$ 的量纲是 $[M^{\frac{1}{2}}\cdot L^{\frac{3}{2}}\cdot L^{\frac{3}{2}}\cdot M^{-\frac{1}{2}}\cdot L^{\frac{1}{2}}\cdot T\cdot L^{-2}\cdot L^{-\frac{3}{2}}]=[T]$，这是时间的量纲。从量纲分析上看，这个解是对的。解的量纲正确不表示解是正确的，比如此解分母中 V_1+V_2 改成 V_1-V_2，或把前面的系数 2π 去掉，量纲仍然是正确的，但如发现量纲是错误的，则解一定是错误的。

例 17：如图 7-44 所示装置中，$M>m_1+m_2$，若不计滑轮的质量和一切摩擦，求 M 的加速度大小。

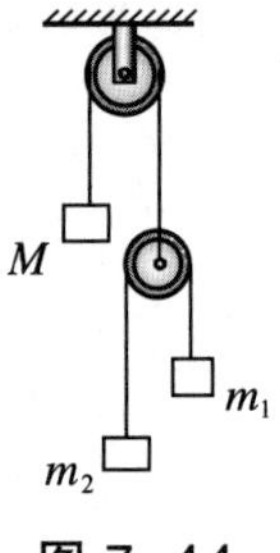

图 7-44

根据牛顿运动定律可解出 M 的加速度大小为 $a=\dfrac{M(m_1+m_2)-4m_1m_2}{M(m_1+m_2)+4m_1m_2}g$。

很显然，用量纲分析，发现这个答案没有错误，我们进一步用特殊值分析法进行分析。

将 $m_1=m_2=m$、$M=2m$ 代入，得 $a=\dfrac{4m^2-4m^2}{4m^2+4m^2}g=0$。若使 $m_1=m_2=0$，则 M 应做自由落体运动，可得 $a=g$。从特值分析来看，这个解是对的。

以上的量纲分析法和特殊值分析法具有检查速度快，避免错误思维定式的优点，但是上述分析法进行的检查是不完全检查，它只能鉴别出解的错误，不能肯定解的正确，因为量纲正确和特殊值代入正确是解正确的必要条件，不是充分条件。

足球场上的球员在球场上的跑动不是盲目的，他们知道朝哪个方向跑动最有机会得球，在得球以后知道选择怎样的路线进攻得分的概率最大，在射门以后并不是等着看结果，而是寻找机会对这次射门进行补射。我们的习题教学也一样，要注重解题方向、解题路径和解的检验。

主要参考文献

[1] 北京大学哲学系外国哲学史教研室. 古希腊罗马哲学 [M]. 北京：生活·读书·新知三联书店，1957.

[2] 柏拉图. 理想国 [M]. 郭斌和，张竹明，译. 北京：商务印书馆，2002.

[3] 亚里士多德. 物理学 [M]. 北京：商务印书馆，1982.

[4] 欧几里得. 欧几里得·几何原本 [M]. 兰纪正，朱恩宽，译. 2版. 西安：陕西科学技术出版社，2003.

[5] 卢克莱修. 物性论 [M]. 方书春，译. 北京：商务印书馆，1981.

[6] 伽利略. 关于托勒密和哥白尼两大世界体系的对话 [M]. 周煦良，等译. 北京：北京大学出版社，2006.

[7] 伽利略. 关于两门新科学的对话 [M]. 武际可，译. 北京：北京大学出版社，2006.

[8] 牛顿. 自然哲学之数学原理 [M]. 郑太朴，译. 上海：商务印书馆，1931.

[9] 黑格尔. 哲学史讲演录：第四卷 [M]. 贺麟，王太庆，译. 北京：商务印书馆，1997.

[10] 黑格尔. 小逻辑 [M]. 贺麟，译. 北京：商务印书馆，2009.

[11] 恩格斯. 自然辩证法 [M]. 中共中央马克思恩格斯列宁斯大林著作编译局，译. 北京：人民出版社，1971.

[12] 张天飞，童世骏. 哲学概论 [M]. 上海：华东师范大学出版社，1997.

[13] 爱因斯坦，英费尔德. 物理学的进化 [M]. 周肇威，译. 长沙：湖南教育出版社，1999.

[14] 海森伯. 物理学和哲学：现代科学中的革命 [M]. 范岱年，译. 北京：商务印书馆，1999.

[15] 林德伯格. 西方科学的起源：公元前六百年至公元

一千四百五十年宗教、哲学和社会建制大背景下的欧洲科学传统［M］. 王珺，刘晓峰，周文峰，等译. 北京：中国对外翻译出版公司，2001.

［16］吴国盛. 科学的历程［M］. 长沙：湖南科学技术出版社，1995.

［17］杨仲耆，申先甲. 物理学思想史［M］. 长沙：湖南教育出版社，1993.

［18］潘永祥. 自然科学发展简史［M］. 北京：北京大学出版社，1984.

［19］张三慧. 从伽利略到牛顿［M］. 北京：北京出版社，1988.

［20］王贵友，何兵. 法拉第传［M］. 武汉：湖北辞书出版社，1998.

［21］王洛印，胡化凯，孙洪庆. 法拉第力线思想的形成过程［J］. 自然科学史研究，2009，28（2）：156-171.

［22］宋牧襄. 法拉第场的概念和场论的起源及其历史地位：纪念法拉第诞生200周年［J］. 自然杂志，1991（9）：701-708.

［23］许良英，赵中立，张宣三. 爱因斯坦文集（增补本）：第三卷［M］. 北京：商务印书馆，2009.

［24］朱亚宗. 伟大的探索者：爱因斯坦［M］. 北京：人民出版社，1985.

［25］殷正坤. 探幽入微之路：量子历程［M］. 北京：人民出版社，1987.

［26］缪克成. 近代四大物理学家［M］. 上海：华东师范大学出版社，1986.

［27］陆埮. 宇宙：物理学的最大研究对象［M］. 长沙：湖南教育出版社，1994.

［28］顾毓忠. 现代物理学的概念革新与哲学精神［M］. 长春：吉林大学出版社，1990.

［29］张端明. 大宇宙与小宇宙［M］. 武汉：湖北教育出版社，1992.

［30］孟节省，林雪原. 西方文化漫谈［M］. 北京：红旗出版社，

2002.

[31] 萨依然. 国际单位制简介 [M]. 北京：计量出版社，1983.

[32] 彭纪南，黄理稳，等. 科学精神与人文精神的融汇 [M]. 广州：华南理工大学出版社，2001.

[33] 徐纪敏. 科学美学思想史 [M]. 长沙：湖南人民出版社，1987.

[34] 夏宗经. 简单·对称·和谐：物理学中的美学 [M]. 武汉：湖北教育出版社，1989.

[35] 王宏金，程民治. 物理科学臻美概论 [M]. 济南：山东教育出版社，1996.

[36] 袁运开. 现代自然科学概论 [M]. 上海:华东师范大学出版社，2002.

[37] 夏晓烨. “生物圈 2 号”：人类的梦想？ [J]. 世界科学，1999 (10)：36-37.

[38] 岳燕宁. 归纳与演绎 [M]. 郑州：大象出版社，1999.

[39] 霍金. 时间简史：从大爆炸到黑洞 [M]. 许明贤，吴忠超，译. 长沙：湖南科学技术出版社，2002.

[40] 里斯. 六个数：塑造宇宙的深层力 [M]. 石云里，译. 上海：上海科学技术出版社，2009.

[41] 李艳平，刘树勇. 科学的遗憾 [M]. 北京：科学出版社，1998.